인간 관계성을 푸는 비밀열쇠

기청질박자　질수기탁자
氣淸質駁者　質粹氣濁者

도서출판
책과 나

〈작가 약력〉

지은이　　　　　　　최 광 규

1970년 경기도 출생
1989년 배재고등학교 졸업
2004년 연세대학교 문리대학 철학과 졸업
2005년 논문 <율곡의 입지에 관한 진단과 처방-「성학집요」 수기장
　　　을 중심으로>
2006년 논문 <율곡 이이의 입지에 관한 연구(석사학위 논문)>
2006년 연세대학교 대학원 철학과 석사과정 졸업
2008년 논문 <자사지염, 자사지교로 대표되는 주자의 노불관>
2016년 연세대학교 대학원 철학과 박사과정 수료

율곡에게 길을 묻다

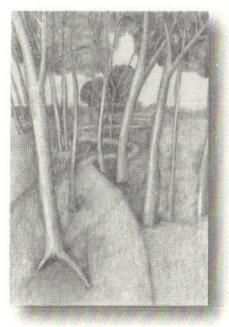

기침질박자

질수기탁자

발행일 2021년 3월 30일 초판 1쇄

지은이 최광규
펴낸곳 도서출판 책과나
신고번호 제 420-2016-000002호
신고연월일 2016. 3. 8.
강원도 강릉시 강변로 502 우편번호 25576
033) 651-5089
이 책의 저작권은 저작권법에 의해 보호 받는 저작물이므로
무단 전재와 무단 복제를 금합니다.

ISBN 979-11-974259-0-5 03150

이메일 kunzhi@naver.com

프롤로그

 생텍쥐페리 [1900 - 1944] 의 『어린왕자』에서는, 어른들에게 새로 사귄 친구에 대해 말할 때 그들은 가장 본질적인 것에 대해 물어 보는 적이 없다는 부분이 나온다. "그 애 목소리는 어떠니? 그 애는 어떤 놀이를 좋아하니? 나비를 모으지는 않니?" 따위의 말을 그들은 결코 하는 법이 없다. 대신 그들은 "그 애는 몇 살이니? 형제는 몇이니? 몸무게는? 그 애 아버지의 수입은 얼마니?" 따위만 묻는다. 그런 숫자를 통해서야 그들은 그 친구에 대해서 속속들이 알게 되었다고 생각하는 것이다. 만약 어른들에게 "창문에는 제라늄 화분이 놓여 있고 지붕에는 비둘기가 있는, 분홍빛 벽돌로 지은 예쁜 집을 보았어요." 라고 말하면 어른들은 그 집이 어떤 집인가를 상상하지 못할 것이다. 그들에게는 "2만 달러짜리 집을 보았어요!" 라고 말해야만 한다. 그러면 그들은 "야, 참 좋은 집이구나!" 라고 소리를 지른다는 이야기.

 부끄럽지만 나 역시도 책 속 어른들처럼 본질적인 것보다는 숫자의 많고 적음으로 가치를 판단하며 살았던 것 같다. 이런 나를 잘 설명해주는 어릴 적 추억이 하나 떠오른다.

 동네 이장이셨던 아버지를 만나기 위해 우리 집에는 늘

많은 사람들이 왕래했었다. 손님들이 오실 때마다 형제들은 "아부지, 심부름 할 테니 10원 만 주세요!" 하며 손님들 앞에서 떼를 썼다. 막내인 나는 뒤에서 형제들이 하는 행동을 바라보고 있다가 심부름을 하는 대신, 옷걸이에 걸려있는 아버지 바지를 흔들어 동전이 떨어지면 주워 과자를 사먹곤 했다. 물론 완전범죄는 얼마 안가서 어머니의 밤나무 장작개비 응징으로 그 막을 내렸지만, 세월이 많이 흐른 뒤에 생각해보면, '저 녀석 커서 뭐가 되려고 쯧쯧' 하며 아버지가 염려하셨을 것 같다.

어린아이가 해낸 생각이라고 보기에 왠지 맹랑해서 기억하기조차 싫지만 또 이런 생각도 해본다. 어땠을까? 먼저 심부름을 하고 아버지께 용돈을 달라고 했다면, 어땠을까? "손님들 대하느라 피곤하셨지요." 하며 어깨라도 주물러드렸다면, 굳이 용돈타령을 하지 않아도 아버지가 기특하다며 과자 사먹으라고 10원을 주진 않으셨을까? 무엇이 옳은 말과 행동이었을까?

우리는 태어나면서부터 사람들과의 관계에 둘러싸이게 된다. 가깝게는 가족에서 시작해 학교·직장생활까지 성장과 함께 관계성에 휩싸이게 되는 것이다. 자의적, 타의적 관계 속에서 모두가 친구가 될 수도 있지만, 모두가 적이 될 수도 있다. 나는 좋아서 친해지려고 한 행동이지만 상대에게는 오해를 낳고, 실수가 반복 될 때마다 어떤 행동이 그 사람과의 관계에서 옳았는가를 (친구가 떠나 버린 후에야) 생각하게 된다. 그리고 그럴 때마다 세상이 마치 정글처럼 느껴지곤 했다.

관계성에 어려움을 느끼던 나와는 달리 친구들 중에는 유독 말을 예쁘게 하고 행동을 때에 맞게, 사람에 맞게 ― 친구면 친구, 선생님이면 선생님 ― 하는 녀석들이 있었는데, 나는 유난히 그런 애들을 동경했던 것 같다. 내가 그런 능력을 칭찬하면 친구들은 '그게 뭐 대단한 거라고' 하며 겸양을 떨곤 했었지만, 내가 보기엔 축복같은 재능이었다.

나는 같은 종교를 가지고 있으면 같은 가치관을 가지고 있을 거라 성급히 생각 했고, 경제적으로 풍족하면 사는 데 문제가 없을 거라는 착각을 했다.

공부가 이론에 그치지 않고 내 삶에 적용되었다면, 스승과 제자간의 오해와 충돌도 적절한 말과 행동으로 풀어갔을 것이고, 이해와 화합으로 끝맺을 수 있었을지 모른다.

결과가 어찌되었든, 인간관계의 불화는 나로부터 시작되었거나 나를 포함한 것이고, 사람마다 모두 같은 생각과 기질을 가졌을 거라는 안일한 판단에서 비롯된 것이라 자책하게 된다.

이런 자책을 할 때마다 과연 사람은 모두 같은 기준을 가지고 살아가는 것일까 라는 의문이 들곤 한다.

모두가 같은 기준으로 살아간다면 그토록 많은 싸움과 갈등은 일어나지도 않았을 것이다.

지금으로부터 오래 전에 태어난 이이李珥 [율곡栗谷 1536 - 1584] 도 아마 이런 관계성의 복잡함을 몸소 알았던 것 같다. 율곡의 이론을 들여다보면 그에게도 세상살이와 조직 안에서의 갈등이 쉽지 않았음을 짐작하게 한다.

나는 감정이 격해지거나 하고 싶은 일이 있을 때 생각보다 몸이 먼저 반응하는 타입이고, 성장기는 뒤죽박죽 혼란스러웠다. 하지만 이제 와서 생각해 보니 그 모든 말과 행동은 오직 어떻게 하면 인정받고 사랑받을 수 있을까하는 바람에서 비롯된 것 같다.

그렇다면 나는 과연 어떤 사람인가? 무엇을 좋아하고 또 무엇을 싫어하나? 그리고 어떨 때 행복해 하는가? 나와 타인의 기준은 모두 똑같을까? 인간은 왜 같은 걸 보고도 다르게 생각하는 것인가? 이런 질문이 생길 때마다 율곡의 책을 보며 정답을 찾으려 애썼는지 모른다. 나이를 먹어도 저절로 현명해지지 않았고, 이런저런 고민을 하며 첫 번째 논문을 쓰던 중 '율곡의 기질론'을 만나게 되었다. 막연하게 연구해야 하는 과제로만 알고 있다가 개인사의 변곡점을 만나면서 구체적으로 그의 이론들이 피부로 느껴지기 시작했다.

사람사이 얽혀있는 관계성에 대한 비밀을 풀 수만 있다면 숨을 쉴 수 있을 것 같았다.

『율곡전서』 속 이론들은 나를, '기질이란 무엇인가'

라는 질문으로 이끌었다. 어쩌면 내가 안고 헤매던 인간관계의 문제점들을 해결해 줄지도 모른다는 희망과 함께.

『어린 왕자』의 책 한 페이지에서 시작된 의문이 율곡으로 이어지면서, 비밀을 찾아 떠나보고 싶은 마음이 들었다. 율곡이 갔을 그 길. 낭떠러지에 다다를 수도 있지만 되돌아나가는 다른 길을 알지 못하기에 오래도록 나는 포기 할 수 없었다.

우선 연구사례를 찾아보리라. 그리고 내가 재미있게 읽었던 역사 속 이야기에서 인간 사이의 갈등구조를 찾아내고, 율곡의 글을 통해 의문점들을 하나하나 풀어 나가보자. 어쩌면 내 인생 전반의 문제들이 무엇이었는지 알게 될 수도 있지 않을까.

그가 걸었을 발자취를 따라 걷다보면 나만의 길을 찾을지도 모르니, 쉽지만은 않을 이 길.

함께 걸어보자고 독자들에게도 조심스레 말해본다.

2021년 남대천을 바라보며

일러두기

○ 『율곡전서』를 인용하는 본문 중에 높임말이 나오는 것은 그 책의 성격이 임금에게 올리는 글이거나 선배와의 주고받는 편지이기 때문이다.
○ 이이와 율곡을 병행해서 때에 따라 사용한다. 기청질박자와 망견자, 질수기탁자와 문인언이종지자도 때에 따라 함께 사용한다.
○ 찾아보기 쉽게 본문 아래 각주를 달았다.
○ 용어에 대한 풀이는 국어사전, 백과사전, 용어사전 등을 혼용하여 참조하였다.
○ 본문에 인용문을 쓸 때 자의적으로 그 내용에 따라 문단을 띄어 쓴 곳과 내려쓴 곳도 있다.
○ 성리학(철학) 용어가 주로 한문으로 되어있어서 내용에 대한 이해를 위해 한글로 풀어 적어 보았다.
○ 해례본을 첨부하여 『기청질박자 질수기탁자』를 응용해 보았다.
○ 이해 방법이 사람마다 다르므로 표를 만들어 각 장마다 추가하였다.
○ 글의 흐름상 율곡의 원문을 중복으로 인용한 경우도 있다.
○ 유학(공자를 시조로 하는 학문), 공맹학(공자와 맹자가 주도한 학문), 유교(유학을 종교적 관점에서 지칭), 유가(공자의 학설과 학풍을 신봉하고 연구하는 학자나 학파), 성리학(유학의 한 파)은 같은 의미로 사용한다.

목 차

프롤로그

I. 서론 14
  1. 기존 연구 사례와 연구계획 14
  2. 역사 속 기질氣質충돌 35
    1) 시詩를 통한 정몽주와 정도전의 기질氣質비교 35
    2) 무오사화戊午士禍 속 김일손과 이극돈의 오해 47
    3) 요세푸스와 엘르아살의 연설문 분석 57
  3. 기질론氣質論에 앞서 알아둘 용어들 70
    1) 음陰과 양陽 70
    2) 리理와 기氣 76
    3) 사단칠정四端七情 83
    4) 인심도심人心道心 87

II. 기질氣質이란 무엇인가 94
  1. 인식認識과 기질氣質 94
    1) 문화에서 오는 인식 차이 94
    2) 동・서양의 생각 97
      ① 동양의 허령지각虛靈知覺 97
      ② 서양의 알고리즘algorithm 107
  2. 기질에 관한 일반적 고찰 113
    1) 경향성傾向性 113
    2) 기질氣質과 음양陰陽 117

III. 기질분류법 122

1. 기질분류의 예시 122
   1) 예禮 · 악樂 123
   2) 횡橫 · 수설竪說 128
2. 『논어』 · 『중용』에서의 기질 분류
   - 글자를 중심으로 133
   1) 생지안행生知安行 학지이행學知利行 곤지면행困知勉行 133
   2) 이利 138
   3) 곤困 142

IV. 율곡 이이의 기질분류 146

1. 기질분류의 두 요소 146
   1) 지知 147
   2) 행行 150
   3) 듣는 것 [지知] 과 보는 것 [행行] 153
2. 율곡 이이의 기질론 158
   1) 기청질박자氣淸質駁者 161
      ① 망견자望見者 163
      ② 잠사자득潛思自得 167
   2) 질수기탁자質粹氣濁者 174
      ① 문인언이종지자聞人言而從之者 176
      ② 견물사도見物思道 179

V. 교기질矯氣質과 교기질 방법 185

1. 교기질矯氣質 185
   1) 기질과 지知 · 행行 186

① 지행론知行論 187
　　② 지행겸비知行兼備 191
　2) 기질과 의意 · 지志 197
　　① 심心 · 성性 · 정情 · 의意 200
　　② 지志 · 의意의 선후문제 205
2. 교기질矯氣質 방법 211
　1) 기청질박자의 교기질 212
　2) 질수기탁자의 교기질 215

VI. 기질을 교정해야 하는 이유 224
1. 율곡 이이의 관인觀人 224
　1) 지인知人 224
　2) 관인觀人 229
2. 실제 적용 234
　1) 나쁜 예 234
　　① 모씨某氏 234
　　② 기질의 편향성偏向性 240
　2) 좋은 예 249
　　① 전인全人 249
　　② 공동창조성 257

참고문헌 262
에필로그 269

부록 : 기청질박자 질수기탁자 해례본 271

Ⅰ. 서론

1. 기존 연구 사례와 연구계획

율곡의 기질론氣質論과 교기질矯氣質에 대한 연구는 학자에 따라 그 해석이 다양하다. 본문에 앞서, 기존 학자들은 율곡의 기질론과 기질교정에 관하여 어떻게 연구·기록하고 있는지 살펴보고자 한다.

김경탁은 그의 책 『율곡의 연구』[1]에서, 율곡은 이 사물의 진실된 리법理法(원리와 법칙[2])을 인간자체 속으로 끌어들여 성실된 도덕율을 구하였다고 하며 윤리론의 하나로 교기질을 소개하였다.

이병도는 그의 책 『율곡의 생애와 사상』[3]에서, 율곡의 기질변화에 대하여 기氣와 질질을 분석하여 기청질수자氣淸質粹者·기청질박자氣淸質駁者·질수기탁자質粹氣濁者로 구분하였다.

배종호는 그의 책 『한국유학사』[4]에서 변화기질이 율곡 수위론修爲論(수양修養과 행위行爲에 대한 논의)의 기저基底라고 말한다. 주목할 것은 기품氣稟(타고난 기질과 성품[5])의 탁기濁氣를 청기淸氣로 변화變化시키는 것을 교기질矯氣質이라 하여 강조하였다.

---

1) 김경탁, 『율곡의 연구』, 한국연구도서관, 1960.
2) 『표준국어대사전』, 국립국어연구원, 1999. 4924쪽 참조. 리법理法.
3) 이병도, 『율곡의 생애와 사상』, 서문당, 1973.
4) 배종호, 『한국유학사』, 연세대학교 출판부, 1974.
5) 『표준국어대사전』, 국립국어연구원, 1999. 918쪽 참조. 기품氣稟.

송석구는 그의 논문 「율곡의 철학사상 연구 : 성의정심誠意正心을 중심으로」 6)에서 교기질을 수기적 실천론의 일부로 소개한다. 또한 본문 중에 '기질이 같지 않아 교정에도 다른 방법이 있다.'라고 말하고, 「성학집요」 7) 교기질장의 율곡의 견해를 소개하였다.

황의동은 그의 논문 「율곡의 철학사상에 관한 연구 : 리기지묘理氣之妙를 중심으로」 8)에서 리기理氣9)의 상호보완적, 상호의존적 관계를 전제로 본연지기本然之氣(인간본성의 순선純善한 기氣)를 회복한다는 것은, '본성을 본래의 상태로 되찾는다'(복기성復其性)는 의미라고 한다. 그는 본연지기를 회복하는 과정인 교기질을 통해 복기성이 가능하다고 설명하였다.

장숙필은 그의 논문 「율곡 이이의 성학연구」 10)에서 율곡 성학聖學(성인이 가르친 학문11))의 특징 중 하나로 교기질을 말하고 있다. 특히 기氣의 가변성可變性(일정한 조건에서 변할 수 있는 성질12))을 전제로 하여 교기질은 수양을 강조하는 것으로 보았다.

---

6) 송석구, 「율곡의 철학사상 연구 : 성의정심을 중심으로」, 동국대 박사학위논문, 1981.
7) 율곡 이이가 『대학大學』의 본뜻을 따라서 성현들의 말을 인용하고 설명을 붙인 책. 통설統說, 수기修己, 정가正家, 위정爲政, 성학도통聖學道統의 다섯 편으로 되어 있다. 선조 8년(1575)에 간행되었다(『표준국어대사전』, 국립국어연구원, 1999. 3467쪽 참조. 성학집요聖學輯要.).
8) 황의동, 「율곡의 철학사상에 관한 연구 : 리기지묘를 중심으로」, 충남대 박사학위논문, 1987.
9) 우주와 인간에 관한 설명을 위해 선택된 두 범주를 가리켜 리理와 기氣라고 한다(『유교대사전』, 박영사, 1990. 1183-1186쪽 참조. 리기론理氣論.).
10) 장숙필, 「율곡 이이의 성학연구」, 고려대 박사학위논문, 1991.
11) 『표준국어대사전』, 국립국어연구원, 1999. 3467쪽 참조. 성학聖學.

이성전은 그의 논문 「율곡 인성론의 연구」13)에서 율곡 수위론의 특징 중 하나로 교기질을 제시한다. 기氣의 품수稟受(선천적으로 타고남14))에 따른 기질의 차이와 변화가능성에 대해 기청질수자氣淸質粹者 · 기청질박자氣淸質駁者 · 질수기탁자質粹氣濁者로 구분한 「성학집요」 교기질장의 글로 시작하며 기질에 따라 다르게 설정된 율곡의 교기질 방법에 대해 소개하고 있다.

정원재는 그의 논문 「지각설에 입각한 이이 철학의 해석」15)에서 율곡의 수양론修養論을 거경居敬16) · 궁리窮理17) · 역행力行18)이라고 말하며, 그 안에서 기질론을 풀고 있다. 즉 지知와 행行은 각각 인간의 기와 질에 대응시켜 기氣를 맑게 하는 공부가 궁리窮理, 질질質을 순수하게 하는 공부를 궁행躬行(=역행)이라고 설명하였다.

김경호는 그의 논문 「율곡 이이의 심성론에 관한 연구」19)에서,

---

12) 『표준국어대사전』, 국립국어연구원, 1999. 38쪽 참조. 가변성可變性.
13) 이성전, 「율곡 인성론의 연구」, 원광대 박사학위논문, 1994.
14) 『표준국어대사전』, 국립국어연구원, 1999. 6645쪽 참조. 품수稟受=품부稟賦.
15) 정원재, 「지각설에 입각한 이이 철학의 해석」, 서울대 박사학위논문, 2001.
16) 늘 한 가지를 주로 하고 다른 것으로 옮김이 없이, 심신이 긴장되고 순수한 상태를 유지함(『표준국어대사전』, 국립국어연구원, 1999. 227쪽 참조. 거경居敬.).
17) 사물의 이치를 깊이 연구함(『표준국어대사전』, 국립국어연구원, 1999. 738쪽 참조. 궁리窮理.).
18) 힘써 행함(『표준국어대사전』, 국립국어연구원, 1999. 4337쪽 참조. 역행力行.).
19) 김경호, 「율곡 이이의 심성론에 관한 연구」, 고려대 박사학위논문, 2001.

율곡의 수기修己(자신의 몸과 마음을 닦음20))공부 중에 기질변화의 문제는 본성의 회복과 직결될 뿐만 아니라, 리기理氣 · 심성心性에 대한 성리학적 이론을 근거로 논의되기 때문에 매우 중요한 문제라고 말한다. 기질교정의 방법을 극기복례克己復禮(자기의 욕심을 누르고 예의범절을 따름21)) 측면에서 인간의 욕심을 제거하고 천리를 회복하는 것이라고 주장하였다.

유성선은 그의 논문 「율곡 심론心論 연구」22)에서 성리학의 주된 관심은 이론과 실천을 일치시켜 어떻게 성인이 될 수 있는가에 있는데 이는 수양이 요청되는 이유라고 하면서, 성인과 악인의 가능성은 기질의 변화 유무에 있음을 밝히고 있다. 율곡은 기질을 기(청탁淸濁) · 질(수박粹駁)로 구분하고 이를 지知와 행行에 연관시켜 지가 행에, 행이 지에 서로 영향을 미치는 상승작용(여러 요인이 함께 겹쳐 작용하여 하나씩 작용할 때보다 더 크게 효과를 나타내는 현상23))을 통해 지와 행이 아울러 갖추어져야 인격이 성숙해진다고 설명하였다.

유연석은 그의 논문 「율곡 이이의 인성론 연구 -『중용』 중화론에 입각한 『맹자』 성선설의 재정립」24)에서 기질지성氣質之性25)의

---

20) 『표준국어대사전』, 국립국어연구원, 1999. 3623쪽 참조. 수기修己.
21) 『표준국어대사전』, 국립국어연구원, 1999. 1800쪽 참조. 극기복례克己復禮.
22) 유성선, 「율곡 심론 연구」, 중앙대 박사학위논문, 2001.
23) 『표준국어대사전』, 국립국어연구원, 1999. 3286쪽 참조. 상승작용相乘作用.
24) 유연석, 「율곡 이이의 인성론 연구 -『중용』 중화론에 입각한 『맹자』 성선설의 재정립」, 연세대 박사학위논문, 2004.
25) 후천적인 혈기血氣의 성性을 이르는 말. 기질의 성은 기氣에서 생기기

선善은 본연지성本然之性26)이 기질의 청淸·수수粹한 조건에 내재해 있는 상태이며, 기질지성의 악惡은 본연지성이 기질의 탁濁·박駁한 조건에 내재해 있는 상태라고 한다. 율곡은 『중용中庸』27)의 일원적 인성론의 입장에서 선과 악은 근원적으로 결정되어 있는 것이 아니라 외부 대상에 대한 반응양상의 적절성 문제로 귀결된다고 말한다.

이경한은 그의 논문 「율곡 수기론의 철학적 구명究明 - 명선明善·성신론誠身論을 중심으로」28)에서 율곡 기질론의 두 요소 지知와 행行을 각각 명선明善(선을 밝히는 것)과 성신誠身(몸을 성실하게 하는 것)으로 설명하고 교기질을 수기론의 일부로 접근하고 있다.

때문에, 기의 청탁淸濁·혼명昏明·후박厚薄에 의하여 성性에도 차별이 생겨 사람의 선악, 현우賢愚가 생긴다고 한다(『표준국어대사전』, 국립국어연구원, 1999. 913쪽 참조. 기질지성氣質之性.).
26) 모든 사람이 본디부터 가지고 있는 착하고 평등한 천성天性을 말함(『표준국어대사전』, 국립국어연구원, 1999. 2781쪽 참조. 본연지성本然之性.).
27) 유학儒學(중국의 공자를 시조始祖로 하는 전통적인 학문. 요堯, 순舜으로부터 주공周公에 이르는 성인聖人을 이상으로 하고 인仁과 예禮를 근본 개념으로 하여, 수신修身에서 비롯하여 치국평천하治國平天下에 이르는 실천을 그 중심 과제로 함) 경전인 사서四書(논어, 맹자, 대학, 중용)의 하나. 공자의 손자인 자사子思(B.C.483?-B.C.402?)가 지은 것으로 중용(지나치거나 모자라지 아니하고 한쪽으로 치우치지도 아니한, 떳떳하며 변함이 없는 상태나 정도)의 덕과 인간의 본성에 대하여 설명하였다. 본디 『예기』 가운데 한 편이었으나, 중국 남조 유송劉宋의 대옹戴顒(378-441)이 빼내어 별책으로 하였고, 정이程頤(1033-1107)가 사서에 편입하였으며, 주희朱熹(1130-1200)가 장구章句를 만들어 성행하게되었다(『표준국어대사전』, 국립국어연구원, 1999. 4808/5698쪽 참조. 유학儒學/중용中庸).
28) 이경한, 「율곡 수기론의 철학적 구명 - 명선·성신론을 중심으로」, 성균관대 박사학위논문, 2005.

최보경은 그의 논문 「율곡 사상의 승반론적 이해」29)에서 기(질)는 인간의 본성을 온전하게 발현시킬 수도 있고 그렇지 않을 수도 있기 때문에 이발己發(마음이 감정으로 이미 드러난 상태)공부 즉 기질변화의 중요성을 강조하였다. 왜냐하면 미발시未發時(마음이 아직 발하지 않을 때)의 함양涵養(능력이나 품성 따위를 길러 쌓거나 갖춤30))공부가 있더라도 이발시己發時의 생겨나는 경우의 수를 가늠할 수 없기 때문이라는 것이다. 기질을 변화시키기 위한 방법으로 『대학大學』(유학 경전인 사서四書의 하나로 학문을 처음 배우는 자가 도덕을 배우기 위한 입문서31))의 공부체계를 따라 격물치지 格物致知(실제 사물의 이치를 연구하여 지식을 완전하게 함32))와 성의誠意(정성스러운 뜻33))를 제시하였다.

양방주는 그의 논문 「율곡 이이의 의意・지志 사상 연구」34)에서 율곡은 기질을 기氣와 질質로 구분하고 있으며, 이를 다시 각각 지知와 행行에 연관시켜 교기질을 설명하였다.

김대홍은 그의 논문 「율곡 이이의 실천윤리적 법제 개혁론 연구」35)에서 심心의 본체인 성性을 인식・유지하고 있는 상태는 칠정

---

29) 최보경, 「율곡 사상의 승반론적 이해」, 고려대 박사학위논문, 2014.
30) 『표준국어대사전』, 국립국어연구원, 1999. 6769쪽 참조. 함양涵養.
31) 『표준국어대사전』, 국립국어연구원, 1999. 1503쪽 참조. 대학大學./『유교대사전』, 박영사, 1990. 333-335쪽 참조. 대학大學.
32) 『표준국어대사전』, 국립국어연구원, 1999. 314쪽 참조. 격물치지格物致知.
33) 『표준국어대사전』, 국립국어연구원, 1999. 3461쪽 참조. 성의誠意.
34) 양방주, 「율곡 이이의 의・지 사상 연구」, 동아대 박사학위논문, 2017.

七情(희喜 · 노怒 · 애哀 · 구懼 · 애愛 · 오惡 · 욕欲으로 대표되는 인간 감정의 총칭)이 중절인 상태인 정심正心(마음을 올바르게 가짐36)이므로 율곡의 교기질을 위한 수양공부는 바로 정심을 체득하기 위한 공부라고 말한다.

심해출은 그의 논문「율곡 이이의 인심도심 상위종시설 연구」37) 에서 율곡 이이가 자기만의 독특한 독법 곧 '인심도심人心道心을 상위종시相爲終始로 해석한 것'38)은 그 본의가 본체本體의 세계인 우주와 현실세계 속 인간의 소통, 그리고 천지天地와 인간의 소통, 또는 본체와 현실, 인간과 천지의 규정을 넘어선 지점을 겨냥한 것이라고 할 수 있다고 한다. 율곡은 당대 현실사회에서 인심도심의 상위종시적 사유형태를 기반으로 기질변화氣質變化의 교량을 확보함으로써 공동체를 개인화, 사유화하는 현실권력의 사회정치적 위험을 극복하려던 것이라고 말한다.

율곡39)이 살았던 시기는, 조선의 건국주체 세력과 함께 조선 전

---

35) 김대홍,「율곡 이이의 실천윤리적 법제개혁론 연구」, 강원대 박사학위 논문, 2018.
36)『표준국어대사전』, 국립국어연구원, 1999. 5447쪽 참조. 정심正心.
37) 심해출,「율곡 이이의 인심도심 상위종시설 연구」, 숭실대 박사학위논문, 2019.
38) 인심人心(인간의 이목사지耳目四肢의 욕구)과 도심道心(천명에 근거한 본성)이 경우에 따라서 서로 처음과 끝이 될 수 있다는 이론.
39) 49세가 일기이니 율곡의 생애는 긴 편이 아니다. 1536년 강릉출생. 3세에 말을 배우자 곧바로 글을 읽을 줄 알았다. 7세에「진복창전陳復昌傳」(명종때 윤원형에 붙어 사림추방에 적극 활약한 까닭에 독사라는 별명이 있었던 진복창의 사실을 적은 글)을 지었다. 8세에 파주 화석정花石亭에 올라 지은 시가 있음. 13세에 진사초시進士初試에 합격. 16세에

기의 각종 정변政變〔이방원의 무인정사戊寅定社(1398), 수양대군의 계유정난癸酉靖難(1453) 등)을 통해 권력을 잡은 집단인 훈구파勳舊派40)와 새로 중앙정계에 진출한 사림士林세력41) 사이의 권력 투쟁

어머니 신사임당 세상 떠남. 18세 관례冠禮 행함. 19세 우계 성혼과 친구 됨/ 금강산 들어감(불교에 귀의했다는 의심을 받는 행적). 20세 「자경문自警文」지음. 21세 책문〔관리등용시험〕시험 한성시 장원. 22세 노경린의 딸과 결혼. 23세 도산서원에서 퇴계 이황과 만남. 26세 아버지 상 당함. 「역수책」-29세〔1564년)에 명경과明經科에 장원급제한 책문策文. 29세에 조정에 나아감. 34세 「동호문답」, 35세 퇴계 이황 세상 떠남. 39세 「만언봉사」, 1576년 41세 봄에 은퇴를 결심하고 향리에 묻혀 5년간의 재야산림으로서 수양과 연구와 교육의 삶, 곧 수교垂敎의 생활을 했다. 물러나 있는 동안 「격몽요결」, 「김시습전」, 「고산구곡가」, 「소학집주」, 「기자실기」 등이 이때 이루어졌다〔「성학집요」는 이보다 앞서 1575년 그의 나이 40세 때 홍문관 부제학 때). 1578년 5월 「만언소」를 올렸다. 그런 그를 선조는 1580년 12월 대사간에 임명하여 조정으로 불러냈다. 그의 나이 45세였다. 행도行道의 삶의 대략은 다음과 같다. 1581년 46세 5월 윤이중, 박근원 등을 각각 부정축재와 병을 핑계로 수릉관의 직책을 피하려 한 것을 들어 논핵하였다. 대사간으로서 당연한 직무수행에 속하는 이 일은 훗날 그들이 율곡을 비방하고 탄핵하는 요인이 되었다. 6월 대사헌에 득진. 경연일기(1565-1581년), 1582년 47세 정월 선조가 이조판서(율곡, 수석장관직)에 직접 임명. 7월 「인심도심도설」, 「김시습전」, 「학교모범」을 지어 올림. 8월 형조판서에 임명. 9월 정2품인 의정부 우참찬에 이어 종1품 우찬성에 승진 제수. 12월 병조판서에 제수. 1583년(사실상 율곡의 마지막 1년)의 율곡에 대한 비방과 참소는 조선왕조 500년간 달리 유례가 없을 정도. 비방과 참소의 이유는 다음과 같다. 먼저, 북방의 외적침입으로 긴급한 병력투입 필요로 선발된 1등급 군사(활 잘 쏘는 자)에게 2·3등급을 받은 자가 말을 바치면 군역을 면제시키는 조건을 선조의 허락을 받지 않고 먼저 시행한 일과 왕의 부름을 받고 대궐에 들어오다가 한창 어지럼증이 심하여 알현하지 못한 것을 들어 권세를 제멋대로 휘두른 행위이고 군주를 무시한 죄라며 파직을 요구함(『栗谷全書』 2, 280-330쪽 33:10a-34:50a 「부록」一, 二 年譜 참조./ 곽신환, 『1583년의 율곡 이이』, 서광사, 2020. 5-141쪽 참조.).

40) 조선 건국에 참여한 신진사대부 비주류와 건국을 거부했던 신진사대

결과 사림이 패권을 쥐게 되는 과도기⁴²⁾였다.

학맥學脈(학문적으로 서로 통하거나 이어져 내려오는 줄기나 가

부 주류 중 일부(대표적 인물 : 황희(1363-1452)), 그리고 신진사대부와 대결했던 구세력인 권문세족(대표적 인물 : 이인임의 조카사위 하륜(1347-1416))이 이방원을 중심으로 결집하여 조선 전기의 지배층인 훈구파의 원류가 되었다(김종성, 『당쟁의 한국사』, 을유문화사, 2017. 166-167/179쪽 참조.). / 실질적인 훈구세력은 수양대군이 단종을 내쫓고 즉위(계유정난癸酉靖難(1453))하면서 공신들과 그 지지세력이 권력화하면서 형성되었다(글 이덕일/그림 권태균, 『정도전과 그의 시대』, 도서출판 옥당, 2015. 149-150쪽 참조.).

41) 15세기 후반 왕권을 강화하여 국정 장악력을 높이려는 성종(1457-1494 / 재위기간 1469-1494)의 정치적 고려가 작용하여 새로 중앙에 진출한 세력이 사림이다. 다시 말해 성종은 기존 세력인 훈구와 새로 진출한 사림의 양자 대립구도를 이용해 왕권을 강화하고자 했던 것이다. 수도권에 부가 집중된 훈구와 달리 지방에 거점을 두고 재산도 중소 규모로 보유했던 사림이 진출한 분야는 그들의 주특기인 학문을 발판으로 사헌부(검찰청)·사간원(나라의 정책에 대해 충직하게 바른 말을 하는 곳)·홍문관(문서관리와 임금의 자문)이었다. 사림파가 진출한 삼사三司(사헌부·사간원·홍문관)는 현재의 국회를 장악한 것이나 마찬가지였다. 이로써 표출되는 성종의 왕권강화 전략은 의회(사림)와 행정부(훈구)를 상호 대립시키면서 군주 자신은 중립자·균형자가 되는 것이었다. 이 전략은 성과를 거두어 사림파가 중앙에 진출함에 따라 훈구파와의 대결 구도가 형성되었고, 양대 세력의 대립 속에 왕권의 위상은 상대적으로 높아졌다(김종성, 『당쟁의 한국사』, 을유문화사, 2017. 188-190쪽 참조.).

42) 율곡은 시무時務(그 때에 힘써야 할 일)에 대해 창업創業, 수성守成과 경장更張으로 크게 구분하였다(『栗谷全書』 2, 32쪽 25:10b 「聖學輯要」 識時務章.). 율곡은 그 당시를 중쇠기中衰期로 규정(『栗谷全書』 2, 216쪽 30:72a 「經筵日記」 三.)하고 중쇠기의 시무時務는 경장更張(『栗谷全書』 1, 143-149쪽 7:27a-38a 「疏箚」 五. 陳時弊疏.)이라고 하였다. 거문고의 줄을 팽팽하게 고쳐 맨다는 의미의 경장은 정치적·사회적으로 묵은 제도를 개혁하여 새롭게 함(『표준국어대사전』, 국립국어연구원, 1999. 365쪽 참조.)을 말한다. 중쇠기의 국가적 시무가 경장이라면 개인적 시무는 교기질이라 볼 수 있다.

닥43))과 정치적 입장이 동일시되는 시기이므로 그들 사이의 정치 이념이나 철학적 논쟁에 있어서도 서로 자신의 주장이 옳은 것이라 믿고 정쟁政爭을 멈추지 않았다. 그중에서도 리기론理氣論·사단칠정론四端七情論·인심도심론人心道心論을 어떻게 해석하느냐에 따라 방법론이 다르게 전개·적용된다고 보고 있어, 그 정통성을 하나로 보기 어렵다. 특히 이황李滉(퇴계退溪, 1501 - 1570)의 리理 중심적 사고와 율곡의 기氣 중심적 이론은 오늘날까지도 논쟁이 되고 있다.

퇴계는 '리理는 귀貴하고 기氣는 천賤하다'(리귀기천理貴氣賤)는 관점에서 사단과 도심의 순수함을 중시44)하는 반면에 율곡은 '오늘날 학자들이 선善·악惡이 기氣의 청淸·탁濁에 연유한 것임을 알지 못하고 그 이론들을 탐구하여도 터득하지 못하였으므로 리발理發을 가지고 선善으로 삼고 기발氣發을 가지고 악惡으로 삼아 리기理氣로 하여금 서로 분리되는 잘못이 있게 하였으니, 이는 밝지 못한 이론'45)이라며, 정情에 의지意志가 개입되어 인간의 노력여하에

---

43) 『표준국어대사전』, 국립국어연구원, 1999. 6732쪽 참조. 학맥學脈.
44) 퇴계는 리理의 능동성을 통해 순선무악純善無惡한 사단四端과 도심道心을 악惡으로 흐를 가능성이 있는 칠정七情과 인심人心으로부터 완전히 분리시켜 사단과 도심의 순수함을 보장받고자 하였다(서근식, 「퇴계 이황의 사단칠정론과 율곡 이이의 인심도심론에 담긴 정치철학적 의미」, 한국철학논집 제33집, 한국철학사연구회, 2012. 155/161쪽 참조.).
『退溪全書』1, 335쪽 12:24ab 「退溪先生文集 內集」 與朴澤之. 人之一身 理氣兼備 理貴氣賤 然理無爲而氣有欲 故主於踐理者 養氣在其中 사람의 한 몸은 리理와 기氣를 아울러 갖추고 있는데 리는 귀하고 기는 천賤하다. 그러나 리는 하고자 함(위爲)이 없고 기는 하고자 함(욕欲)이 있기 때문에 리를 실천하는 것을 위주로 하는 자는 기를 기르는 것(양기養氣)이 그 가운에 있다.
45) 『栗谷全書』1, 283쪽 14:6a 「說」 人心道心圖說. 今之學者 不知善惡 由於氣之淸濁 求其說而不得 故乃以理發者爲善 氣發者爲惡 使理氣有相離之失 此是未瑩之論也

따라 인심이 도심이 될 수 있다고 한다.46)

　　기존 성리학자들은 율곡의 기질론과 교기질을 대체적으로 수기론修己論〔자신의 몸과 마음을 닦음에 대한 논의47)〕의 일부로 보았다. 본성의 선함을 절대적인 것으로 주장하는 성리학性理學48)의 체계 안에서 수기론은 성선性善을 얼마나 잘 드러내느냐가 관건이다. 반대로 보면 악惡의 발생 원인이 기질의 측면과 관련된다고 볼 때 기질론은 기질의 교정을 통해 선善에 이르도록 함을 의미한다.49) 특히 악(불선不善)에서 선으로의 변화 방법이 매뉴얼manual〔어떤

---

46) 율곡은 리발理發을 선善으로 삼고 기발氣發을 악惡으로 삼는 의견에 반대하였다. 퇴계와 같이 인심人心의 악한 측면을 보지 않고 율곡은 인심의 선한 측면을 본 것이다. 다시 말해 선과 악이 있는 인심은 인간의 노력여하에 따라 도심道心이 될 수 있다. 이것이 정情에 인간 의지意志가 개입되는 율곡의 교기질론矯氣質論이다〔서근식, 「퇴계 이황의 사단칠정론과 율곡 이이의 인심도심론에 담긴 정치철학적 의미」, 한국철학논집 제33집, 한국철학사연구회, 2012. 159-160쪽 참조.〕.
47) 『표준국어대사전』, 국립국어연구원, 1999. 3623쪽 참조. 수기修己.
48) 중국 송나라·명나라 때에 주돈이周敦頤〔염계濂溪 1017 - 1073〕, 정호程顥〔명도明道 1032 - 1085〕, 정이程頤〔이천伊川 1033 - 1107〕 등에서 비롯하고 주희朱熹〔회암晦庵 1130 - 1200〕가 집대성한 유학의 한 파이다. '원리와 현상으로 도리와 법칙을 설명하는' 리기설理氣說과 '인간 마음을 풀어 밝히는' 심성론心性論에 입각하여 '실제 사물의 이치를 연구하여 지식을 완전하게 함'〔격물치지格物致知〕을 중시하는 실천 도덕 그리고 인격과 학문의 성취를 역설하였다. 우리나라에는 고려 말기에 들어와 조선의 통치 이념이 되었고, 길재吉再〔야은冶隱 1353 - 1419〕·정도전鄭道傳〔삼봉三峰 1342 - 1398〕·권근權近〔양촌陽村 1352 - 1409〕·김종직金宗直〔점필재佔畢齋 1431 - 1492〕에 이어 이황李滉·이이李珥에 이르러 조선 성리학으로 체계화되었다(『표준국어대사전』, 국립국어연구원, 1999. 3452쪽 참조.).
49) 유연석, 「율곡 이이의 인성론 연구 -『중용』 중화론에 입각한 『맹자』 성선설의 재정립」, 연세대 박사학위논문, 2004. 1쪽 참조.

기계의 조작방법을 설명해 놓은 사용지침서[50])에 의해 고정되어 있다는 것이 기존 학자들이 바라보는 수기론이고, 이러한 관점에서 기질론을 보고 있다는 것이다.

기질마다 교정방법이 다르다는 것이 율곡 철학만의 독특한 이론임에도 불구하고, 이러한 전통적 관념에 의해 논의가 활성화되지 못한 측면이 있다. 이 책은 나의 논문을 기초로 썼지만, 지나친 형식은 버리고 쉽고 재미있게 율곡의 이론에 다가가 보려고 한다.

기질에 대한 연구도 다양하고 그 내용도 제각각이라 정리할 엄두가 나지 않아 고민이 많았지만 어차피 같은 책을 읽어도 감동은 서로 다르니 결론에 정답이 있어야 한다는 생각은 접어두고, 나만의 방식으로 '율곡 이이의 기질론과 교기질'을 풀어보고자 한다.

실제의 삶에서 인간은 누구나 길吉·복福은 취하고 흉凶·화禍는 피하고 싶은 것이 '보편의 심정'이다. 길하고 복한 것을 얻기 위한 행동을 '그 때에 알맞음[51]'(시중時中)이라 하고, '지나치거나

---

50) 『표준국어대사전』, 국립국어연구원, 1999. 2070쪽 참조. 매뉴얼.
51) 시중時中을 '그 때에 알맞음'이라 하고, 시중의 상태를 선善 또는 도道라고 해석하였다(군자가 중용中庸(중中이라는 것은 편벽되지 않고 치우치지 않으며, 과불급이 없는 것이며 용庸은 '항상, 늘'이다)을 함은 군자이면서 때로 맞게 하기 때문이다(君子之中庸也 君子而時中). 『大學·中庸集註』「中庸章句」, 성백효, 전통문화연구회, 2004. 59/63쪽 참조.). 좀 더 알아보면 시중時中(상황의 변화에 따라 알맞게 대처하여 지나치거나 모자람이 없는 것)은 첫째, 본래성과 현실성의 만남을 통한 조화를 의미한다. 즉 개인의 사사로운 의도(사의私意)나 무엇을 미리 기필期必(꼭 이루어지기를 기약함(『표준국어대사전』, 국립국어연구원, 1999. 918쪽 참조.))하려는 생각 또는 고정관념이나 아집我執을 갖고 임하는 것이 아니라 개인의 수양을 통해 얻어진 순수한 자기 본연의 모습으로 그 상황에 맞게 실현해 가는 것이다. 둘째, 보편과 특수의 합치를 의미한다. 즉 시時는 변變이며 각각의 상황이 모두 구체적이고 특수한 모습이다. 중中은 부중不中과 상대되는 것으로 적중的中하면 바르

모자라지도 아니하고 한쪽으로 치우치지도 아니한, 떳떳하며 변함이 없는 상태나 정도52)'(중용中庸)라 일컫는다. 이것을 선善이라 하고 도道라고도 하는데, 이 연구도 그 맥락 안에서 이루어진다.

이 연구의 목표는 일상생활에서 맺게 된 인간관계에 대한 여러 가지 의문을 통해 기질이란 무엇인지 살펴보고, 기질이 존재한다는 것을 밝히며, 그에 따른 교정이 가능한지 알아보려 함이다. 가능하다면, 교정방법으로는 무엇이 있고 기질에 따라 어떻게 적용되어야하는지 그 방법도 모색해고자 한다.

율곡은 인간의 기질을 '기가 맑고 질이 순수한 사람'(기청질수

고, 옳은 것이다. 중정正中(어느 한쪽으로 지나치거나 모자람이 없이 곧고 올바름. 또는 그런 모양(『표준국어대사전』, 국립국어연구원, 1999. 5701쪽 참조.))은 유가에서 불변의 가치개념이므로 불변의 보편적 가치가 구체적인 특수 상황에 부합되는 것이 시중이다. 셋째, 지나침과 모자람의 양 극단極端(중용을 잃고 한쪽으로 크게 치우침(『표준국어대사전』, 국립국어연구원, 1999. 801쪽 참조.))의 부정을 의미한다. 넷째, 경經(=법法)과 권權(저울추)의 합일을 의미한다. 즉 '시의時宜(때의 마땅함)에 따라 선택하고 결단하는 것'(권權)이 중정中正(경經)의 절대 이상에 맞게 되는 상태를 말한다. 참고로 율곡은 시중의 논리를 수시변통隨時變通(그때그때의 상황에 따라 일을 처리함(『표준국어대사전』, 국립국어연구원, 1999. 3650쪽 참조.))으로 강조하면서 상황에 따라 그에 맞게 이념을 구현해 가는 경장更張(정치적·사회적으로 묵은 제도를 개혁하여 새롭게 함(『표준국어대사전』, 국립국어연구원, 1999. 365쪽 참조.))의 이론을 주장하였다. 시중은 본래적인 모습을 지키면서도 상황에 따라 가변적으로 대처해가는 유가의 강한 현실 적응 내지는 현실 개조의 이념을 잘 드러내는 개념이다(『유교대사전』, 박영사, 1990. 825-826쪽 참조. 시중時中.).
52) 『大學·中庸集註』「中庸章句」, 성백효, 전통문화연구회, 2004. 59쪽 참조. 中者 不偏不倚無過不及之名 庸 平常也 … 不偏之謂中 不易之謂庸 中者天下之正道 庸者天下之正理 此篇 乃孔門傳授心法
(『표준국어대사전』, 국립국어연구원, 1999. 5698쪽 참조. 중용中庸.)

자氣淸質粹者), '기는 맑은데 질이 순수하지 않은 사람'(기청질박자 氣淸質駁者)과 '질은 순수한데 기가 맑지 않은 사람'(질수기탁자質粹 氣濁者)으로 나누고 있다.53) 즉 율곡 기질론에서는 기질들의 특징에 따라, '알 수는 있지만 잘 행할 수는 없는' 기청질박자와 '행동할 수는 있지만 잘 알 수는 없는' 질수기탁자로 구분한다.54)

율곡은 기질을 크게 세 가지로 나누는데 기청질수자·기청질박자·질수기탁자이다. 그 중에서 교기질의 대상인 기청질박자와 질수기탁자를 구분하는 기준으로는 '앎(지知)과 행함(행行)'을 든다. 다시 말해 지知와 행行의 '능숙하냐 능숙하지 않냐'(능불능能不能) 여부가 기질을 나누는 기준이 된다.

이런 기질적 특성이 있는 기청질박자와 질수기탁자의 기질교정 방법은 기질마다 다르게 적용되어야 한다는 근거55)를 『율곡전서』에서 찾아보면,

---

53) 『栗谷全書』 1, 468쪽 21:13b 「聖學輯要」 矯氣質章. 氣淸而質粹者 知行不勉而能 無以尙矣 氣淸而質駁者 能知而不能行 若勉於躬行 必誠必篤 則行可立而柔者强矣 質粹而氣濁者 能行而不能知 若勉於問學 必誠必精 則知可達而愚者明矣 율곡은 '기청질수자는 지와 행을 힘쓰지 않고도 능하게 되어 더할 것이 없다'고 말한다. 이 책의 주제인 기질의 교정이 필요없는 이상적 기질로 상정한다.
54) 각주 53) 원문의 기청이질수자氣淸而質粹者는 기청질수자氣淸質粹者로, 기청이질박자氣淸而質駁者는 기청질박자氣淸質駁者, 질수이기탁자質粹而 氣濁者는 질수기탁자質粹氣濁者로 부르기로 한다.
55) 성리학은 리기론理氣論(원리(리理)와 현상(기氣)으로 도리와 법칙을 설명하는 논의)과 심성론心性論(인간 마음을 풀어 밝히는 논의)에 입각하여 격물치지格物致知(실제 사물의 이치를 연구하여 지식을 완전하게 함)를 통한 학문(지知)의 성취와 실천도덕(행行)을 역설하는 철학 사조이다. 기질(기청질박자 질수기탁자)에 따라 기질의 교정방법이 다르게 적용해야 한다는 주장의 근거를 리기론, 심성론, 격물치지의 관점에서 제시하고자 한다(『표준국어대사전』, 국립국어연구원, 1999. 3452쪽 참조. 성리학性理學.).

①지행론知行論에서 지知와 행行의 선후가 기질에 따라 달라질 수 있다.

    지知와 행行은 비록 선후가 나뉘었으나 실제는 동시에 함께 진행하는 것입니다. 그런 까닭에 어떤 사람(혹或)은 지知를 거쳐서 행行에 도달하고, 어떤 사람(혹或)은 행行을 거쳐서 지知에 도달합니다.[56]

율곡은 지知와 행行의 구분이 있지만 실제는 지행知行이 일시에 아울러 진행하는 것이라고 전제한 뒤에 사람에 따라 지행의 순서가 다를 수 있음을 암시하고 있다. 이러한 『율곡전서』의 언급과 기질에 따라 교정방법을 달리해야 한다는 주장을 연결하여 밝혀볼 것이다.
    율곡의 ②심성론도 주목해 본다.
    요즘엔 아이들의 교육방법에도 '그 기질에 따라 다르게 해야 한다'는 의견[57]이 분분한데, 율곡은 이미 그 시대에 기질에 따라 교정법을 다르게 해야 한다고 주장하고 있다. 문헌을 살펴보면,

    어떤 사람이 묻기를, "마음은 하나인데 감정(정情)이라고도 하고, 의지(지志)라고도 하며, 의식(의意)이라고도 하니 …… 어찌 그 이름이 번다하여 한결같지 않는가." 하여 신(율곡)이 대답하기를, "정情이라는 것은 마음에 느끼는 바가 있어서 움직이는 것이다. 마음이 움직이면 바로 정情으로 자유로 하지 못하는 것이 있으니, 평상시에 '능력이나 성품을 기르고 닦음'(함양涵養) · '자신의 마음을 반성하고

---
56) 『栗谷全書』 1, 496쪽 22:23ab 「聖學輯要」 修己功效章. 臣按知行雖分先後 其實一時竝進 故或由知而達於行 或由行而達於知
57) 신민섭 · 박선영, 『여덟살 심리학』, 원앤원북스, 2007. 175-213쪽 참조.

살핌'(성찰省察)의 노력이 지극하면, 정情의 발하는 것이 자연히 이치에 맞고 절도에 맞지만, 만일 마음을 다스리는 힘이 없으면 혼히 맞지 않는 것이 있다. 지志라는 것은 마음의 가는 바가 있는 것을 이른 것이니, 정情이 이미 발하여 그 마음이 한쪽으로 기울어져 가 마음을 정한 것이다. 선善으로도 가고 악惡으로도 가는 것이 모두 지志이다. 의意라는 것은 '마음에 계산·계획하여 비교함'(계교計較)이 있는 것을 말한다. 정情이 이미 발하여 생각도 하고 운용도 하는 것이다. ……" 또 묻기를 "지志와 의意은 어느 것이 먼저이고 어느 것이 뒤인가." 이에 대답하기를, "지志는 의意가 정해진 것이요, 의意라는 것은 지志가 아직 정해지지 않은 것이다. 그러니 지志가 의意의 뒤에 있는 것 같다. 하지만 어떤 사람(혹或)은 지志가 먼저 서면 의意가 뒤따라 생각하는 유형도 있고, 어떤 사람(혹或)은 의意가 먼저 가동되고 지志가 따라 정해지는 것도 있으니, 일률적으로 논할 수 없다. 정情·지志·의意는 다 한 마음의 작용인데, 그 주재하는 바를 따라 각각 그 이름을 세우는 것이요, 여러 가지 마음이 있는 것은 아니다." 하였습니다.58)

괴언 기질이란 존재하는가? 그리고 교정이 가능한 것인가? 잠자고 일어나는 습관, 먹고 마시는 일상의 작은 것 하나도 막상 바꾸려면 어려운데 하물며 사람의 기질에 관한 일이니 그 근원을 꼼꼼하게 찾아보아야 할 것이다.

---

58)『栗谷全書』1, 456쪽 20:58b-59b「聖學輯要」窮理章. 或問 心一也 而或曰情 或曰志 或曰意 …… 何其名目紛紜不一耶 臣答曰 情者 心有所感而動者也 纔動便是情 有不得自由者 平居 涵養省察之功至 則情之發 自然中理中節 若無治心之力 則多有不中者矣 志者 心有所之之謂 情既發而定其趨向也 之善之惡 皆志也 意者 心有計較之謂也 情既發而商量運用者也 …… 問曰 志與意 孰先孰後 答曰 志者 意之定者也 意者 志之未定者也 似乎志在意後 然或有志先立而意隨而思者 或有意先經營而志隨而定者 不可以一概論也 情志意 皆是一心之用也 隨其所主而各立其名 非有許多別樣心也

율곡은 마음은 하나인데 이미 발한 이후를 크게 감정(정情), 의지(지志), 의식(의意)으로 나누어 보고 있다. 이 글의 주제인 교기질의 입장에서 보면 일반적인 사람들의 기질교정은 마음을 다스리는 힘59)(치심지력治心之力)이 나오는 지志 · 의意 단계에서 할 수 있다고 한다. 사람에 따라 지와 의가 형성되는 절차 혹은 순서의 차이가 있다는 『율곡전서』의 내용과, 기질에 따른 기질교정 방법의 다름을 주장하는 이 책의 입장을 관련지어서 설명해 볼 것이다. 철학적 용어들을 함부로 단정짓는 것은 현실에서는 힘들지만 이 책에서는 율곡의 정의에 따라 지志와 의意의 선후문제를 기질과 연관 지어 다루고자 한다.

다음은 '기질에 따라 교정방법이 다르게 적용된다는 것'에 대한 이론적 근거를 율곡의 ③리기론에서 찾아보려 한다.

율곡은 리理와 기氣의 관계60)에 대해 리란 기의 주재이고 기란 리가 타는 것이니, 리가 아니면 기가 근거할 데가 없고 기가 아니면 리가 의착할 데가 없다고 하면서 리와 기는 이미 '두 물건이 아닐 뿐'(비이물非二物)만 아니라, 또한 '한 물건도 아니라'(비일물非一物)고 한다. 한 물건이 아니기 때문에 '하나이면서 둘'(일이이一而二)이며, 두 물건이 아니기 때문에 '둘이면서 하나'(이이일二而一)의 관계가 성립된다고 말한다.61) 이것은 자연 · 인간 · 사회의 존재와 운동62)(리기론理氣論)이 완전히 조화로운 상태를 지칭하는 이론적 설명으로 기질의 관점에서는, 기청질수자氣淸質粹者라 부르며

---

59) 나는 치심지력을 기질을 교정할 수 있는 힘으로 보았다.
60) 리理는 이치, 기氣는 기운이라는 말을 함께 쓴다.
61) 『栗谷全書』 1, 197쪽 10:2a 「書」二 答成浩原 壬申. 夫理者 氣之主宰也 氣者 理之所乘也 非理則氣無所根柢 非氣則理無所依著 旣非二物 又非一物 非一物 故一而二 非二物 故二而一也
62) 『브리태니커 세계 대백과사전』 17, 한국브리태니커주식회사, 1997. 547쪽 참조. 리기론理氣論.

그 특징은 지와 행을 힘쓰지 않고도 능숙하게 되어 더할 것이 없다고 하였다.63)

그러나 현실적으로는 여러 변수들이 생겨 사람이 태어남에 길고 짧고 들어가고 나오게 된다. 율곡의 이론에 따르면 '이치가 타고 있는 기운'(소승지기所乘之氣)의 결과로 천지와 만물이 생겨남에 어떤 것은 바르고 어떤 것은 치우치며 어떤 것은 통하고 어떤 것은 막히며 어떤 것은 맑고 어떤 것은 흐리며 어떤 것은 순수하고 어떤 것은 잡박하게 된다고 한다.64)

율곡은 특히 기질의 관점에서, 위와 같은 일련의 천지와 만물이

---

63) 『栗谷全書』 1, 468쪽 22:13b 「聖學輯要」 矯氣質章.
64) 『栗谷全書』 1, 197쪽 10:2b 「書」二 答成浩原 壬申. 夫理 一而已矣 本無偏正通塞淸濁粹駁之異 而所乘之氣 升降飛揚 未嘗止息 雜糅參差 是生天地萬物 而或正或偏 或通或塞 或淸或濁 或粹或駁焉 理雖一 而旣乘於氣 則其分萬殊 故在天地而爲天地之理 在萬物而爲萬物之理 在吾人而爲吾人之理 然則參差不齊者 氣之所爲也 雖曰氣之所爲 而必有理爲之主宰 則其所以參差不齊者 亦是理當如此 非理不如此而氣獨如此也. 이치(리理)는 하나일 뿐이기 때문에 본래 치우침과 바름, 통함과 막힘, 맑음과 흐림, 순수함과 잡박함과 같은 구분이 없습니다. 그러나 '이치가 타고 있는 기운'(소승지기所乘之氣)은 오르락내리락하면서 쉬는 일이 없고, 뒤섞여서 고르지 못하게 됩니다. 이에 천지와 만물이 생겨남에 어떤 것은 바르고 어떤 것은 치우치며, 어떤 것은 통하고 어떤 것은 막히며, 어떤 것은 맑고 어떤 것은 흐리며, 어떤 것은 순수하고 어떤 것은 잡박하게 되는 것입니다. 이치는 비록 하나지만 이미 기운에 타고 있기 때문에 그 나타남은 만 가지로 다릅니다. 그러므로 천지에 있으면 천지의 이치가 되고, 만물에 있으면 만물의 이치가 되며, 우리 인간에 있으면 인간의 이치가 됩니다. 따라서 이렇게 뒤섞여 고르지 못한 것은 기운이 그렇게 만든 것입니다. 비록 기운이 그렇게 만들었다고 하더라도 반드시 이치가 주재하니, 뒤섞여 가지런하지 않은 까닭 역시 이치가 마땅히 그러한 것이지, 이치는 그렇지 않은데도 기운만 홀로 그런 것은 아닙니다.

생겨나는 과정에서 바르고 통하고 맑고 순수하게 된 기청질수자는 완벽하고 이상적 기질이므로 논외로 하고, 기는 맑지만 질은 잡박한 기청질박자와 질은 순수하지만 기는 흐린 질수기탁자가 생기는 원인은 '리理가 타고 있는 기氣'(소승지기)의 기질적 편향성 때문이라고 본다. 나는 이러한 기질적 편향성에 관하여 율곡이 언급한 리기론을 적용하여 풀어보려 한다. 이를 뒷받침하는 이론으로는,

'한 물건이 아니다'(비일물자非一物者 = 두 물건이다)라는 것은 무슨 뜻이겠습니까? 이치(리理)와 기운(기氣)은 비록 서로 떨어지지는 않지만 오묘하게 합해 있는 가운데, 이치는 본래 이치이고 기운은 본래 기운이어서, 서로 뒤섞이지 않으므로 한 물건이 아니라고 말합니다. '두 물건이 아니다'(비이물자非二物者 = 한 물건이다)라는 것은 무슨 뜻이겠습니까? 비록 이치는 본래 이치이고 기운은 본래 기운이라고 하더라도, 뒤섞여 간극이 없고, 선후와 이합이 없어 두 물건이 되는 것을 볼 수 없기 때문에 두 물건이 아니라고 합니다.65)

본연이란 이치가 하나(리일理一)인 것을 말하며, 흘러 움직임이란 나타남에 있어 다른 것(분수分殊)을 말합니다. '흘러 움직임의 이치를 버리고 따로 본연의 이치를 구하는 것'(사유행지리捨流行之理 이별구본연지리而別求本然之理)도 진실로 옳지 않습니다만, '만약 이치에 선과 악이 있는 것을 이치의 본연이라고 한다'(약이리지유선악자若以理之有善惡者 위리지본연爲理之本然)면 이 역시 옳지 않습니다. 리일분수理一分殊 네 글자를 가장 잘 체득하여 깨닫고 연구해야 할 것입니다.66)

---

65) 『栗谷全書』 1, 197쪽 10:2ab 「書」二 答成浩原 壬申. 非一物者 何謂也. 理氣雖相離不得 而妙合之中 理自理 氣自氣 不相挾雜 故非一物也 非二物者 何謂也 雖曰理自理氣自氣 而渾淪無間 無先後無離合 不見其爲二物 故非二物也

66) 『栗谷全書』 1, 194쪽 9:39a 「書」一 答成浩原. 夫本然者 理之一也 流

앞에서 언급한 질수기탁자는 비일물자非一物者와 '흘러 움직임의 이치를 버리고 따로 본연의 이치를 구하는'(사유행지리捨流行之理 이별구본연지리而別求本然之理) 특징을 가지며, 기청질박자는 비이물자非二物者와 '이치에 선과 악이 있는 것을 이치의 본연이라고 한다'(이리지유선악자以理之有善惡者 위리지본연爲理之本然)는 입장에서 리기론을 전개해 볼 것이다.

이러한 이론 전개를 통해 기청질박자와 질수기탁자는 기질에 따라 기질 교정방법이 달라야 한다는 것을 밝혀보고자 한다.

기존 연구자들은 교기질을 축소하여 본 면이 있으므로, 그 맥락을 따르지 않고 나만의 연구방법과 순서를 정해야 할 것 같다.

먼저 기질에 관한 전반적 관심사로부터 점점 좁혀 교기질로 다가가는 구도를 택하기로 한다.

나는 역사책을 읽을 때마다 그 속에서 펼쳐지는 사건들이, 인물간의 사소한 오해와 갈등에서 비롯되는 것을 발견하였고 늘 그 근원이 궁금하곤 했다.

그러므로 역사 속 인물간의 갈등상황을 찾아 기질 충돌의 실제 예로 제시한다. 특히 고려가 패망하고 조선이 건국되는 과정에서의 정몽주와 정도전의 갈등을 그들의 시詩를 통해 알아보고, 무오사화의 원인이 된 김일손과 이극돈의 비극적 오해와 충돌이유는 무엇이었는지도 살펴본다. 그리고 유대 - 로마전쟁 시기의 요세푸스와 엘르아살의 기질간 비교는 연설문으로 하고자 한다.

行者 分之殊也 捨流行之理, 而別求本然之理 固不可 若以理之有善惡者 爲理之本然則亦不可 理一分殊四字 最宜體究

또한 기질론에 앞서 알아둘 용어들을 음과 양, 리와 기, 사단칠정, 인심도심으로 나누어 상식적인 선에서 간략하게 언급하여 기질론의 철학적 근간을 이루는 개념들을 짚고 넘어 가보려 한다.
　다음은 Ⅱ장에서 '기질이란 무엇인가?'를 넓은 의미에서 조명해 들어가 보기로 하자. 먼저 동·서양의 인식의 차이를 밝힐 것이며, 동·서양인이 다르게 인식하는 이유를 동양은 허령지각, 서양은 알고리즘에 대입하여 창의적으로 설명해 보려 한다.
　Ⅲ장에서는 기질분류법의 예시로써 '예禮·악樂' 그리고 '횡橫·수설竪說'을 제시하고 내용과 형식의 관점에서 풀어볼 것이다. 그리고 『논어』와 『중용』에서, 기청질박자와 질수기탁자의 특징에 관한 설명은 이利와 곤困 글자에서 출발하고자 한다.
　Ⅳ장에서 율곡은 기질을 어떤 기준으로 분류하고 있는지 알아보아야 하겠다.
　우선 지知에는 듣다, 행行에는 보다는 뜻이 있다는 것을 문헌을 통해 찾아보고, (지에 능숙한) 기청질박자는 청각적이므로 망견자望見者의 특징을 가지고 있으며, 반면에 (행에 능숙한) 질수기탁자는 시각적이므로 문인언이종지자聞人言而從之者 특색이 있음을 찾아 연결시켜 볼 것이다. 그리고 격물치지의 관점에서 기청질박자는 잠사자득潛思自得을 교기질 방법으로, 질수기탁자는 견물사도見物思道를 교기질 방법으로 제시해 보려 한다.
　Ⅴ장에서는 기청질박자와 질수기탁자의 기질교정 방법론으로는 지知·행行, 그 근거로 지志·의意가 어떻게 적용되는지 다루어 볼 것이며, 구체적인 기질교정 방법에 대해 소개할 것이다.
　이어지는 Ⅵ장에서는 기질을 교정해야 하는 이유를 나쁜 예(모씨某氏와 기질의 편향성)와 좋은 예(전인全人, 공동창조성)로 나누어 설명할 것이다. 이 책은 논문의 형식을 기초로 하여 쓰지만 기질론과 교기질에 관해, 학문적인 입장에만 얽매이지 않고 상식적이고 일상적인 눈높이에서도 이해할 수 있도록 설명해 보려 한다.

끝으로 부록편(기청질박자 질수기탁자의 해례본)을 두어 이 책에 대한 이해를 돕고자 한다.

2. 역사 속 기질氣質충돌

1) 시詩를 통해 본 정몽주와 정도전의 기질氣質비교

리빙하이李炳海는 그의 책 『동아시아 미학』에서 동아시아 전통의 문예는, 자신의 마음과 뜻을 표현하는 방식으로 완곡함과 함축성을 아름다움으로 간주한다고 하였다. 자세히 말해보면 그(동아시아 전통의 문예) 아름다움은 '직접적으로 말하지 않고'(부직언不直言), '한꺼번에 다 말하지 않고'(부진언不盡言), '분명하게 말하지 않는'(불명언不明言) 데에 있다고 한다.[67]

또한 최광범은 그의 논문「고려말 한시 풍속 연구」에서 문예의 한 분야인 시詩는 사람의 인품과 개성을 담아 시인들의 풍채와 품격 또한 반영한다[68]고 보았다. 다시 말해 이 시기에 시詩는 철학적

---

67) 리빙하이, 『동아시아 미학』, 신정근, 동아시아, 2011. 275, 281쪽 참조. 직접적으로 말하지 않기란 대놓고 사실대로 표현하지 않고 간접적인 방식으로 나타내는 것이다. 다 말하지 않기란 내재적인 의의를 전부 드러내거나 한눈에 모든 것이 들어오게 하는 것이 아니라 남겨둔 채 내보이지 않고 덮어서 애매하게 하는 것이다. 분명하게 말하지 않기란 누구나 이해하기 쉬운 방식으로 표현하지 않고 암시를 통해 사람들로 하여금 깊이 생각하게 하는 것이다.
68) 최광범, 「고려말 한시 풍속 연구」, 고려대 박사학위논문, 2003. 223쪽 참조.

배경을 포함하여 그 사람의 기질, 가치관, 정치적 경향성 등 인생 전반의 모든 것을 함축적으로 포함하고 있다고 볼 수 있다. 그러므로 첫 번째 기질비교의 재료로 시詩를 선택해 보았다.

조선 이전 고려 말 지식인들은 나라가 유지되기 위해서는 개혁해야 한다는 공통의 생각을 가지고 있었다. 특히 '고려의 통치제도를 유지하면서 개혁하자'는 온건한 개혁파의 대표적 인물로는 정몽주鄭夢周69)(포은圃隱 1337 - 1392)를 들 수 있다. 그리고 '더 이

---

69) 1337년 부. 정운관鄭云瓘 모. 이씨 사이에서 출생. 1355년(19세) 아버지 상을 당함. 1356년 관례 치름/ 몽주夢周로 개명. 1357년 어사대부 신군평申君平 주관 국자감시國子監試 3등으로 합격. 1360년 지공거 김득배金得培 주관 고시考試 장원으로 뽑힘. 1362년 예문검열에 임용(이때 김용金鏞의 모략으로 죽임을 당한 김득배의 시신을 거두어 장사지냄.)/수찬으로 진급. 그 후 낭장겸합문지후, 위위사승, 동북면도지휘사 한방신韓邦信의 종사관으로 여진정벌 후 전보도감판관 제수. 1365년 어머니 상 당함. 1367년 예조정랑 겸 성균박사, 성균사예지제교, 중정대부성균사성 제수. 1372년 서장관으로 지밀직사사 홍사범洪師範을 따라 명나라 감(돌아오는 길에 바다에서 태풍을 만나 홍사범 익사/ 선생(정몽주)은 천만다행으로 살아남). 그 후 경상도 안렴사, 예문관직제학 충춘추관수찬, 성균관대사성 제수/ 원나라 사신을 맞아들이지 말 것을 상소하여 언양으로 귀양감. 1377년 개경으로 돌아옴. 1377년 일본에 사신으로 가서, 1378년 포로로 잡혀갔던 수백 명을 데리고 귀국 후 정순대부우산기상시 보문각제학 제수. 1380년 이성계와 함께 전라도 운봉에서 왜구 격파. (그 외 다수의 외교사절 수행). 1389년 예문관대제학 제수. 1390년 순충론도동덕좌명공신의 호를 받음/ 그 외 다수의 벼슬 제수받음. 1391년 인물추변도감제조관 제수. 안사공신의 호 받음. 1392년 신정률 지어 바침/ 절의를 지키다 죽임을 당함(56세). 1401년 조선 태종의 명으로 대광보국숭록대부 영의정부사 수문전대제학 겸 예문춘추관사 익양부원군에 추증되고, 문충文忠의 시호를 받음. 1432년 세종의 명으로 『삼강행실三綱行實』을 만들고 선생을 충신전忠臣傳에 실리게 함. 1517년 문묘文廟에 종사됨. - (정성식, 『정몽주』, 성균관대학교 출판부, 2009. 연보 249-252쪽 참조.)

상 고려의 제도권 아래에서의 개혁은 불가능하니 역성혁명易姓革命
(왕조가 바뀌는 일70))이라도 해야 한다'는 급진적 개혁파의 중심
에는 정도전鄭道傳71)(삼봉三峰 1342 - 1398)이 서 있었다.72)

---

70) 『표준국어대사전』, 국립국어연구원, 1999. 4332쪽 참조. 역성혁명易姓革命.

71) 1342년 형부상서 정운경鄭云敬의 3남 1녀 중 장남으로 태어남(『한국민족문화대백과사전』(19, 한국정신문화연구원, 1995. 739-741쪽 참조. 정도전.)에서는 출생연도를 1337년으로 보고 있음). 1360년 성균시(국자감에서 진사를 뽑는 시험) 합격. 1362년 진사시(국자감에서 보는 시험) 합격. 1363년 충주사록, 1365년 통례문지후 벼슬을 함. 1375년 친원親元정책에 반대하다 나주로 유배. 1377년 유형流刑을 마치고 고향 영주 삼봉재를 열고 후학을 가르침. 1382년 향인鄕人 재상이 삼봉재를 헐어버리자 부평으로 이사, 그곳에서도 재상 왕씨가 별장을 짓겠다고 집을 헐어버리자 다시 김포로 이사. 1383년 9년간의 유배·유랑 생활 청산하고, 당시 동북면도지휘사로 있던 이성계의 막료幕僚가 됨. 1388년 위화도 회군으로 이성계 일파가 실권을 장악함. 1391년 과전법(국가재정 확충/농민에 대한 무질서한 수탈 제한/대토지를 소유하고 있던 권문세족들의 기반 약화/신진관료들의 경제적 기반의 확충을 통해 조선 개국의 정치·경제적 토대 마련) 실시. 1392년 조선 개창. 1394년 판의흥삼군부사로서 경성·전리 양광삼도도총제사가 되어 재정 및 지방 병권을 장악. 그 해 6월 『조선경국전』 지음. 1395년 『고려사』 지음. 한양에 궁궐과 종묘가 완성되자 왕명으로 신궁과 모든 전각과 문의 이름을 짓고 그 뜻을 써 올림. 1396년 명나라의 내정간섭과 요동정벌 준비(군량미확보/진법훈련/사병혁파 등). 1397년 『삼봉집』 간행. 1398년 『불씨잡변』 저술/ 이방원 일파에 의해 희생당함. - (글 이덕일/그림 권태균, 『정도전과 그의 시대』, 도서출판 옥당, 2015. 108-158/연표 222-223쪽 참조.)

72) 새 왕조의 개창 문제를 둘러싸고 정몽주 일파와 정도전 일파 간에 제기된 강상론綱常論(삼강오상론三綱五常論의 줄임말로 인간관계에 관한 덕목. 주종적主從的 상하관계의 원리이며 기강확립을 꾀하려는 논의(강동효, 『Basic고교생을 위한 윤리 용어사전』, 신원문화사, 2002. 102쪽 참조.).)과 혁명론革命論의 쟁점도 그 주장의 철학적 논리성을 따지기에 앞서 '의리義利에 대한 적합성 여부'(의리지변義利之辨. 의리와 이익을 엄격히 분별하는 것)와 이러한 의리지변을 인격적 양상에 적용하여 군

정도전은 개인의 실력보다는 집안의 배경이 중시되었던, 고려에서 애매한 출신성분[73]으로 출세에 문제가 있었지만 그는 문인文人

> 자와 소인을 구분하는 전제하에 군자를 우러르고 소인을 천하게 여기는 가치관의 관한 것이었다. (이러한 가치관에 관한 논의를 의리론義理論이라 한다.)
> 정도전, 권근(1352-1409) 등의 참여세력은 혁명론적 의리를 내세워 새 왕조 개창의 정당성을 강조하는 입장을 취하였던 데 반하여 정몽주, 길재(1353-1419) 등 재야의 저항세력들은 강상론적 의리의 편에서 혁명의 정당성을 부인하였거니와 그러한 전통은 그 후 재야의 신진 사류에 계승되어 세조(1417-1468/재위기간 1455-1468)의 왕위 찬탈 행위나 집권층인 훈구세력들의 권위와 지위를 이용한 비행을 비판·저항하는 무기로 원용援用되면서 재야사림이라는 이념집단으로 성장하게 되었다. 세력을 형성한 재야사림은 세속적인 집권·훈구세력과 갈등을 일으키게 되었고, 그 과정에서 사림세력의 이상주의적 의리정신이 더욱 고양되는 사상적 유산을 남기게 되었다. 연산군(1476-1506/재위기간 1494-1506) 대의 무오·갑자사화를 비롯하여 16세기 전반의 기묘·을사사화를 겪으면서 사림세력은 권력의 탄압에 무수한 희생을 치르게 되었지만, 16세기 후반 선조(1552-1608/재위기간 1567-1608) 대에 이르러서는 사림집단이 현실정치의 헤게모니를 장악하는 데까지 발전하여 이른바 '사림정치'의 시대를 열게 되었다. 이러한 사림정치의 개막과 더불어 정치주체들 간에는 정치권력을 매개로 한 의리義理의 실천문제를 둘러싸고 다시 분화·대립하는 양상을 나타내게 되었다. 의리의 이념적 순수성을 지키면서 권력집단을 비판하는 데 정치참여의 역점을 두는 입장과 권력을 통해 도학정치 이념을 직접 실현하려는 입장으로 대별되는 이른바 붕당정치의 개막이 그것이다. 그런데 17세기 말의 숙종(1661-1720/재위기간 1674-1720) 대를 고비로 하는 붕당정치의 과정에서는 상이한 입장의 정치주체들 간에 의리론을 명분으로 지킬 수 있었지만, 그 후에는 정치적 이해관계에 집착한 나머지 의리론의 객관적 기준이 무너지면서 붕당정치의 기능이 마비되는 현상을 나타내게 되었다(강광식, 『신유학사상과 조선조 유교정치 체제』, 백산서당, 2012. 198-201쪽 참조.).
> 73) 정도전, 『삼봉집』, 심경호, 한국고전번역원, 2013. 359-361쪽 참조./ 『브리태니커 세계 대백과사전』 19, 한국브리태니커주식회사, 1997. 187쪽 참조. 정도전. 가문과 혈통을 중시하는 고려시대에서 정도전의 모계에 노비의 피가 섞여 있었다고 하는 것을 볼 때 공직생활의 불이

이면서 동시에 무武를 겸비한 혁명가적 소질을 지녔으며, 특히 『맹자』74)에 대해 조예가 깊어 '군주가 어질지 못하면 추방할 수 있다는 구절75)'의 군주방벌론君主放伐論을 확립하고 이성계와 함께 새 왕조를 세우는 급진적 개혁에 앞장서게 된다.76)

이러한 과정 중에 고려의 시대를 정리하고 조선이란 새 시대를 열고자 했던 이성계의 아들 이방원李芳遠(태종(조선의 3대 왕), 1367 - 1422 / 재위기간 1400 - 1418)은 하여가何如歌를 지어 고려의 체제를 유지하려는 정몽주의 마음을 회유하고자 하였다. 그러나 정몽주는 단심가丹心歌를 지어 고려에 대한 절개節概(신념, 신의 따위를 굽히지 아니하고 굳게 지키는 꿋꿋한 태도77))를 노래하였다는 일화는 널리 알려져 있다.

나는 여기서 이들의 시詩가 그들의 마음과 기질을 대변한다고 보고 이를 분석해 보고자 한다.

우선, 단심가를 비롯한 정몽주의 시에는 씩씩한 기상과 굳은 절개78)와 기세가 좋은 적극적인 마음79)(의기意氣)이 크고 성대하여 작은 일에 거리낌이 없었으며80)(호방豪放), 세상 사람들을 깨우치

익을 당했음을 미루어 짐작해 볼 수 있다.
74) 유교 경전인 사서四書의 하나. 맹자와 그 제자들의 대화 따위를 기술한 책(『표준국어대사전』, 국립국어연구원, 1999. 2093쪽 참조. 맹자孟子.).
75) 『孟子集註』「梁惠王章句」下(63쪽)/「離婁章句」上(200쪽)/「盡心章句」上(398쪽), 성백효, 전통문화연구회, 2003.
76) 『한국민족문화대백과사전』 19, 한국정신문화연구원, 1995. 739-741쪽 참조. 정도전.
77) 『표준국어대사전』, 국립국어연구원, 1999. 5380쪽 참조. 절개節概.
78) 『표준국어대사전』, 국립국어연구원, 1999. 861쪽 참조. 기개氣概.
79) 『표준국어대사전』, 국립국어연구원, 1999. 4882쪽 참조. 의기意氣.
80) 『표준국어대사전』, 국립국어연구원, 1999. 6927쪽 참조. 호방豪放.

려는81)(경세警世) 강한 의지意志가 자리하고 있다. 그의 호방한 성품은 긍정적 현실 속에서는 경세의지警世意志나 풍류 등으로 표출되지만, 모순된 현실과 접했을 때는 부정적 현실 자체나 그것을 초래하고 있는 대상에 대한 의분을 표출하는 부정적 심미 형태82)로

---

81) 『표준국어대사전』, 국립국어연구원, 1999. 359쪽 참조. 경세警世.
82) 정몽주의 정계 진출은 특별한 혜택으로 정·관계에 진출한 당시의 권문세족들과는 다르게, 학문적 실력을 기반으로 정규 통로인 과거시험을 통해서 이루어졌다. 정당문학 김득배金得培와 추밀직학사 한방신韓方信이 감독한 과거 시험에서 장원으로 급제한 정몽주(25세)는, 홍건적의 침입을 격파한 공을 세웠던 김득배가 김용金鏞이란 간신에게 모해를 받아 상주에서 처형당하는 사건은 현실의 모순을 온몸으로 체험하는 계기가 되었다. 정몽주는 김득배의 문생의 예로 왕에게 요청하여 그 시신을 거두어 장사를 지내고, 다음과 같은 조문을 지어 조상하였다. 그 전문을 실어보면, "오호라, 황천이시여! 이 사람이 어떤 사람인가? 대개 복선화음福善禍淫(착하면 복이 오고 간사하면 재앙이 옴)하는 것이 하늘이요, 상선벌악賞善罰惡(착하면 상을 주고 악하면 벌을 줌)하는 것은 사람이라 들었으니, 하늘과 인간이 비록 다르나 그 이치는 한가지이다. 옛사람이 말하기를 '하늘이 뜻을 정하면 사람을 이기고, 사람이 많으면 하늘을 이긴다.'하니, 이 역시 어떤 이치인가? 지난번 홍건적이 침입했을 때, 왕의 수레는 남으로 옮겨가 국가의 운명이 위태롭기 실낱과 같았다. 오직 공이 대의大義를 선두에서 주창함에 원근遠近에서 호응하였으며, 몸소 만 번 죽을 각오로 계책을 세워 삼한의 기업을 회복했다. 무릇 지금 사람들이 여기에서 편안히 먹고 자는 것이 그 누구의 공인가? 비록 죄가 있어도 공으로 덮어 주는 것이 옳으며, 죄가 공보다 무겁다면 반드시 돌아와 죄에 따라 엄하게 다스림이 옳다. 어찌 말의 땀이 마르지도 않고 개선가가 끝나기도 전에 태산 같은 공로가 있는 사람의 피로 칼날을 적시게 만들었는가? 이것이 피눈물을 흘리면서 하늘에 묻는 까닭이다. 나라를 위해 죽은 혼백魂魄은 천만년토록 반드시 구천九泉 아래서 피를 마실 줄 알겠으니, 오호 운명이로다. 어찌 하나 어찌 하나." 복선화음의 천도와 상선벌악의 사회정의에 대한 소박한 신뢰가 송두리째 흔들리는 모순된 현실에 대한 체험은 젊은 정몽주로 하여금 현실과 역사에 대한 새로운 인식을 하게 하였다. 사회정의는 결국 현실과 역사를 통해 인간이 성취할 수밖에 없다는 자각이었다고 하겠다. 김득배의 충혼장백이 영원히 생생하게 살아서 그 정의의

나타난다.[83]

  이에 반해 정도전의 시는 정몽주와는 또 다른 색채를 지니고 있다. 정도전이 죽음을 맞은 1398년 8월 26일. 역사는 이방원이 주도한 '제 1 차 왕자의 난'이 일어난 날로 기록하고 있는데, 그 후 ('제 2 차 왕자의 난') 정권을 잡은 이방원은 조선의 제 3 대 왕 태종으로 즉위하였다. 태종은 정도전을 역적죄로 벌하였지만, 그의 집안 전체를 벌하지는 않았다. 태종 사후 정도전이 재상으로서 자리를 되찾은 것은 조선 왕조가 끝나 갈 무렵인 고종 2년 때였다. 고종(1852 - 1919 / 재위기간 1863 - 1907)은 경복궁을 지은 공로를 인정하여 정도전을 복원해 주었다. 정도전이 모함을 당해 죽은 지 467년 만의 일이다.[84] 조선의 정치·행정 전반에 기틀을 마련한 정도전의 죄가 그토록 무거웠던 이유는 무엇이었을까. 그리고 그는 어떤 인물이었을까.

  전해지는 바에 따르면, 정도전은 유별나게 깨끗한 것을 좋아하는[85](결벽潔癖) 성품과 비타협적 이념으로 인해 권문세족의 집중적인 탄압[86]을 받았다고 한다. 그는 슬프고 분하여 의분이 북받치

실현을 기다릴 것이란 말은 현실과 역사 속에서 정의가 반드시 실현되고 또 되어야 한다는 정몽주의 신념을 잘 보여주고 있다(정성식, 『정몽주』, 성균관대학교 출판부, 2009. 18-20쪽 참조 및 재인용).
83) 최광범, 「고려말 한시 풍속 연구」, 고려대 박사학위논문, 2003. 38-65쪽 참조.
84) 글 박은숙/그림 김창희, 『송현방 암살사건』, 스푼북, 2013. 144-145쪽 참조.
85) 『표준국어대사전』, 국립국어연구원, 1999. 327쪽 참조. 결벽潔癖.
86) 그 시기(고려 우왕 원년(1375)) 중국의 역학관계는 명明나라가 뜨는 해라면 원元나라는 지는 해였다. 고려는 이 두 나라에 대한 외교정책을 두고 신·구세력이 갈등하고 있었다. 구세력(이인임李仁任, 경복흥慶福興 등)은 친원세력으로 원나라와의 관계를 유지하자고 주장하고, 신세력(이색, 정몽주, 정도전 등)은 원나라의 속박으로부터 벗어나자는 것

는87)(비분강개悲憤慷慨) 마음을 그대로 표출하지 않고, 내적으로 삭히며 혁명革命의 웅지雄志를 키워가고 있었으며 그의 시에는 현실을 혁파하려는 굳센 의지가 응축되어 있었다. 그리고 소외된 처지에 대한 고독감과 이를 극복하려는 비상의 꿈이 담겨 있다88)고 한다.

두 사람의 생애와 시에 얽힌 전반적 상태를 살펴보았는데, 부정

이었다. 이 와중에 원나라 사신이 고려에 온다고 하자 정도전 등은 (사신이 고려에 오는 것을) 반대하였다. 그러자 구세력은 반대 주장을 받아들이기는커녕 정도전에게 원나라 사신 접대를 명하였다. 이에 격분한 정도전은 경복흥을 찾아가서 "나는 원나라 사신의 목을 베어 오든지, 아니면 오라 지워서 명나라로 보내겠소."라고 따졌다. 이를 항명으로 판단한 이인임, 경복흥 등이 정도전을 유배형에 처함으로써 정도전의 인생은 급전직하 나락으로 떨어진다. 사대부들이 유배지로 가는 정도전을 배웅하는 자리에서 술잔을 나누며 위로하고 있었는데, 권신權臣 염흥방廉興邦이 보낸 배상도裵尙度가 찾아와 자신이 시중侍中에게 말해서 노기가 조금 풀렸으니 잠시 기다리라는 말을 전했다. 조금 기다리면 해배령(귀양을 풀어주는 명령)이 내려올 수도 있다는 의미로 나름대로 염흥방은 정도전에게 호의를 베풀었지만 정도전은 "나의 말이나 시중의 분노는 각자 자신의 소신을 고집하는 것으로 다 나라를 위하는 것이오. 지금 왕명이 있었는데 어찌 공公의 말 때문에 가지 않겠습니까?"라고 말하고 곧바로 말에 올라 유배지로 갔다고 한다. 이 이야기를 들은 재상들은 더욱 화가 나 정도전의 유배지에 사람을 보내 곤장까지 치려고 했는데, 급박한 나라일로 유야무야 되었다. 정도전이 귀양에 처해지는 모습, 염흥방의 회유를 처리하는 광경 등을 보면 정도전의 성격이 부러질지언정 휘어지지는 않을 뿐 만 아니라 타협할 줄 모르는 것임을 알 수 있다. 이런 성격은 인생을 순탄하게 살 수 없으며, 특히 고려 말처럼 혼란한 사회에서는 목숨 부지하는 것도 쉽지 않음은 자명自明하다고 할 것이다(글 이덕일/그림 권태균, 『정도전과 그의 시대』, 도서출판 옥당, 2015. 56-58쪽 참조.).

87) 『표준국어대사전』, 국립국어연구원, 1999. 2980쪽 참조. 비분강개悲憤慷慨.
88) 최광범, 「고려말 한시 풍속 연구」, 고려대 박사학위논문, 2003. 225쪽 참조.

적 현실 앞에서 자신의 마음을 거침없이 쏟아내며 극단적인 적개심을 표출한 것이 정몽주의 성격이라면, 감정의 분출을 억제시켜 오히려 내적으로 이를 응축시킨 것이 정도전이었음을 느낄 수 있었다. 나는 여기서 정몽주의 단심가丹心歌와 정도전의 자조自嘲라는 시를 놓고 두 사람의 기질을 비교해 보려고 한다.[89] 앞에서도 언급했지만 시詩는 그들의 가치관 그리고 정치적 성향도 함께 포함하고 있으므로 그들의 기질과도 무관하지 않다고 보는 것이다.

시를 먼저 표로 옮겨보면,

단심가丹心歌[90]	자조自嘲[91]
이 몸이 죽고 죽어 일백 번 고쳐 죽어 백골이 진토되어 넋이라도 있고 없고 님 향한 일편단심이야 가실 줄이 있으랴	한결같은 마음으로 온 힘을 기울여 고려와 조선을 섬겼고, 서책에 담긴 성현의 참 교훈을 저버리지 않고 떳떳이 살아왔다. 삼십 년 긴 세월 온갖 고난 겪으면서 쉬지 않고 이룩한 공이 송현방 정자에서 한 잔 술 나누는 새 다 허사가 되었구나.[92]

---

89) 굳이 시詩를 선택해 정몽주와 정도전의 기질을 비교하려는 이유는 고려에서 조선으로의 역성易姓 정변과정에서 조선의 건국을 반대한 정몽주의 사상적 면모를 볼 수 있는 작품의 대부분이 산실散失(흩어져 잃어버림)되어 남아있는 것의 대부분은 시이기 때문이다(최광범, 「고려말 한시 풍속 연구」, 고려대 박사학위논문, 2003. 29쪽 참조.).
90) 丹心歌. 此身死了死了 一百番更死了 白骨爲塵土 魂魄有也無 向主一片丹心 寧有改理與之 (정성식, 『정몽주』, 성균관대학교 출판부, 2009. 95쪽 참조.)
91) 自嘲. 操存省察兩加功 不負聖賢黃卷中 三十年來勤苦業 松亭一醉竟成空 (정도전, 『삼봉집』, 심경호, 한국고전번역원, 2013. 286-287쪽 참

(각주 한문 원문 참고)

  정몽주의 단심가丹心歌는 새로운 나라를 세워 같이 힘을 합쳐 보자는 이방원의 하여가何如歌(이런들 어떠하며 저런들 어떠하리/ 만수산 드렁칡이 얽혀진들 어떠하리/ 우리도 이같이 얽혀서 백년까지 누리리라93))에 대해 자신의 의지를 드러내는 답시答詩이다. 다시 말해 그의 단심가는 목숨이 위태로워져도 고려에 대한 자신의 충정은 변하지 않을 것이라는 의지를 상징적으로 밝히고 있다.
  고려를 지키기 위해, 곤경94)에 빠져 있던 이성계를 암살할 계획을 세웠을 정도로 애쓰던 정몽주는 고려에 대한 자신의 믿음을 시로써 표현한 후 개성의 선죽교에서 죽임을 당했다. 그의 죽음이 비참해 보이지만, 후대 조선의 왕들은 신념을 굽히지 않고 굳게 지킨 그의 정신을 충신의 거울로 삼아 숭상하도록 하였다.

  조선을 건국하는데 일등공신이라고 스스로 생각한 이방원은 아버지 이성계가 자신에게 권력을 물려주리라는 기대를 했지만 이복동생(이방석李芳碩)에게 세자의 자리가 돌아가자 이에 격분하였고 이것이 정도전의 계획임을 확신하자, 이방원은 정도전을 결국 제거하게 된다. 정도전은 혁명에 동참했던 지인들과 송현방에 모여 있다가 죽기 전 자신의 노력이 허사가 됨을 스스로 비웃는 시, 자

조.)
92) 글 박은숙/그림 김창희, 『송현방 암살사건』, 스푼북, 2013. 19쪽 참조.
93) 정성식, 『정몽주』, 성균관대학교 출판부, 2009. 95쪽 참조.
94) 1392년 3월, 명나라에 사신으로 갔던 세자 석奭 일행의 귀국을 영접하러 나가던 이성계가 해주海州에서 사냥을 하다가 말에서 떨어져 심한 부상을 입었던 일을 말한다(정성식, 『정몽주』, 성균관대학교 출판부, 2009. 60쪽 참조.).

조自嘲를 남기고 역사 속으로 사라지게 된다.[95]

 평생의 절친이었던 정몽주와 정도전, 죽음을 대하는 그들의 자세는 서로 달랐다.

 먼저 부정적 현실에 대해 극단적 적개심을 표현한 정몽주의 시는 자신이 일백 번 죽어 몸이 없어지고 영혼이 있든지 없든지 고려를 향한 마음 변치 않겠다는 의지를 보여주었다. 이에 반해 분노를 억제시켜 내적으로 응축시킨 정도전의 시는 책 속에 담긴 성현의 말씀을 따르기를 30년. 이제 가시적인 효과를 볼 수 있게 되었는데, 그 기대가 다 무너지게 됨을 한탄하고 있다.
 막다른 골목에서 죽음을 대하는 정몽주의 결연한 자세와는 달리 정도전은 허탈해 하는 마음을 엿볼 수 있다. 다시 말해서 정몽주의 고려에 대한 측은지심惻隱之心(불쌍히 여겨 언짢아하는 마음[96]))은 끝까지 함께 하겠다는 마음을 시詩의 형태로 드러냈다면, 정도전의 고려와 조선에 대한 시비지심是非之心(옳고 그름을 가릴 줄 아는 마음[97]))은 스스로를 조소하는 것으로 끝을 맺고 있다.

 나는 두 사람의 대조적 성격에 대해, 일상 속 예를 찾아 가정해

---

[95] 혹자는 자조自嘲를 두고 1398년 8월 26일 밤 정도전이 목숨을 끊기 전에 지은 시(절명시絶命詩)라고 한다(글 박은숙/그림 김창희, 『송현방 암살사건』, 스푼북, 2013. 19쪽 참조.). 하지만 『삼봉집』의 편제로 보면 이 시는 1383년 가을 동북면 도지휘사 이성계의 함주 군막에 가기 전에 지은 것이다. 아마도 마지막 구의 송정松亭을 남은의 송현방 정자라고 오인해서 이 시를 절명시로 간주하게 된 듯하다(정도전, 『삼봉집』, 심경호, 한국고전번역원, 2013. 286-287쪽 참조.).
[96] 『표준국어대사전』, 국립국어연구원, 1999. 6175쪽 참조. 측은지심惻隱之心.
[97] 『표준국어대사전』, 국립국어연구원, 1999. 3779쪽 참조. 시비지심是非之心.

보았다. 가령 오래되어 수선이 필요한 집이 있다고 하자.98) - 지붕을 지탱하는 기둥이 썩어 위험한 상황에서 - 기질비교를 위해 사람의 행동을 세 가지 경우로 나누어 보았다. 첫 번째, 이러한 실정에 대해 전혀 눈치 채지 못하고 예전부터 해오던 습관에 젖어 할 일을 알지 못하는 사람. 두 번째, 집수리해야 할 부분과 어떠한 방식으로 해야 하는지 알아 훌륭한 목수를 찾아 동분서주하는 사람. 세 번째는 헌 집을 부수고 새로 짓는 것이 낫다고 생각하는 사람이다. 우리는 여기서 두 번째 부류의 사람이 정몽주라면, 세 번째의 해결책을 택할 사람이 정도전일 것이라고 추측해 볼 수 있다.

정몽주와 같은 기질의 사람은 손 때 묻은, 자신의 인생과 함께 한 물건에 대한 애착이 많은 사람으로 대변된다. 이런 기질의 사람은 오래 사용한 물건을 소중히 여기는 경향이 있다. 그것이 망가져 쓸 수 없게 되더라도 여간해서 버리지 않고 간직하듯, 나라가 쇠퇴한 상황에서도 애정을 쉽게 저버리지 않는 성품인 것이다. 즉, 다른 사람들이 다 등을 돌려도 오히려 안타까워하는 마음을 가지는 성향의 사람이라고 볼 수 있다. 반면 정도전은 쓰던 물건이 망가졌다면 버리고 새로운 것을 구입하는 성향의 사람이라고

---

98) 『율곡전서』의 아래의 비유를 참고하였다. '비유하건대, 자손이 선친先親의 옛 집을 지키고 있는 것과 같으니, 해가 묵어서 재목이 썩어 무너지려고 하는데, 건축물을 잘 짓는 목수(대목大木 = 공사工師)를 만나지 못하면 개수改修할 수 없기 때문에, 집 주인은 천 리길이라도 멀다 하지 않고 가서 급히 대목大木을 구하겠습니까? 그렇지 않으면 대목을 얻지 못한다고 핑계하면서 앉아서 그 무너지는 것만 지켜보고 있겠습니까?'(『栗谷全書』 2, 32쪽 25:11b 「聖學輯要」 識時務章. 譬如子孫守先人之舊宅 年深材故 腐朽將頹 而非遇工師 不能修改 主厥家者 將不遠千里 急求工師乎 抑諉以不得工師 坐而視其傾圮乎)

볼 수 있는데, 그와 같은 사람은 맺고 끊는 게 확실해 시시비비를 가리는 성격임을 짐작할 수 있다.
  결국 정몽주는 비참한 최후를 맞이한다. 고려를 지키고자 했던 구심점이 사라지면서 고려의 운명도 끝이 나고 만다. 이후 정도전파는 조선을 건국하였고 이들이 나중에 훈구勳舊세력(대대로 나라의 공로가 있는 집단[99])으로 이어진다. 그리고 정몽주를 중심으로 고려를 끝내 지키고자 했던 지식인들은, 정도전을 따르던 무리에 대한 원한을 품고 고향으로 돌아가 후학을 양성하면서 새로운 나라에 소극적으로 협조하며 은둔자의 삶을 선택한다. 나라의 체계가 잡혀가면서 조선은 더 많은 인재가 필요하게 되었고, 이러한 이유로 필요한 인재들을 과거제를 통해 선발하였는데 이때 정계에 진출한 이들을 사림士林(넓게는 공자를 시조로 하고 좁게는 성리학을 신봉하는 무리[100])이라고 불렀다. 정도전의 개혁정신은 조선의 표상으로써 훈구勳舊에게 계승되었다면, 정몽주는 충신의 상징으로 남아 그 정신은 사림士林으로 이어진 것이다.

2) 무오사화戊午士禍 속 김일손과 이극돈의 오해

  초기 훈구세력과 사림의 선진先進들은 조선의 건국을 놓고 찬반이 갈려 왔다. 백 년이 지나 사림이 중앙정계에 진출하면서 벌인 권력투쟁은 끝이 없었는데, 대표적인 사건으로 4대 사화(무오戊午 · 갑자甲子 · 기묘己卯 · 을사사화乙巳士禍)를 꼽을 수 있다.

---

99) 『표준국어대사전』, 국립국어연구원, 1999. 7083쪽 참조. 훈구勳舊.
100) 『표준국어대사전』, 국립국어연구원, 1999. 3113/4777쪽 참조. 사림士林(=유림儒林).

그중에서도 무오사화戊午士禍 속 문제적 인물은 김일손金馹孫(탁영濯纓, 1464 - 1498)과 이극돈李克墩(사봉四峯, 1435 - 1503)101)이다. 이 글의 주제는 인간의 기질을 연구하는 것이다. 그러므로 사화士禍도 인물을 통해 확산된 기질간의 투쟁으로 보고, 사화가 벌어지기 전 김일손과 이극돈에게 일어난 작은 사건들을 통해 무오사화의 비극이 어떻게 발화되었는지를 살펴보고자 한다.

---

101) 『조선왕조실록』에서 이극돈에 대한 평가는 다음과 같다.
"당면한 문제를 처리하는 재간이 있었고 관리의 행정을 환하게 습득했으며, 옛일을 익숙하게 알고 모든 일을 자세히 생각하여, 이르는 곳마다 업적이 있어서 한때의 추앙한 바가 되었지만, 도량이 협소하고 성격이 또한 너무 까다로워 털끝만한 일도 파고들었다. 일찍이『성종실록成宗實錄』을 편집하여 펴내면서 김일손金馹孫이 자기의 악행에 대해 쓴 것을 보고 깊이 원망을 품고 있다가 선왕先王(세조 1417-1468 / 재위기간 1455-1468)의 일에 결부해서 유자광을 사주使嗾하여 이를 고발하게 했다. 이로 인하여 사류士類를 죽이고 귀양보내기를 매우 혹독하게 했다. 그리하여 그때 사람들이 무오사화戊午士禍에는 이극돈이 못된 짓을 한 사람들의 우두머리라고 말했다(有幹局 明習吏治 諳鍊典故 慮事精密 所至有績 一時推重 然器量狹小 性又苛察 事析秋毫 嘗修成宗實錄 見金馹孫 書己惡 深銜之 將屬先王事 嗾柳子光發 之 因是 誅竄士類甚酷   時人以謂   戊午之禍   克墩爲首惡   (『朝鮮王朝實錄』(http://sillok. history. go.kr/)「燕山君日記」권48, 연산군 9년 2월 27일 광원군 이극돈 졸기 참조.))." 한편 박병련은 그의 논문「조선 전기 사림-훈구 갈등과 사림 이데올로기의 정치적 정당화 - 광원군 이극돈의 사례를 중심으로」에서 "결론적으로 중종반정中宗反正(1506. 연산군을 몰아내고 중종을 왕으로 추대한 사건) 후에 김일손이 복권되고 그의 세조 비판이 더 이상 정치적 문제가 되지 않았던 것은 사림정치 이데올로기의 '공인'에 한걸음 다가간 것으로 사림의 정치적 승리였다고 할 수 있으며, 기성 훈구의 몰락을 예비하는 것이기도 했다. 이러한 맥락에서 이극돈은 법적으로는 증거불충분으로 제재制裁에 대한 논란이 많았지만, 도덕적으로 '명교의 죄인'으로 낙인찍혀 '역사의 감옥에 수감된 수인'이 될 수밖에 없었던 것이다."라고 한다(박병련 · 김학수 외, 『조선 중기 훈구 · 사림정치와 광주이씨』, 지식산업사, 2011. 202쪽 참조.).

무오사화는 1498년(연산군 4) 김일손 등 신진사류新進士類가 유자광柳子光(우후于後 1439 - 1512)을 중심으로 한 훈구파에 의하여 화를 입은 사건이다. 성종 때부터 김종직金宗直(점필재佔畢齋, 1431 - 1492)을 중심으로 한 영남 사림의 중앙 진출이 뚜렷이 드러나자 훈구파와의 사이에 대립이 시작된다. 정몽주와 정도전의 정신이 훈구와 사림으로 각각 계승되면서 갈등도 함께 물려주게 되었다고 볼 수 있는데, 영남 사림의 우두머리인 김종직은 임금의 신임을 얻어 자신의 제자들을 많이 등용하였다. 그들은 특히 삼사三司(사간원司諫院 사헌부司憲府 홍문관弘文館)에서 큰 세력을 형성하였다. 그들은 훈구파를 '욕심많은 소인배小人輩'라 하여 무시하였고, 훈구파는 새로 등장한 사림파를 '야생귀족野生貴族'이라 하여 업신여겼다.102) 이 두 파는 사상 및 자부自負하는 바가 서로 달라 반목이 그치지 않았다. 이러한 상태에서 특히 김종직과 유자광은 일찍부터 사감私憾103)이 있었고 또 김종직의 제자 김일손이 춘추관春秋館의 사관史官이 되어서 훈구파 이극돈의 비행을 낱낱이 사초史草에 기록한 일로 해서, 김일손과 이극돈 사이에 오해가 생기게 된다. 이런 일로 공통점을 발견한 유자광과 이극돈은 서로 김종직 일파에 대한 보복을 시작하였다.

---

102) 사림은 훈구를 '탐욕스러운 소인배' 또는 '속물'로 규정하였고, 훈구는 사림을 '경박한 붕당의 무리'로 규정하여 사화士禍를 일으킬 구실로 삼게 되었다(강광식, 『신유학사상과 조선조 유교정치 체제』, 백산서당, 2012. 30쪽 참조.).
103) 서자출신인 유자광이 자신의 본관인 함양咸陽을 찾아 시 한 수를 적은 편액이 있었는데 김종직이 함양군수 재임 중에 그 편액을 불태워버린 사건이 있었다(김인숙, 『조선의 4대 사화』, 느낌이 있는 책, 2009. 25-33쪽 참조.).

1495년 전례前例에 따라 성종成宗(1457 - 1494 / 재위기간 1469 - 1494)이 죽은 뒤에 실록청實錄廳이 개설되어 『성종실록成宗實錄』의 편찬이 시작되자 당상관堂上官(국정을 입안, 집행하는 최고급 관료집단104))이 된 이극돈은, 김일손이 초안을 잡은 사초에 삽입된 김종직의 「조의제문弔義帝文」이 세조가 단종으로부터 왕위를 빼앗은 일을 항우項羽에게 죽은 의제義帝의 고사故事에 비유하여 비방한 것이라 해서 유자광과 더불어 연산군燕山君(1476 - 1506 / 재위기간 1494 - 1506)에게 고하였다. 이에 연산군은, 김일손 등을 심문하여 수많은 사림들이 죽거나 귀양가고 파면되어 사림士林은 사기를 잃었다. 이 사화는, 기존 세력과 신진 세력과의 대립에서 발생한 것으로 4대 사화 가운데 제일 첫 번째 사화士禍였는데, 이것은 사초문제로 발단되었다고 하여 '사화史禍'라고도 한다.105)

당시 학자들은 명분을 목숨보다 중요하게 여겼지만, 사화에 얽힌 사건들을 조사하다 보니 거국적인 정치적 명분이라기보다 오히려 개인적이고 감정적인 문제가 사화의 발단이 아니었을까 반문해 보게 된다.

무오사화의 시작은 김종직의 세조가 깊이 생각하여 스스로 깨닫기를 바라는 마음으로 쓴 조의제문弔義帝文(의제를 조문하는 글)에서 비롯되었다. 이 글에서 김종직은 세조의 왕위찬탈을 내심 비난하였던 것이다.

사화의 발단으로 보는 만큼 「조의제문」 전체를 소개해 보기로 한다.

---

104) 『한국민족문화대백과사전』 6, 한국정신문화연구원, 1995. 218쪽 참조. 당상관堂上官.
105) 『유교대사전』, 박영사, 1990. 450쪽 참조.

정축 10월 어느 날에 나는 밀성密城(경상도 밀양의 옛 지명)으로부터 경산京山(경상도 성주군)으로 향하여 답계역踏溪驛(경상도 성주군 학산리)에서 자는데, 꿈에 신神이 '칠장七章의 의복'(제복祭服)을 입고 헌칠한 모양으로 와서 스스로 말하기를 "나는 초楚나라 회왕懷王의 손자 심心인데, 서초 패왕西楚霸王(항우項羽)에게 살해되어 빈강郴江에 잠겼다." 하고 문득 보이지 아니하였다. 나는 꿈을 깨어 놀라며 생각하기를 '회왕懷王은 남초南楚 사람이요, 나는 동이東夷 사람으로 지역의 거리가 만여 리가 될 뿐이 아니며, 세대의 선후도 역시 천 년이 훨씬 넘는데, 꿈속에 와서 감응하니, 이것이 무슨 조짐일까? 또 역사를 상고해 보아도 강에 잠겼다는 말은 없으니, 정녕 항우項羽가 사람을 시켜서 비밀리에 쳐 죽이고 그 시체를 물에 던진 것일까? 이는 알 수 없는 일이다.' 하고, 드디어 문文을 지어 조문한다.

하늘이 법칙을 마련하여 사람에게 주었으니, 어느 누가 사대四大 오상五常[106]높일 줄 모르리오. 중화라서 풍부하고 이적이라서 인색한 바 아니거늘, 어찌 옛적에만 있고 지금은 없겠는가. 그러기에 나는 이인夷人이요 또 천 년을 뒤졌건만, 삼가 초 회왕을 조문하노라. 옛날 조룡祖龍(진시황秦始皇)이 아각牙角을 농롱하니[107], 사해四海의 물결이 붉어 피가 되었네. 비록 전유鱣鮪(철갑상어와 다랑어), 추애鰌鯢(미꾸라지와 도롱뇽)라도 어찌 온전하게 보호하겠는가. 그물을 벗어나기에 급급했느니, 당시 육국六國의 후손들은 숨고 도망가서 겨우 편맹編氓(민간의 호적에 편입된 백성[108])의 짝이 되었다오. 항량項梁은 남쪽

---

106) 사대四大는 천대天大 · 지대地大 · 도대道大 · 왕대王大를 이름이요, 오상五常은 오륜五倫(부자유친父子有親 · 군신유의君臣有義 · 부부유별夫婦有別 · 장유유서長幼有序 · 붕우유신朋友有信)을 이름.
107) 아각牙角은 '봉망鋒鋩과 같다'(『漢語大詞典』 第5卷 上冊, 上海辭書出版社, 2008. 276쪽 참조.)는 말로 미루어 '아각牙角을 농롱하니'는 '창칼을 제 맘대로 휘두르다'는 의미인 것 같다. 참고로 아각은 '군중軍中에서 부는 피리의 한 가지'라고 풀이한 곳(『漢韓大字典』, 민중서림, 1997. 788쪽 참조.)도 있다.

나라의 장종將種(장수將帥가 난 집안의 후손109))으로, 어호魚狐(여론 조작사건110))를 계승하여 일을 일으켰네. 왕위를 얻되 백성의 소망에 따름이여! 끊어졌던 웅역熊繹(주 성왕周成王 때 사람인데 초楚의 시봉조始封祖임)의 제사를 보존하였네. 건부乾符(천자의 표시로 갖는 홀)를 쥐고 남면南面을 함이여! 천하엔 진실로 미씨芈氏(초楚나라의 성)보다 큰 것이 없도다. 장자長者를 보내어 관중關中에 들어가게 함이여! 또는 족히 그 인의仁義를 보는구나. 양흔낭탐羊狠狼貪(흉악하고 탐욕스럽다는 뜻111))으로 항우項羽를 비유함)이 관군冠軍을 마음대로 평정하였으니 어찌 잡아다가 제부齊斧(정벌하는 도끼임)에 기름칠 아니했는고. 아아, 형세가 너무도 그렇지 아니함에 있어, 나는 왕을 위해 더욱 두렵게 여겼네. 반서反噬(은혜를 원수로 갚음)를 당하여 해석醢腊(젓과 포)이 됨이여, 과연 하늘의 운수가 정상이 아니었구려. 빈랑의 산은 우뚝하여 하늘에 닿음에야! 그림자가 해를 가리어 저녁에 가깝고. 빈랑의 물은 밤낮으로 흐름이여! 물결이 넘실거려 돌아올 줄 모르도다. 천지도 장구長久한들 한이 어찌 다하리. 넋은 지금도 바람같고 물결 같도다. 내 마음이 금석金石을 꿰뚫음이여! 왕이 문득 내 꿈속에 들어오셨네. 자양紫陽하는 늙은이의 글112)을 따라가자니 생각

---

108) 『漢韓大字典』, 민중서림, 1997. 975쪽 참조.
109) 『표준국어대사전』, 국립국어연구원, 1999. 3394쪽 참조. 장종將種.
110) 정도전의 시 원유가遠遊歌 중에 '물고기 속 글씨와 여우 울음 사이에 화가 있더니'(회재어호간禍在魚狐間)라는 구절에 대해 해석하기를, 기원전 209년 진나라의 진승陳勝(? - B.C. 208)이 여론을 조작했던 일을 가리킨다. 진승은 비단에 붉은 글씨로, '진승왕陳勝王'이라 써서 뱃속에 넣어두고 그 고기를 삶아 먹은 군졸이 말을 퍼뜨리게 하였다. 또 진승은 부하를 시켜 사당 안에 숨어 있다가 밤중에 불을 피우고 여우의 울음소리를 내며 "대초가 일어나고 진승이 왕이 되리라(대초흥진승왕大楚興陳勝王)."라고 외치게 하였다(정도전, 『삼봉집』, 심경호, 한국고전번역원, 2013. 28-30쪽 참조.)고 한다.
111) 『중한사전』, 고려대학교 민족문화연구원, 2004. 2332쪽 참조.
112) 「조의제문」의 저자 김종직이 늙은 성리학자 연촌烟村 최덕지崔德之가 지은 글 『일편야사一篇野史』를 인용했다는 것이다. 이복규는 다음과 같

이 진돈墋蜳(두렵고 무서운 기운이 넘쳐서 안정하지 못함)하여 흠흠欽欽(근심스러워 하는 모양)하도다. 술잔을 들어 땅에 부음이어! 바라건대 영령은 와서 흠향하소서.113)

앞에서 열거한 역사 속 정몽주와 정도전은 시詩라는 표현방법을 택해 자신의 생각을 간접적이고 암시적으로 드러냈다. 이러한 간접적 감정 표현이 미덕美德이었던 사회적 분위기 속에서 「조의제문」의 어떤 부분이 사화라는 대참사의 원인이 되었던 것일까.

나는 무오사화가 발생한 원인을 이극돈(훈구파)과 김일손(사림

이 말한다. "항적의 쿠데타와 의제 추대라는 역사적 사실 위에 항적이 손심을 죽여 강물에 던져버렸다는 허구가 포함된 『일편야사一篇野史』가 있었기 때문에, 「조의제문」을 읽는 사람들은 모두 그것이 수양대군이 단종을 상왕으로 올린 다음 영월로 유배하여 죽인 것을 비난하는 글로 쉽게 받아들일 수 있게 된 것이다."[이복규, 「「弔義帝文」의 源泉, 烟村 崔德之의 『一篇野史』」, 국학연구론총 제15집, 택민국학연구원, 2015. 6쪽 참조.]

113) 『朝鮮王朝實錄』(http://sillok.history.go.kr/) 「燕山君日記」 弔義帝文 참조. 丁丑十月日 余自密城道京山 宿踏溪驛 夢有神披七章之服 頎然而來 自言 楚懷王 孫心爲西楚霸王所弑 沈之郴江 因忽不見 余覺之 愕然曰 懷王 南楚之人也 余則東夷之人也 地之相距 不啻萬有餘里 而世之先後 亦千有餘載 來感于夢寐 玆何祥也 且考之史 無沈江之語 豈羽使人密擊 而投其屍于水歟 是未可知也 遂爲文以弔之 惟天賦物則以予人兮 孰不知尊四大與五常 匪華豊而夷嗇 曷古有而今亡 故吾夷人 又後千載兮 恭弔楚之懷王 昔祖龍之弄牙角兮 四海之波 殷爲衊 雖鱣鮪鰍鯢 曷自保兮 思網漏而營營 時六國之遺祚兮 沈淪播越 僅媲夫編氓 梁也南國之將種兮 踵魚狐而起事 求得王而從民望兮 存熊繹於不祀 握乾符而面陽兮 天下固無大於芊氏 遣長者而入關兮 亦有足覩其仁義 羊狼狼貪 擅夷冠軍兮 胡不收而膏齊斧 嗚呼 勢有大不然者兮 吾於王而益懼 爲醢腊於反噬兮 果天運之蹠盩 郴之山磝以觸天兮 景晻愛以向晏 郴之水流以日夜兮 波淫泆而不返 天長地久 恨其可旣兮 魂至今猶飄蕩 余之心貫于金石兮 王忽臨乎夢想 循紫陽之老筆兮 思墋蜳以欽欽 擧雲罍以酹地兮 冀英靈之來歆

파)의 사소한 오해에서 비롯되었다고 본다. 그렇다면 어떤 일로 무오사화가 일어나게 되었는지 인물의 개인사個人史를 좀 더 파고 들어가 보기로 하자.

김일손은 사초史草(실록·일기 등 역사적 사실을 기록한 첫 번째 자료)를 매일 기록하는 사관史官이었다. 실록청에서 사초를 점검하던 당상관이었던 이극돈은 전라감사로 있던 시절에 자신이 세조비 정희왕후貞熹王后(1418 - 1483)가 세상을 떠났을 때, 한양을 향해 향을 바치지 않은 사실과 행차 길에 기생을 데리고 다닌 비행 그리고 숱한 뇌물을 받았다는 등의 기록을 보게 된다. 놀란 이극돈은 은밀히 김일손에게 문제의 부분을 삭제해 줄 것을 요청하게 되는데, 김일손은 이를 거절한다.

더 과거로 되돌아가 보면 이들의 악연은 김일손이 과거시험을 치를 때부터 시작되었다. 당시 출제와 채점 담당자(시관試官) 중에 한 사람이었던 이극돈은 김일손의 장원급제를 극구 반대하였다. 당대 훌륭한 문장가로서 이미 조정에 널리 알려져 있던 김일손은 이 일 – 과거시험의 일정한 격식을 지키지 않았다는 이유 – 로 장원을 놓치게 된다.

이극돈이 이조판서로 있을 때 김일손의 앞길을 막은 또 하나의 사건은 관례에 따라 전임자가 후임자를 추천하는 낭청郎廳(좌랑과 정랑으로 직급은 낮지만 인사권을 가지는 막강한 자리)으로 김일손을 추천하였는데, 이극돈이 '김일손은 앞으로 홍문관에 들어가야 할 사람'이라는 핑계로 후보자 명단에 넣는 것을 반대하였다.[114]

사소한 일이라 치부하는 것이 개운치 않은 것은 이 두 사람에게서 사화의 피바람이 시작되었기 때문이다. 과연 둘에게 형식적 절

---

114) 김인숙, 『조선의 4대 사화』, 느낌이 있는 책, 2009. 15-19쪽 참조.

차만이 문제였을까? 개인적인 감정은 조금도 없었던 것일까?

나는 이극돈의 마음 속 변辯을 유추해 보았다. "김일손을 불합격시킨 것은 아니고, 이조전랑이 되지는 못했지만 벼슬에서 해임된 것도 아닌데……."

이극돈은 왜 이렇게까지 김일손을 경계한 것인가. 추정이지만 자신의 비위사실이 드러나면 가문이 멸문지화滅門之禍를 당할 수 있는 일이라 위기감을 느낀 것은 아니었을까. '문제가 된 사초의 내용'을 두고 옳고 그름을 논하면 전적으로 그가 잘못한 행동이라고 할 수 있다. 하지만 이런 상황에서 이극돈은 자신이 살기 위해 다른 사람의 목숨까지 빼앗을 수 있는 권력을 가지고 있었고, 김일손은 사초의 기록을 지키기 위한 일이라고는 자신의 목숨을 내놓는 것밖에 할 수 있는 게 없는 위치였다. 이극돈, 김일손 두 사람은 왜 그런 선택을 할 수 밖에 없었던 것일까. 나는 단적으로, 기질이 다름으로 해서 발생한 오해가 무오사화로 번지는 계기가 되었다고 본다. 그렇다면 선善(올바르고 착하여 도덕적 기준에 맞음115))이라는 것은 나의 기준만이 아니라 타인과의 관계에 의해 결정되는 면도 있는 것은 아닐까 생각해 보게 된다.

김일손의 선善에 대한 정의는 옳은 일을 위해서는 자신의 목숨을 바칠 수 있는 성리학적 가치116)를 지키는 것이었다. 하지만 김

---

115) 『표준국어대사전』, 국립국어연구원, 1999. 3394쪽 참조. 선善.
116) 성리학적 가치라는 것이 과연 무엇인지 곽신환의 책 『1583년의 율곡 이이』에서는 다음과 같이 말한다. 동아시아에서 도道를 표방하지 않은 학문이 없지만 도학은 공자가 집대성한 유학에서 정리하고 추구한 도를 맹자가 선양하고, 한·당을 건너뛰어 북송의 주돈이, 남송의 주희로 접맥되는 흐름의 학문을 지칭한다. 그 속에는 다른 학문과 구별되는 일관된 가치가 있다는 전제 속에 이를 찾아 승계한다는 점을 표방하는 학문이다. 율곡은 "도학이란 것은 사물의 이치를 탐구하고 나의

일손과 같은 기질의 사람만 사는 사회라면 그의 처신이 옳았겠지만 다양한 기질의 사람과 함께 뒤섞여 살아가는 사회라면 이야기는 다르다. 결국 이극돈과 김일손의 개인적이고 당파적 행동은 결과적으로 수많은 사림士林 학자들의 목숨을 앗아가는 비극을 낳았다. 그 의도는 순수했지만 단순한 오해라고 보기에 그 끝은 처참했으니, 사화에 대해 조사하던 나의 입장에서는 너무나 안타까웠다. 두 사람이 좀 더 대화를 나누었더라면 어땠을까. 편지라도 건넸더라면 하는 아쉬운 마음이 더해져 기질 연구의 필요성을 더 절실하게 느꼈는지도 모른다.

기질의 관점에서 풀어보자면, 인간관계에서는 과거나 지금이나 경솔한 처신處身이 화를 부르는 경우가 많다.

부적절한 처신은 (동아시아 문예전통의 특징으로 소개한) '직접적으로 말하지 않기'(부직언不直言), '다 말하지 않기'(부진언不盡言), '분명하게 말하지 않기'(불명언不明言)의 입장117)에서 벗어난

마음의 인식능력을 극대화(격물치지格物致知)하여 선善을 밝히고, 뜻을 진실무망하게 하고 마음을 바르게 하여(성의정심誠意正心) 인격을 닦아서 그 결과가 몸에 쌓이면 천덕天德이 되고 정사政事에 베풀면 왕도가 되는 것이다"(『栗谷全書』1, 316쪽, 15:6b 「東湖問答」. 夫道學者 格致以明乎善 誠正以修其身 蘊諸躬則爲天德 施之政則爲王道)라고 했다. 이 도학을 그는 실학實學이라고 한다. 그가 말하는 실학은 실리實理의 학문이고 실심實心의 학문이다. 수레와 뭍, 배와 물의 관계 속에서 드러나는 이치가 실리이고, 남을 속이지 않고 자신을 속이지 않으며, 두 갈래 세 갈래로 나뉘지 않는 마음이 실심이다. 율곡은 실리 실심의 도학을 하는 선비를 참 지식인, 진유眞儒라고 한다. 그런 지식인은 벼슬자리에 나아가면 한 시대에 도를 행하여 그 백성으로 하여금 태평을 누리게 하고, 관직에서 물러나면 온 세상에 교화를 베풀어 배우는 자들로 하여금 큰 잠에서 깨어나게 해야 하는 것이다(곽신환, 『1583년의 율곡 이이』, 서광사, 2020. 263-264쪽 참조.).
117) 리빙하이, 『동아시아 미학』, 신정근, 동아시아, 2011. 275쪽 참조./

직언直言, 진언盡言, 명언明言과 같은 직접적 표현들이 오히려 김일손과 이극돈을 더 큰 오해로 이끈 것은 아니었을까. 단순히 역사 속 한 장면이라고 흘려보내기엔 치명적인 부분이 있다. 어떻게 했어야 옳은 말과 행동이었을까. 안타까움이 더해져 김일손과 이극돈의 오해는 그저 무오사화 속 비극일 뿐이라고 지나쳐지지 않는다.

3) 요세푸스와 엘르아살의 연설문 분석

앞에서 시로써 기질을 분석해 보았다면 이번엔 연설문을 통해 두 사람, 요세푸스(37 - 100 / 제1차 유대 - 로마 전쟁시 갈릴리 지역 유대군 지휘관 및 역사가)와 엘르아살(? - 73 / 제1차 유대 - 로마 전쟁시 유대인 강경파 그룹인 시카리의 지도자)의 생각과 시대적 상황을 연결해 기질을 비교해 보기로 하자. 그 중에서도 하나의 종교로 결속되었다고 자부하는 유대인의 이야기를 선택하였다. 세계적으로 유대인의 문화118)는 종교에서 발생한 동일문화

아울러 함께 보고 싶은 『폭군』이라는 책 제목에서 알 수 있듯이 '자신이 권력을 행사할 수 있는 사람들을 대상으로, 잔인하고 불공정한 방식으로 대하는 사람'을 폭군이라고 말한다. 이러한 독재의 시대에 살았던 셰익스피어(1564 - 1616)는 중요한 것을 암호로 말하는 기술, 혹은 한두 다리 건넌 사건에 빗대어 말하는 방법인 '전치轉置'(돌려 말함)와 '간접묘사'의 기술을 개발했다. 그는 당시의 중요한 문제들을 직접 대면하기 보다는 간접적인 시각에서 돌려 말하는 것이 오히려 그 문제를 더욱더 분명하게 제시할 수 있다고 생각했다고 한다(스티븐 그린블랫, 『폭군』, 이종인, 로크미디어, 2020. 10-11/24쪽, 역자후기 255쪽 참조.).
118) 유대민족의 저력은 전적으로 유대교에서 기인한다. 유대교의 특징은 계약의 종교다. 그들이 목숨 걸고 지켜야 하는 당위다. 또한 유대교는

로 사화土禍와 같은 비극은 없었을 것이라 기대하며 우선 유대인이 살았던 지중해를 중심으로 당시 분위기를 알아보기로 하자.

고대 로마는 안으로는 이탈리아 반도의 민족들이 통일되는 과정과 밖으로는 지중해를 접해 있는 여러 민족들과의 경쟁에서 '팍스 로마나Pax Romana'(로마에 의한 평화)라고 하는 제국帝國의 형태가 나타나고 있었다. 당시 유대인들은 다음과 같은 생각을 가지고 있었는데,

> 유대 민족뿐 아니라 유대인과 동일한 삶의 방식(율법)으로 살아가기를 원하는 자들까지 포함시켜야 진정한 연합이라고 생각한 것이다. 그러나 그렇다고 해서 우연한 기회로 유대를 방문한 자들까지 유대인과 참된 교제를 나누도록 허락한 것은 아니다.[119]

배움을 중시한다. 신의 섭리를 이해하려면 하나라도 더 배워야 한다는 것이다. 그래서 유대교는 배움을 기도와 똑같은 신앙생활로 간주한다. 더 나아가 유대교는 율법을 통해 유대인은 모두 한 형제라고 가르친다. 신앙의 힘으로 연대하는 강력한 공동체 정신이 그들이 고난의 역사 속에서 버틸 수 있었던 이유다. 유대인들은 이산離散과 수많은 고난을 겪으며 더욱 강해졌다. 고난이 바로 은혜였다. 그렇기 때문에 유대인은 과거 자신들의 역사를 중시한다. 과거의 역사를 현재에 반추하며 이를 현재의 스승이자 미래의 거울로 삼는다. 유대인들의 조상 아브라함과 모세가 현재 그들의 기억과 예배 속에 살아 숨 쉬는 이유다. 모세가 저술했다는 유대인들의 경전인 『토라』(창세기, 출애굽기, 레위기, 민수기, 신명기)는 『성경』 가운데서도 계시의 핵심이다. 유대인은 합리성을 중시하지만 계시가 합리성보다 우선한다고 믿는다. 유대인들의 『토라』에 대한 연구는 그들이 신의 계시에 참여하는 가장 본질적이고도 핵심적인 수단이다(홍익희, 『유대인 이야기』, 행성B, 2020. 18-23쪽 참조.).

[119] 요세푸스, 『요세푸스』Ⅳ 「아피온 반박문」, 김지찬, 생명의 말씀사, 1998. 174쪽 참조.

유대의 유일신唯一神(오직 하나밖에 없는 신神[120])사상은 유대민족을 대표하는 사상으로, '로마에 의한 평화'를 주장하던 로마 문화와의 충돌은 당연했는지 모른다.[121]

---

120) 『표준국어대사전』, 국립국어연구원, 1999. 4796쪽 참조. 유일신唯一神.
121) 44년 헤롯 아그리바Ⅰ 왕이 죽고 얼마 뒤 팔레스타인 지역은 유대민족에 의한 자치통치에서 로마제국의 직접통치로 바뀌었다. 외세에 의한 직접통치는 유대 민족에게는 견디기 힘든 시련이었다. 그 무렵 경쟁관계에 있었던 유대인과 그리스인들 사이의 갈등이 커져갔다. 그리스 사회는 자신의 문화를 표준으로 간주하고 있었다. 때문에 유대인들이 그리스 신들이 '부정하다'며 그리스 문화에 동화되기를 거절한다는 사실은 그들에게 적지 않은 문화적 모욕이었다. 그로부터 최초의 반유대주의가 시작되었다. 유대인들이 성전에서 몰래 인신공양 제사를 드린다는 루머도 나돌았다. 그리스인들은 소문만 퍼뜨리는 것이 아니라 로마제국 내에 직접적으로 반유대주의를 부추기기도 했다. 처음에는 유대인들이 다른 민족들로부터 스스로를 고립시켰는데 이제는 다른 민족들이 유대인을 배척하기 시작했다. 그리스인들은 '세계는 하나다'라는 세계시민주의를 지향하는 헬레니즘 문화인 반면 유대인들은 선민사상에 근거한 차별성을 갖는 문화이다 보니 곳곳에서 부딪혔다. 여러 지역에서 종교 갈등이 더해지자 해상교역과 상권을 둘러싸고 경쟁 관계에 있던 두 민족 간 알력이 폭발했다. 대표적인 곳이 이집트의 알렉산드리아였는데, 당시 그 지역의 치안을 맡은 로마 군인들은 심정적으로 그리스인들 편에 서서 폭동을 방관했다. 그 뒤에도 계속되는 유대인과 그리스·로마인 간의 갈등은 반란의 도화선이 되었다. 반란은 그리스인과 유대인 사이에서 벌어진 소송에서 그리스인이 승소한 직후 카이사리아(지금의 트리폴리)에서 발발했다. 승소한 그리스인들이 유대인을 학살하며 승리를 자축하는 동안 로마수비대는 아무 조치도 취하지 않았다. 이 소식이 전해지자 예루살렘에서도 동요가 일어났다. 게다가 바로 이 시점에 로마 총독 플로루스가 예루살렘에서 유대인들을 십자가에 처형하고, 또 체납된 속주세 대신 예루살렘 신전에서 17탈렌트의 금화를 몰수한 일이 발생했다. 당시 『성경』기록에 따르면 1탈렌트는 노예 90명을 살 수 있는 값이었다. 몰수 금액의 많고 적음이 문제가 아니라 신성한 신전을 더럽힌 행위에 분노해 유대인들이 들고 일어났다. 전투가 벌어지고 로마군의 약탈이 자행되었다. 다른 도시에서도 그리스인들

그리스 · 로마 문명과 히브리 문명 사이의 문화적 충돌은 다시 말해서 '타민족의 지배를 받고는 살지 못하는 특유의 신앙적 가치'를 가지는 유대민족과 로마의 반유대주의가 부딪쳐 폭발한 것이었다.122) 결국 66년 유대 - 로마 전쟁123)이 벌어지게 되는데, 그 기

이 유대인 거주지를 습격해 피난 온 유대인 난민들이 예루살렘을 뒤덮었다. 이때 전쟁 여부를 놓고 유대인 온건파와 강경파 사이에서 심한 논쟁이 일었는데 난민들의 출현으로 강경파가 우세해졌다. 유대인들은 로마수비대를 공격하고 로마군 병사들을 죽였다. 반란은 로마군과 유대인 간의 전쟁이자 또 그리스인과 유대인 사이의 전쟁이었다. 동시에 유대인끼리의 내전이기도 했다. 왜냐하면 유대인 상류계급 다수가 그리스화해 그리스인 편을 들고 있었기 때문이다. 과격한 민족주의자들이 예루살렘을 제압하더니 부유층에게 칼날을 들이댔다. 그들은 맨 먼저 신전의 공문 서고를 불태워 채무기록을 몽땅 없애버렸다(홍익희, 『유대인 이야기』, 행성B, 2020. 189-192쪽 참조.).
122) 홍익희, 『유대인 이야기』, 행성B, 2020. 193쪽 참조.
123) 유대지방의 유대인들이 로마의 지배에 항거해 일으킨 2번의 대규모 봉기(66-70, 132-135)로, 오랫동안 유대인들은 소규모 집단을 이루어 산발적으로 저항운동을 폈으나 계속 잔혹하게 진압당한 끝에 제1차 유대인 반란을 일으켰다. 66년에 유대인들은 연합해 반란을 일으키고 로마인들을 예루살렘에서 몰아냈으며, 그해 가을 시리아의 속주 부총독 갈루스가 지휘하는 로마군을 베트호론 고갯길에서 격파한 뒤 혁명정부를 세워 유대 전역으로 영향력을 확산시켰다. 로마황제 네로가 파견한 진압군 지휘관 베스파시아누스는 아들 티투스와 합세해 갈릴리로 진군했다. 역사가 요세푸스는 바로 이 갈릴리에서 유대군을 지휘했다. 요세푸스의 군대는 베스파시아누스의 군대와 맞서 싸우다가 도망쳤으며 야타파타요새가 함락되자 요세푸스는 항복했고 로마 군대는 유대전역을 유린했다. 70년 아브 월의 9번째 날(8. 29.) 예루살렘의 함락으로 솔로몬 성전이 불탔으며 유대국은 멸망했다. 유대인들과 로마인들의 충돌은 그 후로도 수십 년 동안 계속되었다. 마침내 황제 하드리아누스가 예루살렘지역에 로마 식민지를 세우고 유대인의 종교적 자유와 관습을 규제하려 한데다가 총독 틴니우스 루푸스의 실정失政으로 132년 팔레스타인에 거주하던 유대인들 모두가 반란을 일으켰다. 치열한 전투가 계속되었으며 바르 코크바는 2번째 반란의 지도자가 되었다. 처음에는 승리를 거두었지만 그가 이끄는 군대는 로마 장군 율리우스 세베루스

록은 상세하게 전해지고 있다. 이런 역사적 사실이 전해질 수 있었던 것은 전쟁 중에 갈릴리지역을 담당했던 지휘관인 요세푸스가 나중에 로마에 투항하여 『유대전쟁사』라는 책을 기록하였기 때문이다.

로마에 항복한 유대인 요세푸스는 로마군 총사령관 베스파시아누스(9 - 79)가 로마의 황제가 될 거라는 예언[124]을 하고, 그 예언이 성취되자 황제의 측근이 되어 모든 편의를 제공받았다.

반면 므나헴과 그의 조카 엘르아살은 로마의 점령군에게 도전했던 가장 폭력적인 그룹 '시카리Sicarii'의 지도자였다. 시카리들은

의 교묘하고 잔혹한 전술을 당해낼 수 없었다. 예루살렘과 카이사리아 남쪽 해안의 요새 베타르가 함락됨으로써 반란은 135년에 진압되었다. 그 후 유대인들은 예루살렘에 들어가지 못하도록 규제를 받았다(『브리태니커 세계 대백과사전』 17, 한국브리태니커주식회사, 1997. 229-230쪽 참조.).

124) 『요세푸스Ⅲ』(유대전쟁사)에서는 '베스파시아누스 앞에 끌려간 요세푸스는 큰 소식을 전하는 사신使臣 행세를 하면서 베스파시아누스와 그의 아들 티투스가 황제(케사르)가 될 것이라고 예언했다'고 한다(요세푸스, 『요세푸스Ⅲ』(유대전쟁사), 김지찬, 생명의말씀시, 2020. 346-347쪽 참조.). 반면에 홍익희의 『유대인 이야기』에서는 다음과 같이 말한다. "제1차 유대-로마 전쟁 당시 유명한 랍비인 '요하난 벤 자카이'는 유대 강경파인 열심당의 무장투쟁이 성공하지 못할 것을 예견하고, 이 전쟁이 결국 대학살로 막을 내리고 유대인들이 뿔뿔이 흩어지고 말 것임을 예견했다. 민족의 독립보다는 유대교 보존이 더 중요하다고 판단한 요하난 벤 자카이는 제자들과 함께 예루살렘을 탈출하여 베스파시아누스를 만났다. 그 자리에서 그가 로마의 황제가 될 것이라고 예언한 뒤, 황제가 되면 자신들이 예루살렘 근처에서 평화롭게 유대경전을 공부할 수 있는 조그만 학교를 허락해 달라고 요청했다. 그 후 얼마 후 요하난 벤 자카이의 말대로 베스파시아누스는 황제로 추대되었다. 뒤에 베스파시아누스는 약속을 지켜 예루살렘 근처에 유대학교 '예시바'를 허락했다. 이로써 유대 문화유산이 소멸의 위기에서 살아남을 수 있게 되었다."(홍익희, 『유대인 이야기』, 행성B, 2020. 198-199쪽 참조.)

늘 단검을 지니고 다니면서 특히 축제 같은 행사 중에 유대 반역자들을 암살하는 일을 하였다.125)

예루살렘이 함락되자 엘르아살을 중심으로 열심당원인 시카리들은 사해 서쪽에 위치한 마사다126)에 내려가 최후까지 버티다가 73년에 모두 멸망하고 말았다. 이것으로 이스라엘의 역사는 종말을 고하게 된다.127)

나는 유대 - 로마전쟁에서 패배한 유대 지휘관 중 로마군에 투항한 요세푸스와 자결한 엘르아살128)의 연설문을 통해, 로마라는

---

125) 폴 존슨, 『유대인의 역사 1』, 김한성, 살림, 2009. 278-279쪽 참조. 이들은 단순히 자신들을 셸롯인(열심있는 자, 질투하는 자)이라고 불렸던 조직의 극단적이며 폭력적인 비주류 테러 그룹에 지나지 않았다. 그 명칭은 「민수기」에 나오는 비느하스의 이야기(민수기 25:1-15)에서 유래하였는데, 그는 사악한 남녀를 창으로 찔러 죽여 이스라엘을 역병으로부터 구원하였다고 전해지며, 그래서 그는 '신을 위해 질투하는 사람'이라고 불리게 되었다.
126) 폴 존슨, 『유대인의 역사 1』, 김한성, 살림, 2009. 315-316쪽 참조. 마사다는 유대 광야의 끝 부분에 위치한 높이 약 400m의 암석으로 된 곳으로 B.C. 37-31년에 헤롯이 거대한 요새로 변모시킨 곳이었다. 요세푸스가 '뱀의 길'이라 불렀던 통로를 통해서만 접근할 수 있었던 그 요새는 66년에 므나헴의 모략에 의해 유대인의 손에 들어갔는데, 그는 셸롯 당의 창건자이자 반란을 이끌었던 갈릴리인 유다의 아들이었다. 그러나 그는 예루살렘에서 권력투쟁 중에 살해되어 마사다의 통제권은 그의 조카 엘르아살에게 넘어갔다. 로마의 장군 플라비우스 실바가 72년 말에 그곳을 포위하였을 때 960명의 셸롯인과 피난민들이 그 요새 속에 피신해 있었다. 실바는 10군단과 지원군, 그리고 수많은 유대인 전쟁포로들을 인부로 대동하고 있었다. 마사다의 함락은 전적으로 로마군이 위력을 발휘했던 군사용 토목공학의 덕이었다. 함락은 시간문제였고 그것이 현실로 다가오자 엘르아살은 남아있었던 수비병들에게 자살을 강요하거나 설득했던 것 같다. 요세푸스는 그의 책에서 엘르아살의 마지막 연설이 의미하는 바를 전해 주고 있다.
127) 최창모, 『이스라엘 사』, 대한교과서주식회사, 1995. 133-134쪽 참조.

거대 세력에 대해 각기 다른 성향의 두 사람이 어떻게 대처했는지가 궁금해졌다.

먼저 요세푸스의 연설문을 보고 그 때의 상황을 짐작해 보자.

"동지들이여, 왜 그토록 자멸을 원하는가! 분리될 수 없을 정도로 서로 긴밀하게 결합되어 있는 우리의 육체와 영혼을 굳이 갈라놓아야 하겠는가? 내가 변했다고 하지만 과연 그러한지는 로마인들이 잘 알 것이다. 전쟁에서 죽는 것은 명예로운 일이지만 그것은 어디까지나 전쟁의 법칙에 따른 경우, 즉 승자의 손에 죽는 경우일 뿐이다. 내가 로마군의 칼날 앞에서 도망치고자 했다면 내 칼로, 내 손으로 죽어야 마땅할 것이다. 그러나 로마인들이 적의 생명을 살려주고 싶어 한다면, 우리 자신도 목숨을 지키지 못할 이유가 있겠는가? 저들과 싸워서 피하고자 했던 것이 죽음인데 이제 우리 스스로가 자신을 죽이려는 것은 어리석은 일이다. '자유를 위해 싸우다 죽는 것은 명예롭다'는 말에 나도 동의하지만 그것은 어디까지나 전쟁 중에, 우리를 죽이고자 하는 자들의 손에 죽는 경우를 뜻할 뿐이다. 그러나 지금 저들은 우리와 전투를 벌이는 상황도 아니고, 우리를 죽이기를 원하지도 않는다. 죽어야 할 상황에서 죽음을 피하려고 하는 자는 비겁하지만 죽을 필요가 없는 상황에서 죽고자 하는 것도 비겁하다. 우리가 로마인들에게 항복하지 않는 것은 무엇을 두려워하기 때문인가? 바로 죽음이 아닌가? 적에게 당할지도 모르는 불확실한 죽음을 두려워하면서 우리 스스로 확실한 죽음을 택해야 하겠는가? '아니, 우리가 두려워하는 것은 죽음이 아니라 노예가 되는 것이다!'라고 누군가는 말할 것이다. 그러나 확실한 것은 지금 우리는 진정으로 자유로운 상태라는 것이다. 자결하는 것이 영웅다운 행동이라고 주장하는 자도 있을 것이다. 그러나 이것은 옳지 않다. 오히려 그것은 날씨기 나빠졌다고 해서 폭풍이 오기도 전에 선장이 미리 배를 포기하고 침몰시키는 경

---

128) 엘르아살을 '엘리에제르 벤 야이르'라고 쓴 곳도 있다(홍익희, 『유대인 이야기』, 행성B, 2020. 206쪽 참조.).

우와도 같은 비겁하고 비난받아 마땅한 일이다. 더 나아가, 스스로 목숨을 끊는 것은 모든 생명체의 본성에 어긋나는 일이며, 심지어 우리 창조주이신 신께 반역하는 불경한 행위가 된다. 스스로 죽을 계획을 세우거나 자살하는 동물은 없다. 생존은 모든 생명에게 주어진 가장 강력한 자연법칙이기 때문이다. 그렇기 때문에 우리는 우리의 생명을 취하려는 자를 적으로 간주하고 몰래 살인을 저지른 자를 처벌하는 것이다. 아니면 너희는 신이 선물로 주신 생명을 버려도 신의 분노가 없으리라고 믿는가? 우리의 생명은 신이 주신 것이기에 이 생명의 종말은 오직 그 분께 맡겨야 하는 것이다. 우리 모두는 썩어갈 물질로 만들어진 필멸의 육신을 갖고 있지만 우리의 영혼은 불멸하며 신의 일부로서 우리 몸 안에 깃들어 있다. 다른 사람이 맡긴 물건을 파괴하거나 함부로 다루는 자는 무책임하고 신의 없는 자로 여겨지는데, 하물며 신이 맡기신 것을 자신의 몸에서 내버릴 정도로 신을 모욕하는 자가 심판을 면하리라 믿을 수 있겠는가? 사악한 주인을 떠나 도망친 노예라고 해도 벌을 받는 법이다. 그런데 우리 스스로가 가장 선한 주인이신 신으로부터 달아난다면 어찌 불경스러운 일이 아니겠는가? 자연의 법에 따라 생을 마치고, 생명을 주신 신의 뜻에 따라 그 받은 것을 온전히 되돌려드리는 자들이 영원한 명예를 얻으며 그 가문과 족속이 영원히 존속한다는 것을 너희는 모르는가? 이들의 영혼은 순결하고 순종적인 상태를 유지한 채 하늘의 거룩한 처소를 얻어 그곳에 머물다가 세월이 흐른 후 거룩함 몸으로 다시 태어나게 된다. 그러나 자신의 사리분별하지 못하는 손으로 스스로 목숨을 버린 사람의 영혼은 하데스의 가장 음침한 곳으로 내려가게 되며 신은 그 오만한 자들의 후손에게도 벌을 내리신다. 이처럼 신은 자살을 증오하신다. 율법을 전해준 가장 지혜로운 모세 또한 자살을 중죄로 여겼다. 우리 유대인들은 적의 시신조차 매장해주는 것을 의무로 삼고 있지만 자살한 사람의 시체는 해가 질 때까지 매장하지 않은 채 밖에 버려두도록 율법은 명시하고 있다. 다른 민족 중에서 자신의 몸을 그토록 적대적으로 취급한 데 대한 처분으로, 자살한 자의 시신에서 오른 손을 잘라내도록 명령하는 경우도 있다. 이는 육신과 영혼의 분리가 시신에서 손을 잘라내는 것으로 흡사하게 표현될 수 있기 때문이다. 동지들이여, 이제 올바른 행동을 해야 한다. 우리가 겪은 인간적 불행에 더하여 우리 창조주께 죄를 범하는 일은 없어야 한다. 우리에게 목숨을 구할 기회가 주어진 지금, 이 기회를 받아들이기로 하자! 전쟁을 통해 우리가 용맹하다는 사실을 너무도 잘 알고 있는 로마인들이 제안한 기회를 받아들이는 것은 결코 수치스러운 일이 아니다. 우리가 죽어야 할 운명이라면 승자의 손에 목숨을 넘기는 것이 마땅할 것이다. 나는 배신자가 되기 위해 적의 사령관에게 나 자신을 넘기려는 것이 아니다. 만약 그렇다면 나는 목숨을 구하기 위해 적에게로 도망치는 자보다 더 비겁한 사람일 것이다. 그러나 나는 오히려 내 자신이 파멸되기 위해 적에게로 가려는 것이다. 나는 차라리 로마군의 계략에 속아 희생되기를 바라고 있다. 내가 그들의 약속에도 불구하고 죽임을 당한다면 그런 기만적 술책 때문에 그들의 승리에는 오점이 남을 것이니, 나는 그것을 위안 삼아 죽어갈 것이다."[129]

현재의 우리가 읽어도 명문임을 느낄 수 있을 정도로 설득력 있는 연설문이다. 투항하기를 권하는 내용의 요세푸스의 연설문과는 어떤 차이가 있는지 엘르아살의 연설문도 살펴보자.

"용감한 동지들이여, 오래 전 우리는 로마를 섬기지 않을 것이며 우리 신 이외에는 그 누구도 섬기지 않겠노라고 결의했다. 오직 신 한 분만이 만인 위에 군림하는 진정한, 정의로운 통치자이시기 때문이다. 이제 우리의 결의를 행동에 옮겨야 할 때가 되었다. 지금이야말로 우리 자신에게 부끄럽지 않게 행할 때이다. 이미 우리는 목숨을 걸고 그 어떤 속박에도 굴복하지 않기로 결의했다. 이제 우리가 로마

---

[129] 요세푸스,『유대전쟁사 1』, 박정수, ㈜나남, 2008. 350-353쪽 참조.

군의 손에 붙잡히게 되면 지독한 복수를 당하게 될 것임에도 불구하고 스스로 그들에게 굴복해야겠는가? 우리는 누구보다 먼저 로마군에 대항하여 반기를 들었고 이렇게 최후까지 남아 그들과 싸워왔다. 그러니 신께서 우리에게 아름답고 자발적인 죽음을 허락하시리라고 나는 믿는다. 이는 아무런 준비 없이 기습공격을 받아 죽어간 자들은 누리지 못한 특권이다. 이제 우리는 바로 내일 이 요새의 함락을 눈 앞에 두고 있지만, 우리에게는 사랑하는 자와 함께 고귀한 죽음을 선택할 자유가 남아 있다. 우리를 생포하려고 하는 적들과의 싸움에서 우리가 승리할 수는 없지만, 로마군도 우리의 이런 죽음을 막지는 못할 것이다. 어쩌면 우리는 신이 사랑하는 유대민족을 멸망시키려고 예정하셨음을 처음부터 알아챘어야 했나 보다. 우리가 자유를 쟁취하려고 반기를 들 때부터 이미 모든 일이 불리하게 돌아갔기 때문이다. 우리 동족도 비협조적이었고 적들의 기세는 아주 험악했다. 만약 신이 자비를 베풀어 우리를 향한 약간의 진노만 보였더라면 그토록 많은 사람이 죽어가는 모습을 지켜보지 않았을 것이고, 신의 거룩한 성이 불에 타지도 않았을 것이며, 적의 손에 초토화 되지도 않았을 것이다. 우리가 과연 온 유대 백성 중 유일하게 살아남아 자유를 수호할 희망을 가질 수 있겠는가? 과연 우리가 신 앞에 무죄하며 결코 어떠한 불의도 행하지 않았다고 말할 수 있겠는가? 우리가 과연 다른 사람을 가르칠 만한 자격을 갖고 있는가? 결국 이렇게 신은 이 모든 것이 우리의 착각이었음을 우리에게 보여주셨다. 우리를 그 모든 희망보다 더 혹독하고 비참한 위기에 몰아넣으셨으니 말이다. 이렇게 견고한 방어요새가 무너지고 말았으니 이제 우리가 가진 풍부한 비축식량과 무기와 온갖 장비들도 아무 소용이 없게 되었다. 신 자신이 우리에게서 모든 구원의 희망을 앗아가셨음이 자명해졌다. 적을 향하던 불길이 우리가 세운 성벽 쪽으로 방향을 바꾼 일은 우연이 아닐 것이다. 우리가 행한 모든 불의에 대한, 심지어 동족에게까지 저지른 만행에 대한 신의 진노가 바람의 방향을 바꾼 것이 틀림없다. 그러나 우리의 죗값을 저 극악한 적 로마군의 손에 맡길 것이 아니라 우리 자신의 손으로 신께 돌려드려야 할 것이다. 그렇게 하는 것이 로마군에게 죽음을 당하는 것보다 나을 것이다. 그래야 우리의 여인들이 치욕을 당하지 않고 죽을 수 있으며, 아이들도 노예가 되지 않을 것이다. 먼저 우리 손으로 이들의 목숨을 끊은 후에 우리 자신도 서로에게 고귀한 죽음을 선사하여, 자유를 우리의 가장 아름다운 수의로 삼기로 하자! 우선 재물과 요새는 불에 태워 없애버리자. 로마군이 우리를 생포하지 못하게 된 대다 전리품도 얻지 못하게 되었다는 것을 알면 무척 약이 오를 것이 분명하다. 다만 식량은 그대로 남겨두어 우리가 굶어죽을 지경에 몰려서 죽음을 택한 것이 아니라, 처음부터 결의했던 바대로 구속보다 오히려 죽음을 택했다는 것을 알려주자."[130]

그의 음성이 들리는 듯 비장하고 결연한 연설문이다.
전쟁에서 패배한 유대인 지휘관 요세푸스와 엘르아살의 연설문에는 '투항'과 '자결'이라는 서로 다른 곳에 방점이 찍혀있다. 이들은 연설을 통해 싸워야 하는 이유와 투항해야 하는 이유를 자신의 부대원들에게 논리적이고 감정적으로 설득하고 있다.
요세푸스는, 로마와의 전쟁을 할 때는 죽음을 각오한 상태로 임해야 하지만 승리한 로마군이 패배한 유대인들에게 '투항하면 살려준다'는 제안은 받아들여야 한다는 입장이다. 즉 전쟁을 하는 이유는 살기 위해서 라는 것이다. 죽음을 불사하는 마음가짐은 전쟁 중에 가져야 할 자세이지만 그 싸움의 승부가 정해지면 처신은 달라져야 한다는 것이다. 즉, 연설문에서 그의 입장은 살아야 한다는 것으로 볼 수 있다.
반면 엘르아살은 전쟁에서 패하면 노예가 되어 죽느니 만도 못한 비참한 생활을 하게 됨으로, 자결하여 명예를 지켜야 한다는

---

130) 요세푸스, 『유대전쟁사 2』, 박정수, ㈜나남, 2008. 291-293쪽 참조.

입장이다. 결국 자신의 민족을 지키고자 했던 마음은 같았으나 결론은 서로 다르게 말하고 행동했던 것이다. 이들 연설문에서의 견해 차이는 곧 다른 해결책으로 이어졌다. (나는 요세푸스와 엘르아살의 연설문 속 내용이 다른 것도 기질적 차이에서 비롯된 것이라고 보는 입장이다) 주어진 상황은 같았지만 해석은 달랐던 두 사람, 요세푸스는 최선을 다해 싸웠지만 패한 상황에서 죽어서의 명예보다는 살아서의 실리를 취하자는 인물이었고, 엘르아살은 패한 상태에서 살아남느니 명예를 선택해 자결해야 한다는 생각을 가진 인물이었던 것이다.

오늘 날에도 유대인들은 민족적 자긍심을 높이는 '마사다 항전'의 용사들을 기념하고 있다.131) 이런 면에서는 엘르아살의 행동이 더 타당한 것 같지만 요세푸스가 살아서 『유대 전쟁사』를 기록하지 않았다면 우리는 그 당시의 상황을 자세히 알 수 없었을지도 모른다.132) 그러므로 그의 선택도 전혀 무의미하다고만 볼 수 없다. 만약 요세푸스와 엘르아살이 한 마음으로 힘을 합쳤다면 어땠을까 아마 그 결과가 달라졌을지도 모른다는 생각을 하게 된다.

앞에 서술한 정몽주와 정도전, 무오사화 속 김일손과 이극돈 뿐만 아니라 유대 - 로마 전쟁시기의 요세푸스와 엘르아살까지 동·서양을 넘어 벌어지는 역사적 사건 사고들 속에는 인간 사이의 묘

---

131) 현재 마사다는 이스라엘 군인들이 선서식을 거행하고, 유대의 젊은 이라면 정신무장을 위해 필수적으로 찾아와 '다시는 이런 아픔을 겪지 않을 것'이라고 다짐하는 곳이라고 한다(홍익희, 『유대인 이야기』, 행성B, 2020. 207쪽 참조.).
132) 요세푸스가 쓴 『유대전쟁사』는 유대인의 로마에 대한 항거의 주요자료일 뿐 아니라 로마의 군사 전략과 병법을 상술한 것으로도 대단한 가치를 지닌다고 한다(브리태니커 세계 대백과사전』 16, 한국브리태니커주식회사, 1997. 471-472쪽 참조. 요세푸스.).

한 오해와 갈등이 숨겨져 있었다. 똑같은 상황에서 서로 다른 선택을 한 이유는 무엇이었을까 고민해 보니, 그들의 기질(또는 성향)이 여러 면에서 달랐다는 점을 지나칠 수가 없다. 그렇다면 기질이란 무엇이길래 인간에게 이토록 다른 선택을 하게 하는 것일까.

사람들은 같은 것을 보고도 서로 다르게 해석한다. 다른 국가관, 가치관을 지닌 인물들 사이에서 벌어지는 충돌과 반목은 감정적으로는 슬프지만 이 또한 일상이 아닐까 생각되어지기도 한다.[133] 역사 속 이야기지만 사람들의 기질 간의 부조화와 충돌은 이러한 측면에서 요즘 현실과도 닮아있다. 위와 같은 충돌들을 방지할 순 없었을까. 사람들 사이의 불화를 최소화할 순 없었을까. 나는 그 대안으로 '율곡의 기질론'을 떠올리게 된다.

기질이란 무엇인지 알기 위해 먼저 성리학 용어들을 짚고 넘어가고자 한다. 앞으로 열거할 용어들은 철학적 사유 개념을 포함하고 있기 때문에 중요한 의미가 있다. 스티븐 핑커는 그의 책 『빈 서판』에서, '개념은 인간지능의 발전소이자 인류를 성공으로 이끈 열쇠'[134]라고 말한다. 그러므로 기질을 연구하는데 근간根幹이라고

---

133) 곽신환은 '사람들의 무고와 비방과 참언은 사람들의 바른 의지를 무력하게 만든다. 하지만 율곡은 참소, 무고, 부당한 탄핵 등의 사회적 문제 역시 조화의 한 부분으로 인식했다(『栗谷全書』 1, 266-267쪽 13:20b - 22b「序」別洪表叔浩序 참조.)'고 말한다. - 〔곽신환, 『1583년의 율곡 이이』, 서광사, 2020. 122-123쪽 참조.〕
134) 지능의 무한함은 조합체계의 힘에서 온다. 무한한 수의 새로운 개념 조합을 만드는 능력은 인간지능의 발전소이자 인류를 성공으로 이끈 열쇠이다. 다시 말해 인간의 물질적 존재가 물질이 아니라 개념에 의해 제한된다는 사실이다. 사람들은 원래 석탄이나 구리선이나 종이를

생각되는 철학적 용어들을 음陰과 양陽, 리理와 기氣, 사단칠정四端七情, 인심도심人心道心 네 가지 정도로 간추려서 살펴보기로 하자.

2. 기질론氣質論에 앞서 알아둘 용어들

1) 음陰과 양陽

음陰(역易에서, 태극太極이 나뉜 두 기운 가운데 소극적이고 수동적인 면을 상징하는 철학 범주. 어둠, 땅, 달, 암컷, 차가움 따위로 나타남135))과 양陽(역에서, 태극이 나뉜 두 기운 가운데 적극적이

필요로 하지 않았다. 인간에게는 난방을 하고 다른 사람들과 의사를 소통하고 정보를 저장하는 방법이 필요하다. 그러한 필요는 기존의 자원을 재배치하는 새로운 개념들－조리법, 설계, 기술－을 이용해 우리가 원한 것을 더 많이 얻어내면 그러한 필요를 충족시킬 수 있다. 예를 들어 석유는 단지 우물을 오염시키는 물질에 불과했지만, 연료로 사용되면서 고래 기름을 대체하기 시작했다. 한때 모래는 단지 유리를 만드는 데 사용되었지만, 이제는 마이크로칩과 광섬유를 만드는 재료가 되었다. 그리고 또 하나는 가령 음식, 연료, 도구 같은 경합재競合財는 물질과 에너지로 구성되어 있다. 그래서 한 사람이 사용하면 다른 사람은 사용할 수 없다. 그러나 개념은 정보로 구성되어 있어서 저렴한 비용으로 복제하는 것이 가능하다. 빵 만드는 조리법, 건물의 청사진, 쌀 재배 기술, 의약 제조법, 유용한 과학법칙, 컴퓨터 프로그램 등은 주는 사람이 어떤 손해도 보지 않고 줄 수 있다. 다시 말해 인간의 실제적 지능은 언어(기술정보를 낮은 비용으로 공유할 수 있게 한다)와 사회적 인식(사람들로 하여금 속지 않게 함으로써 협동하게 한다)과 함께 진화했을 것이고 그래서 말 그대로 개념의 힘으로 살아가는 종을 탄생시켰을 것이다. 이러한 해결 능력은 단지, 인간과 물질세계와의 관계에 대한 우리의 이해가 우리의 몸과 자원뿐 아니라 우리의 마음을 이해하는 데에도 적용되어야 한다는 것을 보여준다(스티븐 핑커, 『빈 서판』, 김한영, ㈜사이언스북스, 2012. 415-420쪽 참조.).

고 능동적인 면을 상징하는 철학적 범주. 밝음, 하늘, 해, 수컷, 더
움 따위로 나타남136))은 동양의 세계관을 규정하는 가장 기본적인
범주로 기氣의 두 측면을 나타내는데, 음陰의 기는 정靜, 중重, 유
柔, 냉冷, 암暗이며 양陽의 기는 동動, 경輕, 강剛, 열熱, 명明 등을
그 속성으로 하며 양자의 교합에 의해서 만물이 생성되고, '쇠하여
사라짐과 성하여 자라남'137)(소장消長)에 의해서 사계가 형성된다
는 이론이다.

양자는 대립하는 이원二元인데 적대하는 것은 아니며, 태극太極
또는 도道에 의해서 통합된다. 한편이 나아가면 한편이 물러나고,
한편의 움직임이 극점에까지 이르면 다른 한편에게 위치를 양보해
서 순환과 교대를 무한으로 반복한다. 사물을 인식할 때, 대립으로
취하는 경향이 있는 것도 이 음양론에 유래하며 문학표현에서의
대구對句, 건축 등에서의 대칭對稱도 음양론과 떼어낼 수 없다.138)

> 한번은 음이 되고 한번은 양이 되는 것을 도道라 하고, 이를 계승
> 하는 것을 선善하다고 하고, 이를 완성하는 것을 성性이라고 한다.139)

마치 그늘이 졌던 음지가 양지로 변하듯이, 한번은 음이 되었다
가 다시 양으로 변하고 양은 다시 음으로 변한다는 것이다. 이 변
화의 원리가 도道이며, 이 변화가 잘 이뤄지도록 계승하는 것이 선
善이며, 이것이 구현된 것이 인간의 본성本性이라는 것이다.

---

135) 『표준국어대사전』, 국립국어연구원, 1999. 4860쪽 참조. 음陰.
136) 『표준국어대사전』, 국립국어연구원, 1999. 4164쪽 참조. 양陽.
137) 『표준국어대사전』, 국립국어연구원, 1999. 3547쪽 참조. 소장消長.
138) 『종교학대사전』, 한국사전연구사, 2004. 1012쪽 참조. 음양陰陽.
139) 『周易傳義』下, 성백효, 전통문화연구회, 2004. 534쪽. 「繫辭傳」一
　　陰一陽之謂道 繼之者善也 成之者性也

임채우는 그의 논문 「주역 음양 관계론의 정합성 문제」에서 음과 양은 주지하다시피 그 본성이 반대이다. 그런데 음양이 결합해서 단단하고 부드러운 몸체가 생기고 천지의 법도를 나타내며 존재의 본질을 구현한다고 했다. 여기에서 음양이 짝이 되어 결합한다는 것은, 남녀가 임의대로 만났다가 마음대로 헤어질 수 있는 관계가 아니라 형이상학적으로 연관되어 있다는 의미이다. 서로 반대인 동시에 서로에게 의존하는〔상반상성相反相成〕 대대對待관계는 반대이지만 모순 충돌관계가 아니라 서로를 완성시켜주는 관계란 점에서, 이것은 서양의 이분법이나 실체론〔현상과 작용의 뒤에 실체가 있다는 이론140)〕적 사유에서 찾아볼 수 없는 동양적 관계논리를 대표한다141)고 설명한다.

동양적 관계논리를 대표하는 음양에는 서양의 실체론적 사유를

---

140) 『표준국어대사전』, 국립국어연구원, 1999. 3873쪽 참조. 실체론實體論.
141) 임채우, 「주역 음양 관계론의 정합성 문제: 陰陽對待와 扶陽抑陰의 논리적 상충 문제를 중심으로」, 동서철학연구 제72호, 한국동서철학회, 2014. 49-51쪽 참조. 임채우는 위 논문의 결론부분에서 다음과 같이 말한다. "아마도 실체론적 사유방식에 젖은 서구적 시각에서 본다면, 음양대대란 관념은 현대문명의 폐단을 치유하는 동시에 미래의 바람직한 세계관을 구성하는 새로운 사유방식으로서 주목하고 있는 듯하다. 주역의 음양관을 동양사상의 원천으로 그리고 서구문명에 대한 대안적 사유로 중시해야 한다면, 필자의 소견으로 그 이유는 정합성에 있기보다는 다양성에 있다고 생각한다. 다시 말해 주역이 그 발생에서부터 완전한 논리적 체계를 가진 경전이었기 때문에 중요하다기보다는, 오랜 역사 속에서 여러 난관들을 극복하면서 인류의 문명을 일궈낸 다양한 삶의 지혜가 축적되어 있기 때문인 것이다. 이 다양성이 바로 주역의 본질적 특성이다. 역의 음양관계에 대해 하나의 논리로 설명하는 것도 필요하지만, 그 다양한 관계를 있는 그대로 이해하려는 노력도 필요하다고 본다. 이 다양성 속에서 원시적 생동성을 캐어냄으로서 새로운 길이 열릴 수도 있을 것이다."

찾아볼 수 없다[142])는 주장이 있는 반면에 『종교학대사전』에서는 '음양은 태극太極 (또는 도道)에 의해서 통합된다'[143])고 하였다.

우선 태극이란 무엇인지에 대해 살펴보면, 김근호는 그의 글 「태극 우주만물의 근원」에서 성리학은 현실 세계에 대한 문제를 해결하기 위한 인간의 가치를 설정하고 실현하는 방식으로 자연과의 합일을 말한다. 그러기 위해서는, 인문세계에 앞서 반드시 우주자연이 존재하게 된 궁극적 근원에 대한 이해가 선행되어야 하는데, 무엇보다 먼저 태극이라는 개념을 이해해야 한다고 한다. 왜냐하면 태극은 우주 만물의 근원을 설명하는 출발점에 해당하기 때문이다. '태극'의 사전적 의미를 살펴보면, '태太'는 본래 크다는 뜻의 '태泰'와 통용되는 글자로서 크고 지극함을 의미하며, '극極'은 『설문해자說文解字』(중국 후한後漢 때, 허신許愼(30 - 124)이 편찬한 자전字典으로 문자학의 기본적인 고전의 하나)[144])에서 용마루를 가리키는 '동棟'자와 통용되는 글자로 '매우 높고 요원함'이다. 이 뜻이 변하여 최종 한계限界, 근본根本 등을 의미하게 되었다. 곧 태극은 만물의 최종 근원 또는 시원始原, 근본 등을 나타내는 단어이다.

성리학의 우주 발생론적 측면에서 표현하면, 태극은 천지가 아직 나누어지기 전 태초의 본원을 말한다. 또한 우주 만물이 생성되고 순환하는 원리라는 의미까지 포함하고 있다. 또한 음양의 특성은, 한국의 국기인 '태극기'에서 태극의 형상을 통해 쉽게 찾아볼 수 있다. 태극은 중앙에 적색으로 양陽을, 청색으로 음陰을 표

---

142) 임채우, 「주역 음양 관계론의 정합성 문제: 陰陽對待와 扶陽抑陰의 논리적 상충 문제를 중심으로」, 동서철학연구 제72호, 한국동서철학회, 2014. 51쪽 참조.
143) 『종교학대사전』, 한국사전연구사, 2004. 1012쪽 참조. 음양陰陽.
144) 『표준국어대사전』, 국립국어연구원, 1999. 3430쪽 참조.

시하면서도 음과 양이 서로 그 끝과 시작을 함께하고 있어 끊임없는 음양의 순환과 생성을 표현하고 있다. 이것은 바로 우주 만물의 시원이면서 동시에 생성 원리이자 순환 원리인 태극을 상징한다.145)

　　음이 다하면 양이 생기고 양이 다하면 음이 생겨서 일음일양이 되는데, 태극은 있지 않은 곳이 없다. 태극이 모든 조화의 중심축이며 만물의 뿌리가 되기 때문이다. …… 그런데 태극은 음양의 근저가 되어 음에도 있고 양에도 있어, 두 군데 모두 있어서 헤아릴 수 없으므로 이를 표현하여 신神은 방소方所가 없고 역易은 정체定體가 없다고 하는 것이다.146)

　　율곡은 태극이 모든 조화의 중심축이며 만물의 뿌리라고 말한다. 태극은 음양을 통하여 그 존재양상을 드러낸다고 하는데, 그 의미는 태극의 존재양상이 이 둘(음양)을 벗어나지 않는다147)는 것이다.

　　율곡의 음양에 대한 생각을 잘 표현한 시가 있다.

　　　　노래한다.
　　　　음陰은 움직이는데(동動) 뿌리박고, 양陽은 고요한 데(정靜)서 나왔으니,

---

145) 한국사상사연구회(김근호), 『조선유학의 개념들』「태극 우주 만물의 근원」, 예문서원, 2011. 27-28쪽 참조.
146) 『栗谷全書』1, 184쪽 9:19ab「書」一 答朴和叔. 陰盡則陽生 陽盡則陰生 一陰一陽而太極無不在焉 此太極所以爲萬化之樞紐萬品之根柢 …… 且太極爲陰陽之根柢 而或陰或陽 兩在不測 故曰神無方 易無體
147) 곽신환, 『1583년의 율곡 이이』, 서광사, 2020. 166-167쪽 참조.

움직이고 고요한 것(동정動靜)이 한 덩어리(일체一體)로 되었는데, 누가 이의二儀(음양陰陽)로 나눴느냐.

모양(형형形)은 황구黃矩(땅)가 바탕이 되었고, 기운은 현규玄規(하늘)에서 시작하였구나.

하늘과 땅(건곤乾坤)의 공용이 다른데, 누가 하나로서 통한다 하였느냐.

하나이기 때문에 신묘하고, 둘이기 때문에 물건을 화생하는구나.

없는 속(무無)에 묘하게 있는 것이 들어 있고, 있는 속(유有)에 참으로 없는 것이 붙어 있구나.

도道는 그릇(기器) 밖에 있는 것이 아니요, 이치는 물건과 함께 존재한다.

두터운 덕화(돈화敦化)는 끝이 없고, 작은 덕(천류川流)은 쉬지 않는다.

누가 그 기능(기機)을 맡았는고. 아! 태극太極이 그것이다.[148]

위에 시를 음양의 관점으로 풀어보면, 음양은 서로 반대되는 범주로 음은 고요함 · 양은 움직임을 가진다. 하나의 원 안에서 서로 대립되면서 동시에 도와주는 관계로 형상화된 것을 확실히 보여주는 예가 태극☯(의 활동)이다. 태극 중에 흰 바탕이 양, 검은 바탕이 음이다. 흰 바탕 안에 검은 점과 검은 바탕 안에 흰 점은 '음은 움직이는데 뿌리박고, 양은 고요한 데서 나왔다'는 것을 의미하며, '음양이 한 덩어리', '하늘과 땅의 작용이 다른데, 누가 하나로서 통한다고 하였느냐', '하나이기 때문에 신묘하고, 둘이기 때문에 물건을 화생하는구나'라는 것은 음양의 대립되면서 동시에 도와

---

148) 『栗谷全書』 1, 10쪽 1:16a 「辭·賦·詩」 理一分殊賦. 歌曰 陰根乎動 陽本乎靜 動靜一體 孰分二儀 形資黃矩 氣始玄規 乾坤異用 孰貫乎一 一故神妙 兩故化物 無涵妙有 有著眞無 道非器外 理與物俱 敦化無窮 川流不息 孰尸其機 嗚呼太極

주는 관계(대대對待)를 설명한 것이다.

2) 리理와 기氣

리理149)와 기氣150)는 성리학의 핵심적 개념 중 하나이다. 성리학의 핵심개념151)을 정의하는 것은 광범위한 문제이지만 여기에서는 정이천의 이론을 따라 '성즉리性卽理'152)라고 정의하고, (리와 기를) 설명해 보기로 하자.

이원태는 그의 논문 「왕필과 이천의 의리역 비교 연구」에서 "본성이 곧 이치이다(성즉리性卽理). 본성은 모두 당위의 준칙이 된다는 점에서 선하지 않음이 없다. 이러한 의리는 내게만 있는 것이

---

149) 만물의 이치, 원리, 질서. 리理란 원래 옥玉에 나타나는 무늬를 가리켰는데, 나중에 철학적 개념으로 발전하여 '사물에 내재하는 원리', '우주의 근본이 되는 도리' 따위를 지칭하게 되었다. 특히 성리학에서는 사물의 질료적 측면을 기氣라 하고 원리적 측면을 리理라 한다(『표준국어대사전』, 국립국어연구원, 1999. 4898쪽 참조. 리理.).
150) 동양 철학에서 만물 생성의 근원이 되는 힘. 리理에 대응되는 것으로 물질적인 바탕을 이른다(『표준국어대사전』, 국립국어연구원, 1999. 859쪽 참조. 기氣.).
151) 『표준국어대사전』, 국립국어연구원, 1999. 3452쪽 참조. 성리학性理學. 성리학의 핵심개념 : 리기론理氣論(원리와 현상으로 도리와 법칙을 설명하는 논의), 심성론心性論(인간 마음을 풀어 밝히는 논의), 격물치지格物致知(실제 사물의 이치를 연구하여 지식을 완전하게 함)
152) 『유교대사전』, 박영사, 1990. 736-737쪽 참조. 성즉리는 인간의 본성은 곧 천리라는 말로, 성리학의 근본이 되는 명제라고 한다. 주희는 정이천의 '성즉리'를 계승하고 이를 리기론의 체계로 완성하였다./ 황의동은 다음과 같이 말한다. "정이천은 특히 성性은 천리天理로서 성이 곧 리(성즉리性卽理)라는 명제를 주장하였는데, 이는 성리학의 대전제가 되었다.(황의동, 『율곡 사상의 체계적 이해』 1, 서광사, 2001. 196-197쪽 참조.).

아니라 모든 사람에게 있는 보편적 원칙이다. 어떠한 기질적 특성을 지닌 사람들에게도 공통된 보편적 원칙이다. 이천은 주관적 의리義理에 대하여 만물은 하나의 이치라는 보편성을 부여함으로써 그 객관성을 확보한다."153)고 하였는데,

'성즉리'라는 것은 기질의 우열과는 상관없이 인간에게는 보편적 하나의 이치가 마음 안에 본성으로 내재해 있다는 것을 의미한다.

성즉리라는 말을 설명하는데, 여러 가지로 고민하다『주자어류』154)의 글이 생각나 응용력을 발휘하여 설명해 보기로 한다.

밤하늘에 달이 떠 있다고 가정해 보자. 하늘의 달이 호수에 비친다면, 밤하늘의 달은 본래의 달이고, 호수의 비친 달은 본래의 달에서 나온 달이게 된다. '하늘의 달'은 리理, '호수에 비친 달'은 마음 안에 내재해 있는 성性이라고 생각해 볼 수 있다.155)

율곡은 심心에 있는 성性에 대해서 다음과 같이 말한다.

---

153) 이원태, 「왕필과 이천의 의리역 비교 연구」, 연세대 박사학위논문, 1998. 152-153쪽 참조. 성즉리가 정립되는 과정이 상세하게 설명되어 있음으로 더 많은 내용을 원하는 독자는 그의 논문을 참고하기 바란다.
154) 중국 남송의 주자학자 여정덕黎靖德이 펴낸 유가서. 주희와 그 문인 門人 사이의 문답을 집대성한 것이다(『표준국어대사전』, 국립국어연구원, 1999. 5639쪽 참조.).
155)『朱子語類』권94 「周子之書 通書」理性命. 태극은 분열하는가? 말하기를 본래 단지 한 태극이지만 만물이 각각 품수함이 있어 또한 자연히 각각 하나의 태극을 온전히 갖출 뿐이다. 비유하자면 달은 하늘에 있는 단지 하나일 따름이나, 흩어져 강과 호수에 있어 장소에 따라 나타나지만 달이 이미 나누어졌다고는 할 수 없다. 〔是太極分裂乎 曰 本只是一太極 而萬物各有稟受 又自各全具一太極爾 如月在天 只一而已 及散在江湖 則隨處而見 不可謂月已分也〕

성性이란 것은 리理·기氣가 합한 것입니다. 대개 리가 기 가운데 있은 뒤에라야 성이 되는 것이니, 만약 형질形質(사물의 생긴 모양과 성질156)) 가운데 있지 않은 것이라면 마땅히 리라고 할 것이요, 성이라고 해서는 안 될 것입니다.157)

율곡은 사물과 같이 구체적 형태(모양과 성질)를 가지는 기氣 가운데 있지 않으면 리理라고 일컬으며 성性이라고 말해서는 안 된다고 한다. 성의 실체는 바로 리理라고 할 수 있지만 성性은 리理가 기氣 가운데 있는 관계 하에서 일컫는 말158)이라는 것이다.

성리학에서 '이론적 원리'(리理)와 '구체적 현상'(기氣)으로 인간을 포함한 천지자연의 도리를 설명하는 리기론理氣論은, 우주와 인간을 설명하는 형이상학(사물의 본질, 존재의 근본 원리를 사유나 직관에 의하여 탐구하는 학문159))적 이론이다.

리理와 기氣의 관계는 처음부터 불가분의 짝을 이룬 개념이 아니었으나 송대宋代(960 - 1279)에 성리학의 발전과정을 거치면서 철학의 가장 기초단위가 되었다. 다시 말해 기氣는 만물을 생성하는 재료로 형이하자形而下者(감각할 수 있는 구체적 사물)를 말한다. 그리고 리理는 '우주만물을 구성하고 세계의 모든 운동을 창출해내는 상반된 성질의 두 가지 기본 요소'(음양陰陽)·'우주 만물을 형성하는 다섯 가지 원소(오행五行)의 변화와 생성을 주장하여 처리

---

156) 『표준국어대사전』, 국립국어연구원, 1999. 6910쪽 참조. 형질形質.
157) 『栗谷全書』 1, 207쪽 10:22ab 「書」二 答成浩原. 性者 理氣之合也 蓋理在氣中 然後爲性 若不在形質之中 則當謂之理 不當謂之性也
158) 『유교대사전』, 박영사, 1990. 736-737쪽 참조. 성즉리.
159) 『표준국어대사전』, 국립국어연구원, 1999. 6909쪽 참조. 형이상학形而上學.

하는 이치'로 형이상자形而上者(인간의 감각기관을 초월한 도道 · 정신精神을 가리킴)를 말한다. 다시 말해 기氣는 실증 대상이며, 리理는 사유 대상이라는 것이다.160)

이치(리理)는 하나일 뿐이기 때문에 본래 치우침과 바름, 통함과 막힘, 맑음과 흐림, 순수함과 잡박함과 같은 구분이 없습니다. 그러나 '이치가 타고 있는 기운'(소승지기所乘之氣)은 오르락내리락하면서 쉬는 일이 없고, 뒤섞여서 고르지 못하게 됩니다. 이에 천지와 만물이 생겨남에 어떤 것은 바르고 어떤 것은 치우치며, 어떤 것은 통하고 어떤 것은 막히며, 어떤 것은 맑고 어떤 것은 흐리며, 어떤 것은 순수하고 어떤 것은 잡박하게 되는 것입니다. 이치는 비록 하나지만 이미 기운에 타고 있기 때문에 그 나타남은 만 가지로 다릅니다. 그러므로 천지가 있으면 천지의 이치가 되고, 만물에 있으면 만물의 이치가 되며, 우리 인간에 있으면 인간의 이치가 됩니다. 따라서 이렇게 뒤섞여 고르지 못한 것은 기운이 그렇게 만든 것입니다. 비록 기운이 그렇게 만들었다고 하더라도 반드시 이치가 주재하니, 뒤섞여 가지런하지 않은 까닭 역시 이치가 마땅히 그러한 것이지, 이치는 그렇지 않은데도 기운만 홀로 그런 것은 아닙니다.161)

율곡이 말하는 리기론에 따르면, 사람의 기질은 천지자연의 도리가 인간이라는 프리즘으로 투영되어 생긴 결과물로 사람이 태어

---

160) 『유교대사전』, 박영사, 1990. 1183-1186쪽 / 1713-1714쪽 / 1154-1155쪽 / 993쪽 참조.
161) 『栗谷全書』1, 197쪽 10:2b 「書」二 答成浩原 壬申. 夫理 一而已矣 本無偏正通塞淸濁粹駁之異 而所乘之氣 升降飛揚 未嘗止息 雜糅參差 是生天地萬物 而或正或偏 或通或塞 或淸或濁 或粹或駁焉 理雖一 而旣乘於氣 則其分萬殊 故在天地而爲天地之理 在萬物而爲萬物之理 在吾人而爲吾人之理 然則參差不齊者 氣之所爲也 雖曰氣之所爲 而必有理爲之主宰 則其所以參差不齊者 亦是理當如此 非理不如此而氣獨如此也

나면서부터 갖게 되는 성질이라는 것을 의미한다. 이러한 선천적 성격의 기질은 길고 짧고 들쭉날쭉하여 가지런하지 않은 특징이 있다.

황의동은 그의 책 『율곡 사상의 체계적 이해』에서 율곡 철학 전반에 흐르는 기본 정신은 리理와 기氣의 상호 보완적, 상호 의존적 관계에 있다고 본다. 그것은 곧 리理와 기氣 어느 하나만으로는 불완전한 것임을 전제하는 것이다. 반드시 리는 기를 통해서 구상화, 실현될 수 있고 기는 리를 통해서 비로소 내용(본래성)을 갖게 되며, 리와 기는 본래 존재 구조를 설명하는 용어였지만 가치 개념으로 이해되기도 한다. 이를테면 정신과 물질, 이상과 현실, 관념과 사실, 도덕과 경제, 이론과 실천, 지성과 야성, 문文과 무武, 진보와 보수 등 다양한 가치들이 서로 대립되는 것을 일컫는다. 그 중 어느 하나만의 가치적 우위를 고집할 때 그것은 반쪽의 가치 선택에 불과하게 되는데, 온전한 가치는 서로 대립되는 두 가치를 인정함에 있다. 정신적 가치와 물질적 가치의 경우 어느 하나만으로는 불완전한 것이다. 양자는 서로를 요구한다. 양쪽의 가치를 함께 인정하는 지점에서 편향된 가치관의 극복이 가능하다. 양가兩價의 승인이야말로 균형 잡힌 가치관의 전제요 첩경이다162)라고 말하였다.

여기서 리와 기에 대한 원리를 은유적으로 표현한 율곡의 시(리기영理氣詠) 한 편을 소개해 보기로 한다.

　　원기元氣가 어디서 비롯하였나.

---

162) 황의동, 『율곡 사상의 체계적 이해』 1, 서광사, 2001. 334-335쪽 참조.

무형無形이 유형 가운데 있도다.
근원을 찾으니 본래 합해 있고,
유파流派를 따르니 뭇 정精(무수히 많음)이로다.
물은 그릇을 따라 모나고 둥글며,
허공은 병을 따라 작고 커진다.
그대여 두 갈래에 미혹되지 말고,
성性이 정情되는 것을 가만히 체험하오.163)

율곡이 성혼成渾(우계牛溪 1535 - 1598)에게 준 편지 중에 있는 리기영理氣詠(이론적 원리'(리理)와 '구체적 현상'(기氣)에 대한 노래)으로, 세주細註(큰 주석 아래에 더 자세히 단 주석164))에 '리와 기는 본래 합쳐진 것이요 처음 합쳐진 때가 따로 있는 것이 아니므로 리와 기를 둘로 나누려는 이는, 이러한 도를 알지 못하는 사람이라고 말한다. 그리고 리와 기가 원래 하나이지만 나누어져서 음양陰陽과 오행五行이 되니 유행할 때 천태만상으로 고르지 못한 것이 이와 같다'고 풀어 설명하고 있다.165) 그리고 리와 기의 관계

---

163) 『栗谷全書』 1, 207쪽 10:22a 「書」 二 答成浩原 理氣詠呈牛溪道兄. 元氣何端始 無形在有形 窮源知本合(理氣本合也 非有始合之時 欲以理氣二之者 皆非知道者也) 沿派見羣精(理氣原一 而分爲二五之精) 水逐方圓器 空隨小大甁(理之乘氣流行 參差不齊者如此 空甁之說 出於釋氏 而其譬喩親切 故用之) 二歧君莫惑 黙驗性爲情
164) 『표준국어대사전』, 국립국어연구원, 1999. 3492/5175쪽 참조. 세주細註.
165) 율곡에 의하면, 형이상形而上의 도道로서의 리理와 형이하形而下의 기氣가 합해져서 인간을 비롯한 만물을 만들게 되는데 리는 사물의 성성을 이루고 기는 사물의 형체를 이룬다. 인간에게서도 인간의 리는 성성이 되고 기는 인간의 형체를 이룬다. 아울러 율곡에게서 리(도道)와 기 사이의 구별은 매우 분명하다. 그러므로 율곡의 리기론은 구체적인 사물에서는 리가 기에 내재해 있는 서로 떨어질 수 없는(불상리不相離)의 관계에 있지만, 이론상에서는 서로 섞일 수 없는(불상잡不相雜)의

를 (물과 그릇) 허공과 병瓶으로 설명하였는데, 이 비유는 불교에서 나온 것을 차용하였다고 밝히고 있다.166) '리기영理氣詠'은 율곡이 학문에 대한 편견이 없음을 보여주는 대표적인 예라고 할 수 있다.

위의 글을 정리해 보면, 이 세상의 모든 존재는 리와 기로 구성되었다는 것이다. 여기서 리는 우주 만물의 존재 원리를 지칭하며, 기는 우주 만물을 구성하고 있는 질료와 에너지를 지칭한다. 그러므로 리는 형태와 동작이 없는 형이상形而上의 존재요, 기는 형태와 동작이 있는 형이하形而下의 존재인 것으로 보고 있다.

다시 말해서 리는 추상적인 원리요 기는 구체적인 현상이라고 할 수 있는데 이(들의 관계)는 추상적인 원리를 떠나서 구체적인 현상이 존재할 수 없으며, 또한 구체적인 현상을 떠나서 추상적인 원리가 존재할 수 없다고 보는 것이다. 조선 성리학에서 리기론理氣論은 철학적 사유 개념을 형성하는 기초가 된다.

리기론理氣論에 근거하면, 리는 인간에게 있어서 본성이 되고 기는 인간에게 있어서 육체가 된다. 리는 순선한 도덕본체이기 때문에 이것을 부여받은 사람의 본성은 모두 선한 것이지만 기에는 청淸 · 탁濁과 정正 · 편偏이 있기 때문에 지智 · 우愚와 현賢 · 불초不肖가 있게 되는 것이다.167) 〔율곡 기질론의 중요한 근거가 되는 부분〕 리와 기에 대한 연구는 방대하지만 본문을 언급하기 전 상식적 선에서만 다루기로 한다.

관계에 있다고 할 수 있다(유성선, 「율곡 심론 연구」, 중앙대 박사학위 논문, 2001. 31쪽 참조.).
166) 『栗谷全書』 1, 207쪽 10:22a 「書」二 答成浩原 理氣詠呈牛溪道兄. 〔細註〕空瓶之說 出於釋氏 而其譬喩親切 故用之
167) 『유교대사전』, 박영사, 1990. 713-717쪽 참조. 성리학.

3) 사단칠정四端七情

조선의 성리학은 주자학朱子學(주희가 집대성한 성리학168))이라는 형태로 중국으로부터 전해진 것169)이기 때문에, 그 이론이 우리나라 실정에 맞게 다듬어지는 것은 대략 150여년이 지난 시기이다. 조선 성리학으로 기틀이 확립되는 계기는 50대의 이황李滉과 30대의 기대승奇大升(고봉高峰 1527 - 1572)의 사단칠정논변四端七情論辯을 통해서 인데, 20년이 넘는 연령차이의 성리학자들의 논쟁은 위계질서가 지금보다 더 엄격하던 조선시대에는 상당히 파격적인 사건이었을 것이다. 그만큼 조선 철학사에서는 학문적 깊이와

---

168) 중국 송나라 · 명나라 때에 주돈이周敦頤(염계濂溪 1017 - 1073), 정호程顥(명도明道 1032 - 1085), 정이程頤(이천伊川 1033 - 1107) 등에서 비롯하고 주희朱熹(회암晦庵 1130 - 1200)가 집대성한 유학의 한 파이다. '원리와 현상으로 도리와 법칙을 설명하는' 리기설理氣說과 '인간 마음을 풀어 밝히는' 심성론心性論에 입각하여 '실제 사물의 이치를 연구하여 지식을 완전하게 함'(격물치지格物致知)을 중시하는 실천도덕 그리고 인격과 학문의 성취를 역설하였다. 우리나라에는 고려 말기에 들어와 조선의 통치 이념이 되었고, 길재吉再(야은冶隱 1353 - 1419) · 정도전鄭道傳(삼봉三峰 1342 - 1398) · 권근權近(양촌陽村 1352 - 1409) · 김종직金宗直(점필재佔畢齋 1431 - 1492)에 이어 이황李滉 · 이이李珥에 이르러 조선 성리학으로 체계화되었다(『표준국어대사전』, 국립국어연구원, 1999. 3452쪽 참조. 중복인용).
169) 충선왕忠宣王(1275-1325/재위기간 1308-1313)은 1298년에 왕이 됐다가 그해에 물러났고, 1308년 복위해서 1313년 왕위에서 물러났다. 외부적으로는 몽골, 내부적으로는 권문세족으로부터 고려 왕실의 입지를 보호해야 할 필요성을 느낀 그는 지방 선비들을 적극 발굴했다. 퇴임 후에는 몽골의 수도인 대도大都(현재 북경시내)에 만권당萬卷堂이란 학술 기관을 차려 놓고 학자들을 지원했다. 이 만권당은 성리학이 고려에 전파되는 데도 기여하여, 문인세력이 정치적 · 이념적으로 조직될 수 있는 발판을 만들어 주는 데 공헌했다. 충선왕이 모은 이들이 고려 말 신진사대부의 초기 그룹이다(김종성, 『당쟁의 한국사』, 을유문화사, 2017. 159쪽 참조.).

함께 인격적 성숙도를 중시하였는데, 그중에서도 사단칠정논변〔인성론人性論 중심의 한국 성리학의 특색을 뚜렷이 보여 주는 자료〕은 한국 성리학이 독자적인 경지를 획득하게 된 부분이기도 하다.170)

사단四端이란 인간의 본성에서 우러나오는 네 가지 마음씨인 측은지심惻隱之心, 수오지심羞惡之心, 사양지심辭讓之心, 시비지심是非之心을 가리키는 말이다. 이것은 『맹자』「공손추」에서, 인간은 나면서부터 측은惻隱〔남의 불행을 슬피 여김〕· 수오羞惡〔나쁜 일을 수치로 여김〕· 사양辭讓〔겸손하며 남에게 양보함〕· 시비是非〔시비선악을 판별해 냄〕의 마음이 있어 이것이 인의예지仁義禮智의 단서가 된다는 말에서 비롯되었다.

맹자(B.C. 372 ? - B.C. 289 ?)에 의하면, 인간의 소박한 자발적 행위로 볼 때 사람의 본성은 선善한 것이다. 이것으로부터 연역하여 인 · 의 · 예 · 지의 덕으로 발전되는 사단은, 인간의 마음에 구비되어 있다는 것이 사단설의 내용이다. 맹자는 인간에게 사단이 있는 것은 마치 인간이 두 손과 발을 갖추고 있는 것과도 같이 선한 본성은 태어나면서부터 갖고 있는 것171)이라고 설명하였다.172)

칠정七情이란 희喜, 노怒, 애哀, 구懼, 애愛, 오惡, 욕欲 등 인간 감정의 총칭이다. 이것은 『예기』「예운」에, 기뻐하고 · 성내고 · 슬

---

170) 『한국민족문화대백과사전』 11, 한국정신문화연구원, 1995. 56-57쪽 참조. 사칠논변四七論辯.
171) 『孟子集註』「公孫丑」上, 성백효, 전통문화연구회, 2003. 102-105쪽 참조.
172) 『유교대사전』, 박영사, 1990. 567-568쪽 참조. 사단四端.

퍼하고 · 두려워하고 · 사랑하고 · 미워하고 · 무엇을 하고자 하는 심정, 이 일곱 가지는 배우지 않아도 능한 것173)이라고 말한 것에서 비롯된다. 이것이 복잡한 철학적 문제로 제기된 것은, 조선조 성리학에서 리기理氣와 관련하여 사단과 칠정을 설명하면서부터이다. 선악의 문제는 칠정에서 이야기될 수밖에 없었으며, 이에 관하여 퇴계는 '사단四端은 리理가 발하는데 기氣가 따르는 것이고, 칠정七情은 기氣가 발하는데 리理가 타는 것'174)이라 하면서 사단과 칠정을 구분하였다. 이에 반해 율곡은 '발하게 하는 것은 리理이며, 그 발하는 것은 기氣이며, 이에 칠정七情은 감정의 총칭이며 그 중에서 도덕적 감정을 특별히 사단四端'175)이라고 하였다. 위와 같은 이론적 견해 차이에서 볼 수 있듯이 사단칠정론은 이황과 이이 이후에도 조선 성리학에서 중요한 관심사가 되었다.176)

김경호는 그의 책 『인격 성숙의 새로운 지평-율곡의 인간론』에서, 사단칠정의 문제는 단순히 사단과 칠정을 어떤 관계로 이해해야 하는가에 있지 않고 인간의 심리적 상태와 행위의 근거를 원론적 차원에서 해명하려는 성리학적 사색이 이러한 분석의 이면에 내포되어 있다고 본다. 사단과 칠정을 상대적으로 보든, 아니면 포함관계로 이해하든지 이 논의는 본질적으로 성선性善을 전제로 한다. 이는 인간 가치의 확장과 인간의 도덕적 행위에 대한 가능 근거를 확정하고자 하는 이론적 성찰이면서도 실천적인 모색이라고 하였다. 그는 이 논의에서 율곡이 사단을 칠정 속의 선한 일면이

---

173) 『禮記』「禮運」, 권오돈, 홍신문화사, 1996. 208쪽 참조.
174) 『退溪全書』1, 417쪽 16:32a 「書」 答奇明彦 論四端七情第二書. 但四則理發而氣隨之 七則氣發而理承之耳
175) 『栗谷全書』1, 198쪽 10:5a 「書」二 答成浩原 壬申 참조.
176) 『유교대사전』, 박영사, 1990. 1604쪽 참조. 칠정.

라고 이해한다고 해서 그가 인간의 내면적 순수성을 부정하는 것은 아니라고 설명하였다. 율곡은 인간의 감정이 성선에 기초하여 현 상태로 드러나기는 하지만, 도덕 감정이 드러나는 길이 하나 있고 또 감정일반이 드러나는 길이 따로 하나 있다고 하는 식의 논의를 부정한다. 결국 사단칠정의 문제를 퇴계는 현실에서 도덕을 실현하기 위해서는 무엇보다도 도덕실천의 가능근거를 강조하는 쪽으로 기울게 되었고, 율곡은 도덕의식의 원천으로서 흔들릴 수 없는 리理를 강조하면서도 그것이 현실 속에서 어떻게 구체적으로 실현되는가에 관심을 갖게 된다. 즉 도덕적 자율성을 사단이라는 내면의 근거를 통해 확립하려는 퇴계의 시도와 도덕의 근거를 내면에 확립하는 것에 그치지 않고, 이 도덕적 가치 기준으로서 덕성을 인문적 가치와 규범적 질서의식(예禮) 등을 통해 확보하려는 율곡의 입장은 서로 차이가 나는 것이다[177]라고 하였다.

조선 신분제 사회 속에서 사대부(당시의 양반)들은 권력의 중심에 있었다. 일반인과 그 밖의 사람들을 지배하던 양반들에게, 이 시기의 사단칠정논변은 권력의 구조를 '수직적 세계로 볼 것인가', '수평적 세계로 볼 것인가'하는 논쟁으로 전개되었다.

이러한 수직적 세계관은 사대부들을 지배층으로, 일반평민과 천민은 피지배층으로 구분하였고, 지배층이 명령하면 피지배층은 순종하는 수직적 사회구조를 표방하고 있었다. 다시 말해서 사단은 지배층으로써 리가 발한 것이고, 칠정은 피지배층으로써 기가 발한 것이며, 또한 사단은 선하고 칠정은 선할 수도 있고 악할 수도 있음을 주장한 것이라고 볼 수 있다. 사단과 칠정을 구분한 것은

---

[177] 김경호, 『인격 성숙의 새로운 지평-율곡의 인간론』, ㈜정보와사람, 2008. 162-178쪽 참조.

순선純善한 지배층(리)이 유선유악有善有惡한 피지배층(기)을 지배할 수 있다는 근거로 삼은 이론이라고 볼 수 있다.

반면 수평적 세계관 속에서 인간 존재는 모두 희로애락의 감정을 가진 존재로 인식하며 각자 맡은 일이 왕이고, 벼슬아치이며 일반 사람으로 감정의 차별을 두지 않는다는 유형의 구조를 말하고 있다. 이것은 사단을 인간의 감정인 칠정 속에 포함시키고 있다는 의미이자 모든 존재는 '기氣가 발하여 그 위에 리理가 타는 구조'(기발리승氣發理乘)로 생각하는 것이다, 그러므로 사람들은 누구나 선악이 공존하는 세상에 살고 있다는 주장이기도 하다.

사단칠정론의 수직적 세계관과 수평적 세계관의 충돌은 예로부터 지금까지 철학사에서 지속적인 논쟁을 불러일으키는 부분이기도 하다.

4) 인심도심人心道心

인심人心은 자연적 감정을 가리키는 말이다. 이것은 『서경』「대우모」의 "인심人心은 오직 위태롭고 도심道心은 오직 미약할 뿐이다."[178]에서 유래한 말로 도심과 대립되는 개념이다. 이에 대하여 송대 주희는 『중용장구』 서序에서 도심道心은 리理를 깨달은 상태[179]를 가리키는 것이라고 말한다. 또한 이것은 '성명性命[180]의

---

178) 『書經集傳』上「虞書」大禹謨, 성백효, 전통문화연구회, 2003. 94-95쪽 참조.
179) 『大學·中庸集註』「中庸章句 序」, 성백효, 전통문화연구회, 2004. 53-54쪽 참조. 其曰天命率性 則道心之謂也,
180) 성명性命이란 본성과 천명을 말하는데, 이는 하늘의 명령이 곧 인간의 본성이므로 본성과 천명은 같은 것을 지시한다. 하늘 그 자체는 중

바름'(성명지정性命之正)에서 근원하는 것임에 반해, 인심人心은 욕欲에 사로잡혀 있는 상태를 의미하는 것으로 이것은 '형기形氣[181]의 사사로움'(형기지사形氣之私)에서 발생하는 것이라고 정의하였다.[182]

한편 도심은 천지 만물과 인간의 본성을 이루는 리理 혹은 성性에 입각한 마음이 인욕·물욕 등에 방해받지 않고 나타난 것으로 『서경』「대우모」의 "인심은 위태롭기만 하고 도심은 미약하기만 하다."라는 기사에서 유래한 말로 인심에 대응되는 개념이다.

도심은 인심과 함께 송 대 이후로 중요한 논쟁이 되었는데, 특히 주희의 해석이 큰 영향을 미쳤다. 앞에서도 밝혔듯이 그는 『중용장구』 서문에서, 형기지사形氣之私(신체가 요구하는 사私적인 반응)에서 발생한 것을 인심, 성명지정性命之正(천명에 근원한 본성의 바름)에서 발생한 것을 도심이라고 하였다.

조선의 경우 이황은 주희의 견해를 전적으로 받아들여, 사단칠정론과 결부시켜 인심도심을 논하였다. 그는 형기形氣에서 나온 것을 인심이라 하고, 성명性命에서 나온 것을 도심이라고 하여 전자를 칠정, 후자를 사단이라고 하였다. 그는 또 『퇴계집』「답기명언논사단칠정答奇明彦論四端七情」에서 사단은 리가 발한 것, 칠정은 기

中으로 선하기 때문에 천명과 천명으로 주어진 본성 또한 바르다고 할 수 있다. 그래서 성명의 바름이라는 용어를 사용한다(이이, 『답성호원』, 임헌규, 책세상, 2013. 207쪽 참조.).
181) 형기形氣란 형상이 지니는 기운이라는 뜻으로, 우리의 신체를 말한다. 우리의 신체는 성명을 실현시켜주는 기구이지만, 그 자체 자기만을 고집하여 소통을 방해하는 자기 모순자이기 때문에, 형기의 사사로움이라고 한다(이이, 『답성호원』, 임헌규, 책세상, 2013. 207-208쪽 참조.).
182) 『유교대사전』, 박영사, 1990. 1269-1270쪽 참조. 인심人心.

가 발한 것이라는 리기호발설理氣互發說에 입각하여 인심은 기氣가 발한 것임에 반하여 도심은 리理가 발한 것이라 하였다. 이황은 '천리를 보존하고 인욕을 억제함'(존천리알인욕存天理遏人欲)의 원칙의 입장에서, 인심에 비해 우위에 있다고 보는 도심으로써 인심을 절제하도록 해야 한다고 주장하고 있으며 그 구체적인 실현 방법으로서 거경居敬183)을 들었다.

반면 이이는 『율곡전서』「인심도심도설」·「답성호원」 등에서 인심이나 도심은 일심一心에 근거하고 있으며, 다만 그것이 식색食色을 위해서 발하는가, 의리義理를 위해서 발하는가에 따른 구분일 뿐이라고 하였다. 그는 처음에 성명지정에서 나온 도심이라 하더라도 사욕에 가리게 되면 인심이 되고, 인심이라 하더라도 절제를 통해 정리正理에 일치하게 되면 도심이 된다고 하여 인심과 도심의 근본적인 차이를 인정하지 않았다. 이것의 근원에 대하여 그는 「인심도심설」에서 인심과 함께 천리 즉 성性이라고 간주하였고, 「답성호원」에서는 인심이라고 하더라도 도심의 명령을 따르면 곧 도심이 된다고 말하였다. 그는 인심이 도심으로 될 수 있는 가능성은 의意의 작용, 즉 의의 계교상량計較商量(서로 견주어 살펴보고 헤아려 잘 생각함184))에 있다고 하였다. 이에 반해 이황은 마음의 정일精一(꼼꼼하고 한결같음), 즉 거경을 중시하였는데 율곡은 이황과는 대조적으로 성의誠意(정성스러운 뜻185))를 중시하였다.186)

---

183) 『표준국어대사전』, 국립국어연구원, 1999. 227쪽 참조. 거경居敬. 주자학의 학문 수양 방법의 하나. 늘 한 가지를 주로 하고 다른 것으로 옮김이 없이, 심신이 긴장되고 순수한 상태를 유지함으로써 덕성德性을 함양함을 말한다.
184) 『표준국어대사전』, 국립국어연구원, 1999. 382쪽 계교計較/3275쪽 상량商量.
185) 『표준국어대사전』, 국립국어연구원, 1999. 3461쪽 참조. 성의誠意.
186) 『유교대사전』, 박영사, 1990. 351-352쪽 참조. 도심道心. / 김형찬

율곡의 말로 인심도심에 대해 설명해 보자면, '공공의 이익에 부합하는 양심良心에서 우러나오는 마음'(도심道心)과 '개인적으로 배가 고프면 먹으려 하고, 추우면 입으려 하고, 목마르면 마시려 하고, 가려우면 긁으려 하며, 눈이 좋은 빛깔을 원하고, 귀는 좋은 소리를 원하고, 사지가 편안하기를 원하는 마음'(인심人心) 모두를 포함한 것으로 볼 수 있다.187)

마음은 하나인데 도심이라고도 하고 인심이라고도 하는 것은 성명(천명에 근원한 본성)과 형기(이목사지耳目四肢의 욕구)가 구별되기

은 「기질변화, 욕망의 정화를 위한 성리학적 기획-율곡 이이의 심성수양론을 중심으로」(철학연구 제38집, 고려대학교 철학연구소, 2009.)에서 율곡 이이와 퇴계 이황의 학문적 차이를 말하고 있다.
187) 『栗谷全書』 1, 198쪽 10:4a 「書」 二 答成浩原 壬申. 人生而靜 天之性也 感於物 而動性之欲也 感動之際 欲居仁 欲由義 欲復禮 欲窮理 欲忠信 欲孝於其親 欲忠於其君 欲正家 欲敬兄 欲切偲於朋友 則如此之類謂之道心 如或飢欲食 寒欲衣 渴欲飮 癢欲搔 目欲色 耳欲聲 四肢之欲安佚 則如此之類謂之人心 [사람이 태어나서 고요할 때에는 하늘이 부여한 본성 그대로이고, 사물에 감응하여 움직이면 본성의 욕망이 드러납니다. 감응하여 움직일 때에 인仁에 있으려 하고, 의義로 말미암으려 하며, 예禮를 회복하려고 하고, 이치를 궁구하려 하고, 충忠과 신信을 행하려 하며, 어버이께 효도하려 하고, 임금께 충성하려 하고, 벗에게 선행을 간절히 권면하려는 것 등을 도심道心이라고 말합니다. 감응하여 움직인 것은 본래 형기지만, 그 발하는 것이 인의예지의 바른 이치에서 곧바로 나와서 형기에 가려지지 않았기 때문에 이치(리理)를 위주로 하여 도심이라고 합니다. 혹 배가 고프면 먹으려 하고, 추우면 입으려 하고, 목마르면 마시려 하고, 가려우면 긁으려 하며, 눈이 좋은 빛깔을 원하고, 귀는 좋은 소리를 원하며, 사지四肢가 편안하기를 원하는 것 등을 인심人心이라고 말합니다. 인심의 근원은 비록 하늘이 부여한 본성에서 나왔지만, 그 발하는 것이 이목과 사지의 사사로움에서 나왔기 때문에 천리의 본래 그러함이 아니므로, 기운(기氣)을 위주로 하여 인심이라고 하였습니다.]

때문입니다. 감정은 하나인데 사단이라고도 하고 칠정이라고도 하는 것은 오로지 이치만을 말한 것과 기운을 겸하여 말한 것이 다르기 때문입니다. 그러므로 인심과 도심은 서로 겸할 수 없고, 서로 처음과 끝이 됩니다. 사단은 칠정을 아우를 수 없으나 칠정은 사단을 아우를 수 있습니다. 도심은 은미하고 인심은 위태롭다는 구절에 대해서는 주자의 설명이 극진합니다. 감정으로서 완전히 구비한 것은 사단보다 칠정이요, 감정으로서 순수한 것은 칠정보다 사단이라는 것이 저의 견해입니다.

 인심과 도심이 서로 처음과 끝이 된다는 것(인심도심상위종시人心道心相爲終始)은 무엇을 말하는 것입니까? 가령 사람의 마음이 '성명의 올바름'에서 곧바로 나왔다 하더라도 때때로 그 올바름에 순순히 따라 선을 이루지 못하고, 사사로운 의지가 뒤섞이게 되면 시작은 도심이었으나 끝은 인심으로 마치게 되는 것입니다. 이와 반대로 사람의 마음이 형기에서 나왔다고 하더라도 바른 이치에 위배되지 않으면 진실로 도심에 어긋나지 않을 것이며, 혹 바른 이치에 위배되더라도 잘못되었다는 것을 알고 제재하여 그 욕심에 따르지 않으면, 이는 시작은 인심이었으나 끝에는 도심으로 마치게 되는 것입니다.[188]

 율곡은 도심과 인심은 마음의 현상으로 이미 드러난 것이기 때문에 도심과 인심의 공통부분(겸兼)이 없지만, 교정의 가능성이 있어 그 과정을 거치면 바꿀 수 있다고 말한다. 이를테면 사람의 마

---

188) 『栗谷全書』1, 192쪽 9:34b-35a 「書」一 答成浩原 壬申. 心一也 而謂之道謂之人者 性命形氣之別也 情一也 而或曰四或曰七者 專言理兼言氣之不同也 是故 人心道心 不能相兼而相爲終始焉 四端不能兼七情 而七情則兼四端 道心之微 人心之危 朱子之說盡矣 四端不如七情之全 七情不如四端之粹 是則愚見也 人心道心 相爲終始者 何謂也 今人之心 直出於性命之正 而或不能順而遂之 閒之以私意 則是始以道心 而終以人心也 或出於形氣 而不咈乎正理 則固不違於道心矣 或咈乎正理 而知非制伏 不從其欲 則是始以人心 而終以道心也

음이 바르게 나왔다고 하더라도 때때로 이기적인 욕망과 섞이게 되면, 시작은 도심이었지만 끝은 인심으로 마치게 되는 것과 같은 이치라고 말하고 있다.[189]

예를 들어 어린아이가 보호자없이 도로에 뛰어들려는 모습을 볼 때 측은한 마음이 들었다면 이것을 도심이라고 하자. 이 측은지심에 아이를 구해주면 주위 사람들로부터 칭찬을 받을 수 있겠다는 이기적 욕망이 섞이게 되면 이것의 시작은 도심이었지만 끝은 인심으로 마치게 된다. 이와 반대로 사람의 마음이 곤경에 처한 어린아이를 도와주면 보답이 있을 것이라는 기대를 한다면 그것은 인심에서 나왔다고 볼 수 있다. 그렇지만 도와주는 과정에서 사심 없는 마음으로 돌아섰다면 처음은 인심이었으나 도심으로 마치게 되는 것과 같은 이치이다.

심해출은 그의 논문 「율곡 이이의 인심도심 상위종시설 연구」에서 "인심도심은 인간존재의 생명활동을 원활하게 유지하기 위해 개체와 공동체 간의 관계 가치를 이롭게 하는 목적과 관계 절차의 합리적 처리를 위해 도출된 개념이다. 즉 개인과 공동체 간의 관계 가치를 체계화하고 운영함에 있어서 그 목적과 주체를 규정할 때 공동체가 개인을 규정하는 관점과 개체가 공동체를 규정하는 관점을 변증법(모순 또는 대립을 근본 원리로 하여 사물의 운동을 설명하려는 논리[190])적으로 포섭하는 왕도정치에서 출발한 논변이

---

[189] 인심은 신체의 욕망에서 유래했고, 도심은 성명의 바름에서 근원하였으니, 그 유래와 근원에서 구별된다. 따라서 서로 함께할 수 없다고 했다. 그러나 비록 인심이라고 하더라도 도심이 주재하여 마땅함의 도리에 따른다면 선하게 발현될 수 있다. 또한 그 역으로 비록 도심이라고 하더라도 중용의 도를 잃을 수 있다. 따라서 인심과 도심은 서로 종시가 된다고 말한다. 이를 율곡의 인심도심종시설人心道心終始說이라고 한다(이이, 『답성호원』, 임헌규, 책세상, 2013. 208쪽 참조.).

다. 이이가 인심과 도심을 상위종시의 논리로 해석하는 것은 바로 이러한 문제의식, 당대當代 현실사회에서 인심도심의 상위종시적 사유형태를 기반으로 기질변화의 교량을 확보함으로써 공동체를 개인화, 사유화하는 현실권력의 사회정치적 위험을 극복하려고 하였던 것이다."191)라고 설명하였다.

율곡의 인심도심상위종시설人心道心相爲終始說은 도심과 인심이 서로 시작과 끝이 되는 변화무쌍함이다. 마치 우리의 행동도 어떤 경우 화를 냈는데 선善이며, 어떤 경우 순종했는데 불선不善이 되는 경우가 있듯이 그 상황에 따라 처신이 다를 수밖에 없음을 알게 된다. 본문의 시작이 인간의 기질 차이였다면, 그 차이에서 발생하는 수많은 희로애락喜怒哀樂의 변수에 관하여 해법을 제시하는 '율곡의 기질론'은 위와 같은 이론을 토대로 기질은 변화될 수 있다는 가능성을 시사한다.

다음 장에서는 기질의 일반적인 정의와 특징을 여러 학자들의 연구를 통해 다양한 각도에서 접근해 보기로 하자.

---

190) 『표준국어대사전』, 국립국어연구원, 1999. 2690쪽 참조. 변증법辨證法.
191) 심해출, 「율곡 이이의 인심도심 상위종시설 연구」, 숭실대 박사학위 논문, 2019. ⅳ-ⅴ/146-147쪽 참조.

II. 기질氣質이란 무엇인가

1. 인식認識과 기질氣質

1) 문화에서 오는 인식 차이

　외국인을 만날 때 특히나 서양 사람들은 동양 사람들과 생김새도 다르지만 생각에서도 많은 차이가 있다는 것을 느끼게 된다. 특히 '인식'에 있어서는 서로 다른 해석을 할 때가 많다. 이런 의문 가운데 나는 리차드 니스벳Richard Nisbett의 『생각의 지도』란 책에서 문화에 관한 흥미로운 부분을 발견하였다. 그것은 고대 중국인들이 '세상을 일정한 기준에 따라 하나의 종류나 부류로 묶는 방식'이 고대 그리스인들과 여러 면에서 달랐다는 것이다. 특이한 점은 그리스인들은 세상을 범주範疇(동일한 성질을 가진 부류나 범위[192])에 넣고 분류했지만, 중국인들은 세상 속에서 공명共鳴(남의 사상이나 감정, 행동 따위에 공감하여 자기도 그와 같이 따르려 함[193])을 통하여 영향을 주고받는 것'을 중요시했다고 한다.

　이 책에서는 중국인들은 우주란 연속적인 물질이므로 '부분-전체'라는 구도의 관계를 중시했고, 그리스인들은 세상은 '사물'로 구성된 집합체이기 때문에, '개체-집합'이라는 구도 속에 사물을 범주화하려는 경향이 있다고 한다. 또한 니스벳은 이와 같은 이론들이 증명되기 위해서는 실험이 필요하고 실험에 가설들을 증명하기 위해서는 다음과 같은 실제 실험군이 필요했다고 설명한다.

192) 『표준국어대사전』, 국립국어연구원, 1999. 2648쪽 참조. 범주範疇.
193) 『표준국어대사전』, 국립국어연구원, 1999. 518쪽 참조. 공명共鳴.

다음은 책 속에 실제 실험 사례이다.

동서양의 어린이들에게 먼저 닭, 소, 풀 그림을 보여주고 그중 2개를 하나로 묶는다면 무엇을 묶을지 생각해 보라고 했다. 검사결과 서양의 어린이들은 같은 분류 체계에 속하는 소와 닭을 하나로 묶는 경향을 보였다. 그러나 중국의 어린이들은 관계에 근거한 방식을 선호했다. 즉 소와 풀을 하나로 묶었는데 그 이유는 소가 풀을 먹기 때문(관계적 이유)이라는 것이었다.

다음은 미국과 중국·타이완 대학생들에게 팬더곰, 원숭이, 바나나를 제시하고 그중 서로 가장 관련되어 있는 2개를 고르게 했다. 예상한 대로, 미국의 대학생들은 동일한 분류 범주에 해당하는, '동물'이라는 범주에 속하는 팬더곰과 원숭이를 고른 반면, 중국과 타이완의 대학생들은 '원숭이는 바나나를 먹는다'는 서로의 관계에 근거하여 원숭이와 바나나를 고르는 경향을 보였다.

또한 서양인들의 범주는 명사에 의해 표현된다. 동물 중 '곰'이라는 것을 배우기 위해서는 그 동물의 특징적인 성질, 즉 커다란 몸집, 커다란 이빨과 발톱, 긴 털, 사나운 모습 등에 주목해야 한다. 그리고 '곰'이라는 명칭을 그 특성들과 결합시켜, 나중에 그런 특성을 가진 동물을 볼 때 곰이라는 명칭을 사용하는 반면, 중국인들은 반대로 관계를 동사에 의해 표현한다. 타동사의 의미를 이해한다는 것은 '두 사물과 그 사물들 사이에서 발생하는 행위를 이해한다'는 의미이다. 예를 들어 보면 '무엇을 던진다(to throw)'라는 동사에는 '손과 팔을 이용해서 어떤 사물을 새로운 장소로 옮긴다'라는 의미도 들어 있다. 동사는 명사보다 상대적으로 의미가 애매하기 때문에 기억하기가 어렵다고 할 수 있다.

동사는 명사에 비해 대화의 맥락 가운데서 의미가 쉽게 변하기도 하고, 다른 사람이 한 말을 다시 옮기는 과정에서 의미가 변하기도 한다. 뿐만 아니라 한 언어에서 다른 언어로 번역할 때 명사보다는 동사의 의미를 번역하기가 더 어렵다. 단순명사들은 여러 언어에 걸쳐 그 의미가 서로 일치하지만 동사들은 그렇지 않은 경우가 많다. 이 책에서는 다른 사람에게 차茶를 더 청하는 상황에서도 동양과 서양의 언어적 차이가 잘 드러난다고 하였다. 중국인들은 '더 마실래?'(Drink more?)라고 묻지만, 미국 사람들은 '차, 더 할래?'(More tea?)라고 묻는다. 중국인들의 관점에서는 그 상황에서 마시고 있는 것은 분명 '차'이기 때문에, 명사인 '차(tea)'를 문장 안에 포함시킬 필요가 없지만, 미국인들은 차를 '마시고 있는 것'이 분명하기 때문에 동사인 '마시다'(drink)를 포함시킬 필요가 없다고 느낀다는 것이다.

위 실험에서 볼 수 있듯이 동양인들은 세상을 '관계'로 파악하고, 서양인들은 범주로 묶일 수 있는 '사물'로 파악했다. 이러한 차이는 아이를 양육하는 문화의 차이에서 비롯된 것으로 보인다. 즉 동양의 어린이들은 관계를 주목하도록 양육되고, 서양의 어린이들은 사물과 그것들의 범주에 주목하도록 양육된다[194]고 할 수 있다. (니스벳은 실험군에 의해 동양과 서양을 구분함에 동양인을 중국인으로 한정함에 양해를 구하고 있다)

『생각의 지도』에 나타난 동·서양의 대조군 실험으로, 동·서양인이 같은 상황에서 다른 '뜻'(말이나 글, 또는 어떠한 행동 따위로 나타내는 속내[195])을 선택하는 어떤 경향성을 볼 수 있었다. 위 실험결과로 미루어 볼 때 사람들이 동일한 기준으로 모든 것을

---

194) 리처드 니스벳, 『생각의 지도』, 최인철, 김영사, 2019. 135-155쪽 참조.
195) 『표준국어대사전』, 국립국어연구원, 1999. 1841쪽 참조. 뜻.

인식하고 있지 않다는 것을 우리는 알 수 있었다. 나는 이 책의 실험결과에서 영감을 받아, 모험으로 보일 수도 있지만, 다음 장에서는 동양을 허령지각 속에, 서양은 알고리즘이라는 명제 속에 넣고 설명해 보려 한다.

2) 동 · 서양의 생각

① 동양의 허령지각虛靈知覺196)

『표준국어대사전』에서는 마음(심心)을 대략 7가지 정도로 정의한다.
 1. 사람이 본래부터 지닌 성격이나 품성. (예문) 마음이 좋다.)
 2. 사람이 다른 사람이나 사물에 대하여 감정이나 의지, 생각 따위를 느끼거나 일으키는 작용이나 태도. (예문) 몸은 멀리 있어 마음으로나마 입학을 축하한다.)
 3. 사람의 생각, 감정, 기억 따위가 생기거나 자리 잡는 공간이나 위치. (예문) 안 좋은 일을 마음에 담아 두면 병이 된다.)
 4. 사람이 어떤 일에 대하여 가지는 관심. (예문) 마음을 떠보다.)
 5. 사람이 사물의 옳고 그름이나 좋고 나쁨을 판단하는 심리나 심성의 바탕. (예문) 네 마음에 드는 사람을 골라 결혼해라.)
 6. 이성이나 타인에 대한 사랑이나 호의好意의 감정. (예문) 너

---

196) 송석구/ 김장경의 책인 『율곡의 공부』에서는 '허령하다'는 것은 인간 본성이 천리에서 왔음을 의미하며, '교기질'은 이러한 허령한 인간 본성을 믿는 데서부터 시작한다고 밝히고 있다(송석구/김장경, 『율곡의 공부』, 아템포, 2015. 79쪽 참조.).

저 사람에게 마음이 있는 모양이로구나.〕

　7. 사람이 어떤 일을 생각하는 힘. 〔예문〕 마음을 집중해서 공부해라.〕

　동아시아의 전통에서 '인간의 마음'에 대한 연구는 활발했다. 특히 성리학에서 '마음 연구'는 학문 전체를 지배한다고 해도 과언이 아니다. 마음의 작용에 대한 중요성을 기억하며, 다음 설명으로 넘어가 보자.

　우리의 선진先進들은, 공자의 가르침을 이어받아 그 시대에 맞게 집대성한 주희의 '허령지각'을 통해 마음을 해석하였다. 앞 장에서 공명共鳴[197]을 통하여 영향을 주고받는 동양의 인식 작용에 관한 그 예로 나는 허령지각을 설명하려 하는데, 그전에 조선성리학의 모체母體가 되는 주희 철학을 먼저 알아보고 가기로 하자.

　주희[198]가 살았던 12세기는 준전시상태로 인한 나라의 재정고갈로 민심이 흉흉했던 시기로, 명목상 국가의 통치이념은 유학儒學〔공자를 시조始祖로 하는 전통적인 학문[199]〕이었지만 실생활 속에서는 노老·불佛을 능가하지 못하고 오히려 숭배하고 중시하여 떠

---

197) 남의 사상이나 감정, 행동 따위에 공감하여 자기도 그와 같이 따르려 함(『표준국어대사전』, 국립국어연구원, 1999. 518쪽 참조. 공명共鳴.〕
198) 주희는 중국사상사에서 가장 뚜렷한 획을 긋는 방대한 사상체계인 신유학을 집대성해 낸 거장으로 자리매김 되고 있다. 그의 저술들이 과거시험의 교과서가 되고 그의 학문이 관학官學으로 확립되면서부터 주희는 절대적인 영향력을 행사하기 시작했다〔윤영해,『주자의 선불교 비판 연구』, 민족사, 2002. 13쪽 참조.〕.
199)『표준국어대사전』, 국립국어연구원, 1999. 4808쪽 참조. 유학儒學.

받들어 이제삼왕二帝三王200)이 천리를 서술하고, 인심을 따르며, 세상을 다스리고 민중을 가르친, 두터운 법전과 일상예절의 중대한 법칙들이 일절 다시 시행되지 않는 혼란의 시기였다.201)

이러한 시대적 배경 속에 위기에 처한 국가와 사회를 바로 세우기 위해 새로운 통치이념의 필요를 절감하고 있던 주희는 구시대의 이념을 청산하기 위해서 불교 비판이 필수적이라고 생각한다. 그는 당시의 국가와 사회가 내우외환內憂外患(나라 안팎의 여러 가지 어려움202))의 위기에 처하게 된 것은 도덕과 기강의 문란 때문이며 도덕과 기강의 문란은 일상의 인간사와 윤리를 무시하는 불교 때문이었다고 여겼던 것이다.203)

주희는 자신의 사상(신유학204)=성리학)을 정립하는 과정에서 이들을 어떠한 방식으로든 비판하면서, 그 토대 위에 자신의 이론을 구성하고 검토하는 것을 주목표로 삼았다. 이러한 문제에 대한 해명은 주희사상의 구조를 이해하는데 필수적인 요소로 자리하게 된다.205)

---

200) 이제二帝는 요堯임금(? - ?)과 순舜임금(? - ?), 삼왕三王은 하夏나라 우왕禹王(? - ?), 은殷나라 탕왕湯王(? - ?), 주周나라 문왕文王(? - ?)과 무왕武王(? - B.C. 1043?)을 이름.
201) 『朱子語類』 권126 「釋氏」. 有國家者雖隆重儒學 而選擧之制 學校之法 施設注措之方 既不出於文字言語之工 而又以道之要妙無越於釋老之中 而崇重隆奉 反在於彼 至於二帝三王述天理順人心治敎民厚典庸禮之大法 一切不復有行之者
202) 『표준국어대사전』, 국립국어연구원, 1999. 1161쪽 참조. 내우외환.
203) 윤영해, 『주자의 선불교비판 연구』, 민족사, 2002. p.342참조.
204) 중국 송나라·명나라 때에 새로이 대두된 정호程顥, 정이程頤와 주희 계통의 성리학을 이르는 말(『표준국어대사전』, 국립국어연구원, 1999. 3841/5458쪽 참조. 신유학新儒學/정주학程朱學.).
205) 김미영, 「주자의 불교비판과 공부론 연구」, 고려대 박사학위논문, 1998. p.63 참조.

주희에게 인간의 마음을 해명하는 것은 새로운 통치이념의 형성을 위한 선결과제였다. 그는 마음을 허령지각('텅 비어 신령한 능력으로'(허령), '모든 이치를 갖추고 있어 모든 일에 응하는 것'(지각)206))으로 설정하고 이를 혼백론魂魄論과 인심도심론人心道心論으로 설명하고 있다.

일반적으로 혼백은 인간의 정신적·육체적 활동을 지배하는 신령, 영혼을 말한다. 혼은 정신, 백은 육체를 지배하는 신령을 나타냈다.207)

성리학에서의 이러한 마음(사람의 지각으로서 자신을 주재하고 만물에 반응하는 것208)) 작용을 좀 더 자세히 알아보기로 하자. 류인희는 그의 책 『주자철학과 중국철학』에서, 성리학에서는 사고思考를 감각感覺에서 분리시켜서 그 인식의 확실성을 마련하려하지 않고 도리어 감각과 함께 있음으로써 이룩될 수 있다고 하면서, 그 예가 허령지각론과 혼백론이라고 한다.209)

또한 김우영은 그의 논문 「주희의 지각론 연구」에서, '본래 마음 자체가 텅 비어 신령한 능력이 있어서 형상이 없지만 눈으로 보고 귀로 들을 때 보거나 듣도록 하는 것은 바로 마음의 작용'210)이라

---

206) 『大學·中庸集註』「中庸章句 序」(성백효, 전통문화연구회, 2004. 53쪽 참조.) 心之虛靈知覺 一而已矣/ 「大學章句」(성백효, 전통문화연구회, 2004. 23쪽 참조.) 明德者 人之所得乎天而虛靈不昧 以具衆理而應萬事者也
207) 『종교학대사전』, 한국사전연구사, 2004. 1488-1489쪽 참조. 혼백魂魄.
208) 『朱熹集』권65 「雜著」尙書 大禹謨. 心者 人之知覺 主於身而應萬物者也
209) 류인희, 『주자철학과 중국철학』「중국인의 영혼관」, 범학사, 1980. 280쪽 참조.
210) 『朱子語類』권5 「性理」二 性情心意等名義. 虛靈自是心之本體 非我

고 하는데, 마음은 감각기관에 의해 감지된 것을 처리하는 일정한 기능이 있다고 한다. 이것은 마치 귀가 듣고 눈이 볼 수 있는 기능을 가진 것처럼 지각은 마음이 가진 핵심적 기능이라는 것이다.

이러한 마음의 지각기능에는 구체적으로 어떠한 능력이 있는가? 주희는 혼백魂魄으로 설명한다. 그에 의하면 혼魂은 사고나 생각하는 기능을 담당한다면 백魄은 판별하고 기억하는 기능을 수행한다.211) 이에 근거해서 지각은 생각·사고의 기능과 기억·판별의 기능으로 나누어 볼 수 있다. 여기서 기억과 판별 기능은 시각과 청각 등 오감의 감각에 관련된다. 육체의 감각기관이 외물과 교접할 때 기억을 통해서 그것을 판별함으로써 감각이 성립된다. 이렇게 감각된 것을 다시 혼이 생각하고 계획함으로 사물의 이치를 알아내는 것인데, 이로써 사물의 이치에 대해 지각할 수 있다. 다시 말해 지각기능은 이러한 정신적 작용 전체를 가리킨다.212)

허령지각에 관해 율곡은,

　신이 생각하건대 인간의 한 마음은 온갖 이치를 온전히 갖추었습니다.213)

마음이 허령한 것은 다만 성性이 있어서 그러할 뿐만이 아니다. 지

　所能虛也　耳目之視聽　所以視聽者卽其心也　豈有形象　然有耳目以視聽之　則猶有形象也　若心之虛靈　何嘗有物
211)『朱子語類』권3「鬼神」. 人之能思慮計劃者　魂之爲也　能記憶辨別者魄之爲也
212) 김우영,「주희의 지각론 연구」, 연세대 박사학위논문, 2003. 96-99쪽 참조.
213)『栗谷全書』1, 452쪽 20:50a「聖學輯要」窮理章. 臣按 人之一心 萬理全具

극히 통통하고 지극히 바른 기氣가 엉기어 마음이 되었으므로 허령虛
靈한 것이다.214)

율곡은 인간의 한 마음이 이 세상의 모든 이치를 온전하게 갖추
고 있다고 본다. 그 이유는 마음이 허령하기 때문인데, 허령하게
되는 것은 세상의 이치인 본성(성性)과 지극히 통하고 지극히 바
른 기氣가 합하여 마음이 되었기에 그러하다는 것이다.

> 지각知覺은 곧 마음이다. 인仁・의義・예禮・지知를 다 싣고 있기
> 때문에 사단四端의 정情이 소속所屬에 따라 나타난다. 이것이 마음의
> 지각인 것이다.215)

성리학에서는 세상의 이치인 인・의・예・지가 본성이고, 그
것이 감정으로 드러나는데 그 모습이 측은지심・수오지심・사양
지심・시비지심이라고 한다. 마음이 본성을 갖추어 이 감정을 행
하는 것이다. 이러한 작용이 일어나는 곳이 마음이며 그 마음의
작용을 지각知覺이라고 한다.216)

학자들이 주희의 허령지각과 혼백론을 연결하여 지각적 인간관
을 설정217)하고 있는 것에 대하여, 율곡은 혼백과 감각기관(귀・
눈・마음)을 묶어서 설명하고 있다.

---

214) 『栗谷全書』 2, 234쪽 31:12a 「語錄」上. 心之虛靈 不特有性而然也
 至通至正之氣 凝而爲心 故虛靈也
215) 『栗谷全書』 2, 245쪽 31:35b 「語錄」上. 知覺卽心也 該載仁義禮智之
 性 故四端之情 隨所寓而發見 此其心之知覺也
216) 『朱熹集』 권55 「書」 答潘謙之 柄. 性只是理 情是流出運用處 心之知
 覺 卽所以具此理而行此情也 以智言之 所以知是非之理則智也 性也 所
 以知是非而是非之者 情也 具此理而覺其爲是非者 心也
217) 류인희, 『주자철학과 중국철학』 「중국인의 영혼관」, 범학사, 1980.
 280쪽 참조.

선생〔율곡〕이 말하기를, …… "보고 듣는 것은 바로 백魄이고, 생각하는 것은 바로 혼魂이다." 하였다.218)

대개 사람의 지각은 …… 이목耳目의 총명은 백魄의 영靈이요, 심관의 사려란 혼魂의 영靈입니다. …… 그러므로 귀가 있어야만 소리를 들을 수 있고, 눈이 있어야만 가히 색을 볼 수 있으며, 마음이 있어야만 사려할 수 있습니다.219)

율곡은 보고 듣는 것은 백魄이고 생각하는 것은 혼魂이라고 말한다. 아울러 눈이 밝고 귀가 밝은 것은 백의 신령함으로 가능한 것이고 마음이 생각하는 것은 혼의 신령함이라고 말한다. 그러므로 귀가 있어야만 소리를 들을 수 있고, 눈이 있어야만 색을 볼 수 있으며, 마음이 있어야만 생각할 수 있다는 것이다.220)

허령지각의 의미는 '텅 비어 신령하여 모든 이치를 갖추어 온갖 일에 반응하는 것'이라고 할 수 있는데 율곡은 허령통철虛靈洞徹221)

---

218) 『栗谷全書』 2, 240쪽 31:25b 「語錄」上. 先生曰 …… 視聽是魄也 思慮是魂也
219) 『栗谷全書』 2, 541쪽 拾遺4:22ab 「雜著」死生鬼神策. 蓋人之知覺 …… 耳目之聰明者 魄之靈也 心官之思慮者 魂之靈也 …… 故有耳然後可以聞聲 有目然後可以見色 有心然後可以思慮矣
220) '청각의 마음'과 '시각의 마음'('IV장 율곡 이이의 기질분류, 1. 기질분류의 두 요소, 3) 듣는 것〔지知〕과 보는 것〔행行〕')이라는 명칭을 생각해 낸 계기가 된 구절이다.
221) 『栗谷全書』 1, 197쪽 10:3a 「書」二 答成浩原 壬申. 오직 사람만은 기氣의 바르고 통한 것〔정통正通〕을 받았는데, 맑고 탁하며〔청탁淸濁〕, 순수하고 잡박함〔수박粹駁〕이 만 가지로 달라서, 천지의 순일純一함과는 같지 못합니다. 다만 그 마음 됨이 허령통철虛靈洞徹하여 온갖 이치가 구비되어 있으므로, 탁한 것을 맑은 것으로 변하게 할 수 있고, 잡박한 것을 순수한 것으로 변하게 할 수 있습니다. 그러므로 수양〔수위

[텅 비어 신령하여 깊이 살피어 환하게 깨달음222)) 또는 허명虛明223)(텅 비어 밝음)이라고 쓰기도 한다.

다음은 허령지각을 인심도심론의 입장에서 설명해 보고자 한다.
마음의 허령지각은 『서경書經』「대우모大禹謨」편의 "인심은 위태하고 도심은 희미하니, 오직 정밀하고(정精) 한결같아야(일—) 진실로 그 중中을 잡을 것이다."(인심유위人心惟危 도심유미道心惟微 유정유일惟精惟— 윤집궐중允執厥中)224)와 연결된다. 이 말은 중국 고대의 순舜 임금이 자신의 임금 자리를 우禹에게 넘겨주면서 마음을 조심하고 살피라는 뜻으로 전한 것이다. 그런데 이 열여섯 글자의 한자어에 담긴 뜻이 매우 함축적이어서 보다 상세한 해석이 필요하다.225)

주희는 해석하기를 "마음은 사람의 지각으로서 자신을 주재하고 만물에 반응하는 것이다. 인간의 혈기나 형체(형기形氣)의 사사로움에서 생하는 것을 가리켜 인심人心이라고 말하며, 사람으로서 지켜야할 도리(의리義理)의 공평함에서 발하는 것을 가리켜 도심道心

修爲)의 공부는 홀로 사람에게만 있습니다(惟人也 得氣之正且通者 而淸濁粹駁 有萬不同 非若天地之純一矣 但心之爲物 虛靈洞徹 萬理具備 濁者可變而之淸 駁者可變而之粹 故修爲之功 獨在於人).
222) 『표준국어대사전』, 국립국어연구원, 1999. 6435쪽 참조. 통철洞徹.
223) 『栗谷全書』1, 468쪽 21:13ab 「聖學輯要」矯氣質章. 물物의 치우치고 막힌 것(편색偏塞)은 다시 이것을 변화시킬 방법이 없으나, 오직 사람은 비록 청탁淸濁과 수박粹駁의 같지 않은 것이 있다 하더라도 마음이 허명虛明하여 가히 변화시킬 수 있습니다(物之偏塞 則更無變化之術 惟人則雖有淸濁粹駁之不同 而方寸虛明 可以變化).
224) 『書經集傳』上, 성백효, 전통문화연구회, 2003. 94-95쪽. 「虞書」大禹謨 참조.
225) 『한국민족문화대백과사전』18, 한국정신문화연구원, 1995. 510-512쪽 참조. 인심도심설人心道心說.

이라 말한다. 인심은 움직이기 쉽지만 돌이키기 어렵기 때문에 위태로워 불안하다고 하며, 의리는 밝히기 어렵지만 어둡기는 쉽기 때문에 미미하여 드러나지 않는다고 한다. 오직 형기와 의리의 공사公私의 사이에서 성찰해서 그 정밀함을 이루어 그것으로 하여금 터럭만큼의 섞임도 없게 하고, 특히 도심의 미묘한 본질을 지켜서 그 한결같음을 이루어 그것으로 하여금 잠깐의 떨어짐도 없게 하면 그 일용日用의 사이에 사려동작思慮動作함이 저절로 지나치고 미치지 못함〔과불급過不及〕의 차이가 없게 되어 진실로 그 중中을 잡을 수 있을 것이다."226)하였다.

그러면서 인심과 도심의 관계를 '반드시 도심으로 하여금 자기 한 몸의 주장을 삼고, 인심이 항상 도심의 명령을 듣게 하면 위태로운 것이 편안하게 되고, 은미한 것이 드러나게 되어 동정動靜과 말하고 행하는 것이 저절로 과불급의 잘못이 없게 될 것'227)이라고 말한다.

사람의 마음은 허령지각하여 형기지사形氣之私와 의리지공義理之公이 공존하는 형태로 존재하며, 주희의 주장은 도심을 기준으로 인심을 제어하면 과불급의 차이가 없게 되어 숭中을 유지할 수 있다는 것이다.

---

226) 『朱熹集』 권65 「雜著」 尙書 大禹謨. 心者 人之知覺 主於身而應事物者也 指其生於形氣之私者而言 則謂之人心 指其發於義理之公者而言 則謂之道心 人心易動而難反 故危而不安 義理難明而易昧 故微而不顯 惟能省察於二者公私之間以致其精 而不使其有毫釐之雜 特守於道心微妙之本以致其一 而不使其有頃刻之難 則其日用之間 思慮動作自無過不及之差 而信能執其中矣

227) 『大學·中庸集註』「中庸章句 序」, 성백효, 전통문화연구회, 2004. 53-54쪽 참조. 必使道心常爲一身之主 而人心每聽命焉 則危者安 微者著 而動靜云爲 自無過不及之差矣

이에 대해 율곡은 인심과 도심을 식색食色을 위해서 발하는가와 의리義理를 위해서 발하는가에 따른 구분일 뿐 인심과 도심의 우열의 차이를 인정하지 않았다.

가령 사람의 마음이 처음에는 도심이었다가 사사로운 뜻이 뒤섞이게 되면 시작은 도심이었으나 끝은 인심으로 마치게 되며, 이와는 반대로 사람의 마음이 처음에는 인심으로 바른 이치에 위배되지 않으면 도심에 어긋나지 않을 것이며, 혹 바른 이치에 위배되더라도 잘못되었다는 것을 알고 돌이켜 그 욕심을 따르지 않으면 시작은 인심이었으나 도심으로 마치게 된다고 말한다(인심도심상위종시설人心道心相爲終始說).228)

다시 말해서 율곡의 인심도심상위종시설은 (일반적으로 의지意志라고 불리는) 의意와 지志의 작용으로 그 시작과 끝의 변화를 가능하게 하는데, 마음이 본성을 갖추어 이 감정(의ㆍ지)을 행하는 것이다. 이러한 작용이 일어나는 곳이 마음이며 그 마음의 작용을 바로 허령지각虛靈知覺이라 하는 것이다.

위에 내용을 정리해 보면, 성리학에서의 허령지각虛靈知覺이란 인간의 마음이 이 세상의 모든 이치를 온전하게 갖추고 있다는 의미이다. 또한 마음의 허령지각은 혼백과 인심도심으로 설명할 수 있는데 혼은 생각하는 것이고 백은 보고 듣는 것이며, 인심人心은 의ㆍ지의 노력을 통해 도심道心으로 변화될 수 있음을 '인심도심상위종시설'로 설명할 수 있다. 그러므로 동양에서의 마음에 대한 인식은 한마디로 '허령지각하다'라고 표현해 볼 수 있을 것이다.

---

228) Ⅰ. 서론 3. 기질론에 앞서 알아둘 용어들 4)인심도심 편을 참고하여 중복인용 함.

② 서양의 알고리즘algorithm[229]

요즘 여러 매체를 통해 들을 수 있는 단어 중 하나가 알고리즘 algorithm이다.

알고리즘은 주어진 문제를 논리적으로 해결하기 위해 필요한 절차, 방법, 명령어들을 모아놓은 것을 일컫는 말로, 넓게는 사람 손으로 해결하는 것, 컴퓨터로 해결하는 것, 수학적인 것, 비수학적인 것 모두를 포함하고 있다.[230]

앞에서 (니스벳의 책을 인용하여 살펴본) '1. 문화에서 오는 인식 차이'에서, 동·서양이 같은 상황에서 다른 기준으로 판단한다는 것을 우리는 알게 되었다. 그렇다면 동·서양인이 서로 다른 관점을 가지게 되는 것은 왜 일까라는 의문을 품게 된다.

동양과 서양의 대비되는 생각의 차이는 크게 보면 인식의 차이에서 오는 것으로 볼 수 있는데, 인식하는 장소로 서양은 '뇌'를 지목한다. 뇌란 어떤 역할을 하는 것인가. 인식(생각)의 차이는 뇌에서 시작되는가? 그렇다면 뇌의 기능에 관해 전반적으로 살펴보고 가기로 하자.

우선 인간의 뇌는 체내에 존재하는 가장 큰 기관으로, 입력되는 정보를 평가하고 인체의 균형을 깨뜨릴 수 있는 변화에 적절한 반응을 만들어낸다. 그리고 무엇보다 움직임을 만들어내고 자세를 유지하기 위해서는 근육을 조절하는 것이 중요하다. 이러한 조절은 신경계의 중요한 기관들이 네트워크를 형성하여 신호를 주고받

---

[229] 알고리즘이라는 용어는 9세기경 페르시아 수학자인 알콰리즈미al-Khwarizmi의 이름으로부터 유래되었다고 한다(양성봉, 『알기 쉬운 알고리즘』, 생능출판, 2020. 12쪽 참조.).
[230] 『천재학습백과』(koc.chunjae.co.kr) 알고리즘 참조.

음으로써 이루어진다.231) 또한 인간의 뇌는 좌반구와 우반구로 구성되어 있는데 각 반구는 다양한 중요 기능들을 위해 전문화되어 있다. 좌반구는 말, 읽기, 쓰기 및 산수를 통제한다. 그리고 논리적이며 분석적인 양식으로 작용하고 전체 패턴보다는 세부적인 특징에 초점을 둔다. 우리 자신을 언어로 표현하는 능력을 지배하는 좌반구는 복잡한 논리적 및 분석적 활동을 수행할 수 있으며, 수학적 계산에 숙달되어 있다. 반면 우반구는 음악과 예술적 능력들 그리고 상상력과 관련이 있으며 고도로 발달된 공간 및 형태감각을 갖고 있다. 이것은 기하학적이며 조망적인 그림을 만드는 데에 있어서 좌반구보다 우수하다. 그러나 우리의 두 대뇌반구는 어느 반구도 지배적인 관계가 아니다.232)

노벨상 수상자인 로저 스페리Roger W. Sperry와 그의 제자 마이클 가자니가Michael Gazzaniga의 '인간 뇌 연구'는 치료하기 힘든 간질을 통제할 목적으로 48세인 참전 용사에게 뇌 분리 수술을 하자고 제안하면서 시작되었다. 이들의 '인간 뇌 연구'는 좌뇌와 우뇌가 복잡한 방식으로 서로 끊임없이 상호작용하지만 철저하게 독립적으로 분리된 두 개의 인지시스템에 의해 통제되고 있음이 밝혀졌으며, 가자니가Gazzaniga는 이를 두고 훨씬 더 동적이고 쌍방향적인 정신체계가 존재하는 듯 보였다고 한다. 다시 말해 오른쪽 시야에서 들어오는 정보는 왼쪽 뇌로 가고, 왼쪽 시야에서 들어오는 정보는 오른 쪽 뇌로 간다고 하면서 좌뇌는 언어 정보를 더 잘 다루며 우뇌는 사람의 얼굴 등 시각 정보를 더 잘 다룬다는 사실로 볼 때 각 뇌는 자신에게 특화된 종류의 정보를 다룰 때 더 능

---

231) 『동물학백과』, 한국통합생물학회제공.(네이버) 뇌에 대한 대략적인 설명을 잘 했다고 생각함.
232) 『교육심리학용어사전』, 한국교육심리학회, 2006. 81쪽 참조.

숙해진다고 말한다.233)

또한 창의創意적 사고를 하기 위해서는 좌뇌에서 분석적이고 논리적인 사고를 하여 우뇌로 넘기면 우뇌는 이 자료를 종합하여 처리하고, 또 우뇌에서 종합적이고 전체적인 정보를 좌뇌에 보내면 좌뇌에서는 이를 분석하고 논리적으로 따져보는 것이 필요하다고 한다.234) 그렇다면 인식(생각)은 뇌의 작용으로, 뇌의 전적인 지배를 받는 것일까.

서양인들의 인식을 만드는 것은 무엇일까 고민하던 중 나는 또 하나의 흥미로운 이론을 발견했는데 바로 '자아'에 대한 인식이론이다. 그 이론을 소개해 보면,
시스템(조직 혹은 체계)은 '대상의 세계와 구별된 인식·행위의 주체이며, 체험내용이 변화해도 동일성을 지속하여, 작용·반응·체험·사고·의욕의 작용을 하는 의식의 통일체'235)(자아自我)를 통해 작동한다고 한다. 이런 자아를 대니얼 카너먼Daniel Kahneman은 '경험하는 자아'와 '기억하는 자아'로 구분한다.

어떤 이가 음반을 틀어놓고 긴 교향곡을 넋을 놓고 듣고 있었는데, 곡이 끝날 무렵 음반 흠집으로 깜작 놀랄 잡음이 나는 바람에 '음악 감상을 통째로 망쳤다'고 했다. 그런데 사실은 감상을 망친 게 아니라 감상의 기억을 망쳤을 뿐이다. 감상하는 자아, 즉 경험하는 자아는 곡을 거의 다 들을 때까지 좋은 경험을 했고, 마무리가 안 좋았다고 해서 그 경험이 취소될 수는 없다. 이미 일어난

---

233) 마이클 가자니가, 『뇌, 인간의 지도』, 박인균, 추수밭, 2016. 92/117/366/465쪽 참조.
234) 박지영, 『생활 속의 심리학』, 신영사, 2019. 136-138쪽 참조.
235) 『표준국어대사전』, 국립국어연구원, 1999. 5129쪽 참조. 자아自我.

일이다. 음악을 듣던 이가 결말이 안 좋았다는 이유로 그때의 경험을 통째로 망쳤다고 했지만, 그것은 음악을 들으며 행복했던 40분을 무시한 평가다. 경험과 그 기억을 혼동하는 것은 인지 착각의 좋은 예이며, 사람들은 경험을 기억으로 바꿔치기 하는 탓에 과거 경험을 망쳤다고 생각한다. 경험하는 자아는 발언권이 없다. 기억하는 자아는 더러 엉터리지만, 삶의 점수를 기록하고 삶의 교훈을 지배하는 자아이며, 결정을 내리는 자아라고 설명한다.[236)]

위의 예로 비춰볼 때 생각은 뇌의 기계적 작용만이 아닌 또 다른 무언가의 작동으로 존재함을 느낄 수 있었다.

나는 여기서 경험하는 자아와 기억하는 자아 사이에 이해충돌은 '과정보다 결과를 중시'하느냐 '결과보다 과정을 중요'하게 생각하느냐의 차이에서 비롯된 것은 아닐까 생각해 보게 된다.

임상봉은 그의 책 『알기 쉬운 알고리즘』에서 흔히 알고리즘은 요리법과 유사하다고 한다. 단계적인 절차를 따라 하면 요리가 만들어지듯이, 알고리즘도 단계적인 절차를 따라 하면 주어진 문제의 답을 주기 때문이다. 주어진 문제에 대해 여러 종류의 알고리즘이 있을 수 있으나, 항상 보다 효율적인 알고리즘을 고안하는 것이 매우 중요하다고 하였다.[237)]

이처럼 컴퓨터 과학과 생물학 분야의 전문가들은 인간의 뇌를 연구하여 인간의 마음 특히 감정(정情)에 관한 것을 알고리즘으로 풀기 위해 노력하고 있다. 그 중 한 명인 유발 하라리Yuval Harari는 그의 책 『호모데우스』에서 '알고리즘'은 오늘날 세계에서 단연코 가장 중요한 개념일지 모른다고 말한다. 우리의 삶과 미래를

---

236) 대니얼 카너먼, 『생각에 관한 생각』, 이창신, 김영사, 2020. 557쪽 참조. 이러한 현상을 결정효용과 경험효용의 불일치라고 말함.
237) 양성봉, 『알기 쉬운 알고리즘』, 생능출판, 2020. 12쪽 참조.

이해하려면 알고리즘이 무엇이고 그것이 감정과 어떤 관계가 있는지 반드시 이해하고 넘어가야 한다는 것이다.

그렇다면 인식의 알고리즘이란 따로 어딘가에 존재하는 것일까? 일반적으로 알고리즘은 계산을 하고 문제를 풀고 결정을 내리는 데 사용할 수 있는 일군의 방법론적 단계들이다. 알고리즘은 특정한 계산이 아니라 계산할 때 따르는 방법이다. 예로는 요리 레시피가 있다. 예컨대 채소수프를 만드는 알고리즘은 이렇게 명령할 것이다.

1. 기름 반 컵을 냄비에 넣고 달군다.
2. 양파 네 개를 잘게 다진다.
3. 황금빛을 띨 때까지 양파를 볶는다.
4. 감자 세 개를 큼직하게 썰어서 냄비에 넣는다.
5. 양배추를 채 썰어 냄비에 넣는다.

대략 이런 식이다. 당신은 같은 알고리즘을 수십 번씩 실행할 수 있고, 매번 사용하는 채소를 조금씩 달리해서 약간 다른 수프를 만들 수 있다. 하지만 알고리즘 자체는 그대로이다.

레시피만으로 수프가 만들어질 수는 없다. 레시피를 읽고 일군의 단계들을 시키는 대로 행할 사람이 필요하다. 하긴 사람 대신 알고리즘을 자동으로 실행할 기계를 만들 수도 있다. 그러면 그 기계에 물, 전기, 야채를 넣기만 하면 기계가 알아서 수프를 만들 것이다. 우리 주변에 수프 만드는 기계는 드물지만 음료수 자판기는 흔하다. 그런 자판기들에는 대개 동전 넣는 구멍, 컵이 나오는 곳, 몇 줄로 배열된 버튼들이 있다. 첫째 줄에는 커피, 차, 코코아를 선택하는 버튼들이 있다. 둘째 줄에는 무설탕, 설탕 한 스푼, 설탕 두 스푼이라고 표시된 버튼들이 있다. 셋째 줄에는 우유, 두

유, 선택하지 않음이라고 적힌 버튼들이 있다. 그 기계로 다가가 구멍에 동전을 넣고 '차', '설탕 한 스푼', '우유' 버튼을 차례로 누르면, 기계가 입력된 단계들을 따라 작동하기 시작한다. 티백을 컵에 떨어뜨리고, 뜨거운 물을 붓고, 설탕 한 스푼과 우유를 첨가한 뒤 탁! 소리와 함께 맛있는 차가 나온다. 이것을 알고리즘이라고 볼 수 있다.

지난 몇 십 년 동안 생물학자들은 버튼을 누르고 차를 마시는 사람 역시 알고리즘이라는 확고한 결론에 이르렀다. 사람은 자판기보다는 훨씬 더 복잡한 알고리즘을 가지고 있을 것이다.

다시 말해서 자판기를 제어하는 알고리즘은 기계장치와 전기회로를 통해 문제를 해결하고, 인간을 제어하는 알고리즘은 감각, 감정, 생각을 통해 문제를 해결한다고 볼 수 있다는 것이다.[238]

나는 허령지각과 알고리즘은 두 문화의 차이를 설명해 주는 함축적 단어라고 표현해 본다. 그러므로 서양은 '알고리즘'으로 마음을 해석하여 인식(생각)의 차이를 만들어 낸다고 보는 것이다. 예를 들어 한방치료와 양방치료를 생각해 보면 약은 한방과 양방이 모두 기본이라고 했을 때, 전체의 순환을 중시하는 한방치료는 침과 뜸으로 한다면 양방은 수술과 주사로 한다.

나는 한방과 양방의 치료방법에 차이가 있는 것처럼 지금까지의 서술을 통해, 생각의 차이를 만드는 방법을 동양인은 '허령지각', 서양인은 '알고리즘'으로 설명해 보았다. 이 부분은 창의성을 발휘해 보았으므로 너무 학문적 입장에서 시시비비를 가릴 필요는 없을 것 같다. 혼란스러웠다면[239] 잠시 접어두고 다음 장으로 넘어

---

238) 유발 하라리, 『호모 데우스』, 김명주, 김영사, 2019. 122-124쪽 참조.
239) 물질과 공간에 대한 직관처럼 생명과 마음에 대한 우리의 직관도 최

가 보자.

2. 기질에 관한 일반적 고찰

1) 경향성傾向性

기질氣質이란 개별존재가 간직한 재능, 성향, 성능, 습관 등을 말하며, 실제로 물리적 세계에 존재하는 어떤 사태나 실재라기보다, 개별 존재들이 지닌 어떤 경향성傾向性(현상이나 사상, 행동 따위가 어떤 방향으로 기울어지거나 쏠리는 성향240))을 의미한다. 다시 말해서 기질은, 신체에서 발생하는 의식(감정·정서) 활동에 깃든 어떤 성향을 전반적으로 가리키는 말이라고 할 수 있다.241)

인간의 기질을 경향성이라고 주장하는 입장을 이해하기 위해 고

고의 과학이 부여 주는 이상한 세계와 충돌을 일으키곤 한다. 생명이란 마술적인 영혼과 우리의 몸이 결합된 것이라는 개념은, 마음이 점진적으로 발달하는 뇌의 활동이라는 과학적 이해와 잘 어우러지지 못한다. 마음에 관한 직관들도 인지 신경학의 첨단 분야와의 타협을 고집스럽게 거부하고 있다. 의식과 의사 결정이 뇌 신경네트워크의 전기화학적 활동이라고 믿을 만한 이유는 충분하다. 그러나 어떻게 분자의 운동이 단지 지능적 연산이 아닌 주관적 감정을 만들어 내고 어떻게 원인에 의해 야기되는 행동과는 다른 우리의 자유로운 선택을 이끌어 내는가는 우리의 구식 정신에 심오한 수수께끼로 남는다(스티븐 핑커, 『빈 서판』, 김한영, ㈜사이언스북스, 2012. 421쪽 참조.).
240) 『표준국어대사전』, 국립국어연구원, 1999. 376쪽 참조. 경향성傾向性.
241) 이승환, 「성리학의 수양론에 나타난 심-신 관계 연구 : 주희 심리철학에서 지향성의 문제를 중심으로」, 중국학보 52권, 한국중국학회, 2005. 473쪽 참조.

심하다가, 인간 기질에 관해 언급하기에 앞서 동물들의 경향성을 '동물들이 가축화되는 과정'을 통해 살펴보고자 한다.

과거 인류가 야생동물들을 어떻게 가축화했는지를 연구해온 재레드 다이아몬드Jared Diamond는 그의 책 『총 · 균 · 쇠』에서 '가축화할 수 있는 동물은 모두 엇비슷하고, 가축화할 수 없는 동물은 가축화할 수 없는 이유가 제각기 다르다.'고 말한다.242) 대략 이 책에 필요한 부분만 6가지로 정리, 요약해 옮겨 보기로 하자.

148종에 달하는 전 세계의 대형 야생 초식성 육서 포유류(가축화 후보종) 중에서 겨우 14종만이 시험을 통과해 가축화되었다. 나머지 134종은 왜 떨어졌을까? 그는 가축화대상 포유류의 가축화 실패 원인을 적어도 6가지는 찾을 수 있다고 한다.
①식성: 어떤 동물이 식물이나 다른 동물을 먹을 때 그 먹이가 가진 생물자원이 소비자에 생물자원으로 환원되는 효율은 100%에 훨씬 못 미친다. 대개는 10%수준에 불과하다. 즉, 체중 450kg의 소를 키우려면 옥수수 4,500kg이 필요하다. 더구나 체중 450kg에 육식 동물을 키우기 위해서는 옥수수 45,000kg을 먹고 자란 초식동물 4,500kg을 먹여야 한다. 이렇게 근본적인 비효율성 때문에 육식성 포유류는 단 1종도 식용으로 가축화되지 못했다(고기가 질기다거나 맛이 없어서가 아니다).

---

242) 재레드 다이아몬드는 톨스토이의 소설 『안나 카레니나』에 나오는 유명한 첫 문장인 "행복한 가정은 모두 엇비슷하고 불행한 가족은 불행한 이유가 제각기 다르다."는 문장을 인용해서 '가축화할 수 있는 동물은 모두 엇비슷하고, 가축화할 수 없는 동물은 가축화할 수 없는 이유가 제각기 다르다.'고 말했다(『총, 균, 쇠』, 김진준, 문학사상사, 2014. 234쪽 참조.).

②성장속도: 가축은 빨리 성장해야만 사육할 가치가 있다. 그러므로 고릴라와 코끼리는 기특할 정도로 먹이를 가리지 않고, 많은 고기를 얻을 수 있는데도 불합격이다. 고릴라나 코끼리가 다 자랄 때까지 장장 15년 동안을 묵묵히 기다려줄 수 있는 목장주는 없다.

③감금 상태에서 번식시키는 문제: 우리가 지상에서 가장 빠른 동물인 치타를 옛날부터 수천 년 동안이나 몹시 가축화하고 싶어 했음에도 그 노력이 번번이 틀어진 것도 바로 이 문제 때문이었다.

④골치아픈 성격: 당연한 일이지만 웬만한 크기의 포유류는 대부분 사람을 죽일 수도 있다. 가장 대표적인 예가 회색곰이다. 곰고기는 값비싼 별미이지만 다 자라나서도 길이 들어 얌전한 회색곰은 본 적이 없다.

⑤겁먹는 버릇: 신경이 예민한 종들은 감금상태로 관리하기가 어렵다. 가둬놓으면 겁을 집어먹고 그 충격으로 죽어버리거나 탈출하려고 울타리를 마구 들이받다가 머리가 깨져 죽기 십상이다. 가젤이 그러한 경우이다.

⑥가축화하기에 적합한 사회적 구조를 가지고 있지 않다(반대로 사회적 구조는 가축화하기에 이상적이라는 입장에서 설명해야겠다). 가축은 무리를 이루어 살고, 우열 위계가 잘 발달되어 있고, 각각의 무리는 배타적 세력권이 아니라 중복되는 행동권을 갖는다. 인간들은 결과적으로 이 위계질서를 고스란히 물려받을 수 있기 때문에 가축화된 말 무리는 가장 높은 암컷을 따라가듯이 줄지어 인간 지도자를 따라간다. 양, 염소, 소 등은 물론이고 개의 조상(이리) 무리에도 그와 유사한 우열 위계가 있다. 이러한 사회적 동물들은 목축에 적합하다. 야생 상태에서도 조밀한 집단을 이루

고 살아가는 일에 익숙해져 있기 때문이다.[243]

열거한 6가지 다양한 이유로, '가축화하기 쉬운 성향의 동물'과 '가축화하기에 어려운 성향을 가진 동물'로 나뉜다는 것은 주목할 만한 실험결과이다. 정리해 보면, 가축화 적용 기준 중 '식성', '성장속도', '감금상태에서 번식시키는 문제', '골치아픈 성격', '겁먹는 버릇', '사회적 구조' 등의 이유로 (가축화 후보종 148종에) 겨우 14종만이 시험을 통과했다. 굳이 동물의 가축화를 언급한 것은 동물 상호간의 차이가 있다는 것을 말하려 한 것인데, 독자들도 눈치 챘겠지만 증명된 '가축화 경향성 연구 결과'는 인간도 기질 간에 차이가 존재할 수 있다는 가능성에 대한 예로 제시해 본 것이다.

우리는 살다가 보면 전혀 사회에 길들여지지 않는 야생마와 같은 사람을 만날 때가 있다. 그들이 이상하다기보다는 좀 더 자유로운 성향을 지닌 사람들로 사회에 규격화 되는 것[244]을 어려워한

---

243) 재레드 다이아몬드, 『총, 균, 쇠』, 김진준, 문학사상사, 2014. 249-258쪽 참조.
244) 정명正名(명칭에 상응하는 실질의 존재/ 이를테면 군신, 부자에게는 그에 어울리는 윤리와 질서가 존재한다고 보는 것(『표준국어대사전』, 국립국어연구원, 1999. 5430쪽 참조.))에 대해 공자는 '군군신신부부자자君君臣臣父父子子'(임금은 임금답게 신하는 신하답게 아버지는 아버지답게 아들은 아들답게(『論語集註』「顔淵」, 성백효, 전통문화연구회, 2004. 240-241쪽 참조.))라 말한다. '~답다'는 기준이 어떻게 정해지는가에 대한 명쾌한 해설이 돋보이는 『이데올로기 청부업자들』에서는 고용주로 통칭되는 권력자들이 전문가가 되고 싶은 사람들에게 고용주에 맞는 이데올로기적 훈육을 통해 자신도 모르게 힘있는 자들의 입장을 살피는 혹은 대변하는 사회적 구조에 대해 말하고 있다. 예를 들면 미국에서 하루에 1천 2백 명의 사람이 흡연으로 죽는다는 공중보건 학자들이 제시한 통계치에 대해, 담배회사들은 저명한 관련 대학교수들 (전문가집단)을 통해 담배가 안전하고 중독성이 없다는 연구결과를 과

다는 것을 위의 실험을 통해 알 수 있었다. 물론 율곡의 이론을 중심으로 그 근거를 밝히겠지만, 본문에 앞서 기질의 경향성에 대한 이해를 돕기 위해 '동물 가축화'의 예를 들어 보았다.

2) 기질氣質과 음양陰陽

율곡이 말하는 기질에 관해,『주역』「계사전」에 "한 번 음陰하고 한 번 양陽하는 것을 일러 도道라 하니, 그것을 잇는 것을 선善이라 하고, 그것을 이룬 것을 성性이라 한다."245)는 것은 음양陰陽 운동이론의 기반이 된다. (Ⅰ장 서론 3. 기질론에 앞서 알아둘 용어들 1) 음과 양 참고.)

율곡 기질론의 가장 기초적 단위는 음양陰陽이라고 말할 수 있다. 이는 음양으로부터 인간을 포함한 모든 만물이 생겨난다는 것이며, 어떤 일이 일어날 '경우의 수'가 음과 양으로 표현될 수 있다는 것이다. 즉 음양은 우주 만물을 구성하고 세계의 모든 운동을 창출해내는 상반된 성질의 두 가지 기본 요소이다.246)

학저널, 언론, 의회청문회, 법정에서 내놓아 진실을 호도糊塗하였다. 하나 더 예를 들면, 학교의 중요한 역할은 사회화 즉 가치관과 태도, 관점을 전수하는 것이다. 이를테면 학교는 학생들에게 산수, 국어, 역사뿐 아니라 지시를 잘 따르고, 빡빡한 시간표를 지키고, 권위를 존중하고, 지루함을 견디도록 가르침으로써 학생들을 노동자로 준비시킨다. 학교에서의 이러한 교육과정에는 현 질서의 이데올로기가 내재되어 있다. 따라서 전문가(예를 들면 교사)가 지닌 객관성이란 바로 내재된 이데올로기에 맞서지 않음을 가리킨다(제프 슈미트,『이데올로기 청부업자들』, 배태섭·노윤호, 레디앙, 2012. 51-52/57-58쪽 참조.).
245)『周易傳義』下, 성백효, 전통문화연구회, 2004. 534쪽.「繫辭傳」一陰一陽之謂道 繼之者善也 成之者性也
246)『유교대사전』, 박영사, 1990. 1154-1155쪽 참조. 음양.

아래에 있는 글은 율곡이 살았던 당시 국가 현안에 대한 해결책을 논문으로 풀어 작성한 「역수책」인데, 율곡이 29세(1564년)에 명경과明經科에 장원급제한 책문策文에서 옮긴 것이다.247)

역 속에 태극이 있어 이것이 양의兩儀인 음양을 낳고 양의가 사상四象을 낳고 사상이 팔괘八卦를 낳는 것인데, 성인이 우러러 천문을 보시고 굽어 지리를 살피셨으니 천지 사이의 온갖 만물이 일음一陰 · 일양一陽의 이치가 아님이 없습니다.248)

위 글을 설명하면, 역易에 대하여 『설문해자說文解字』에, 역의 자형字形은 도마뱀(석역蜥易)으로, 도마뱀이 상황에 따라서 몸의 색깔을 바꿀 수 있다는 것에서 유래했다고 한다. 이러한 역의 의미는 여러 가지가 있지만, 자연의 변화법칙인 도道를 의미하며 구체적인 변화 법칙을 음과 양의 대대對待 즉 대립적인 두 가지 성질의 순환 운동으로 파악하여249) 역(태극) → 음양 → 사상四象 → 팔괘八卦를 낳는 구조250)라고 설명하고 있다. 이것은 천문天文과 지리地理에

---

247) 임채우, 「「역수책」에 보이는 율곡의 역학관」, 『율곡학연구』 제8집, 율곡연구원, 2019. 83/113쪽 참조. 율곡 역학의 특징은 이론적인 독창성에서 찾아야할 것이 아니라, 시대적 배경과의 연관 속에서 주역 철학을 실제 현실에 구현하고자 하던 실천성에서 찾아야 할 것이라고 말한다.

248) 『栗谷全書』 1, 305쪽 14:49a 「雜著」 易數策. 易有太極 是生兩儀 兩儀生四象 四象生八卦 聖人仰觀俯察 天地之閒 萬物之衆 無非一陰一陽之理

249) 『유교대사전』, 박영사, 1990. 925-927쪽 참조. 역易.

250) 사상四象 - 음양陰陽의 네 가지 상징인 태양, 태음, 소양, 소음을 통틀어 이르는 말(『표준국어대사전』, 국립국어연구원, 1999. 3128쪽 참

서 만물이 가지는 이치인 것이다.

　　대체로 보아 형이상形而上은 자연의 이치이고 형이하形而下는 자연의 기운입니다. 이치(리理)가 있으면 이 기운(기氣)이 있지 않을 수 없고 이 기운이 있으면 만물을 내지 않을 수 없습니다. 이 기운이 동動하면 양陽이 되고 정靜하면 음陰이 되니, 한번 동하고 한번 정하는 것은 기운(기氣)이고 동하게 하고 정하게 하는 것은 이치(리理)입니다. 음양이 나누임에 천지가 비로소 개벽되고 천지가 개벽함에 만물의 변화가 생기는데, 그렇게 된 것은 기운(기氣)이고 그렇게 되는 까닭은 이치(리理)입니다. 그러나 저는 누가 이것을 주장하는지 알 수 없습니다. 자연히 그렇게 되는 것에 지나지 않을 뿐입니다.251)

　　율곡도 이러한 변화에 대해 성인이 우러러 하늘을 관찰하고 구부려 땅을 살핀 기록이 있지만 누가 주장하는지 알 수 없고 자연히 그렇게 되는 것일 뿐이라고 말한다.
　　자연법칙은 대체로 형이상形而上은 자연의 리理이고 형이하形而下는 자연의 기氣로, 리理가 있으면 이 기氣가 있지 않을 수 없고 이 기氣가 있으면 만물을 내는 것이라고 하는데, 이 기氣가 움직이면 양이 되고 고요하면 음이 되니, 한번 움직이고 한번 고요한 것은

　　　조.). 팔괘八卦 - 중국 상고 시대에 복희씨가 지었다는 여덟 가지의 괘. 『주역』에서 세상의 모든 현상(천天·지地·인人)을 음양과 겹치어 여덟 가지의 상으로 나타낸 ☰건乾, ☱태兌, ☲이離, ☳진震, ☴손巽, ☵감坎, ☶간艮, ☷곤坤을 이른다(『표준국어대사전』, 국립국어연구원, 1999. 6518쪽 참조.).
251) 『栗谷全書』1, 304-305쪽 14:48b-49a 「雜著」 易數策. 夫形而上者 自然之理也　形而下者　自然之氣也　有是理則不得不有是氣　有是氣則不得不生萬物　是氣動則爲陽, 靜則爲陰　一動一靜者　氣也　動之靜之者　理也　陰陽旣分　二儀肇闢　二儀旣闢　萬化乃生　其然者　氣也　其所以然者　理也　愚未知孰主張是　不過曰自然而然耳

기氣이고, 그렇게 되는 까닭은 리理라고 한다. 다시 말해 음양이 나누어짐에 천지가 처음 생기고 만물의 변화가 생기는데, 그렇게 된 것은 기氣이고 그렇게 되는 까닭은 리理라는 것이다.

성리학에서는 역易에 대해 철학적 성격으로 해석하여 물질변화의 원리를 리理로, 물질을 기氣로 개념화하고 있다.252) 그리고 율곡은 사람이 태어날 적에는 다 같이 음양陰陽의 기氣를 받지만 혹은 바름(정正)으로써 기르고 혹은 치우침(사邪)으로써 길러, 사邪와 정正이 비록 다르나 기른다는 측면에서는 동일한 것253)이라고 설명한다.

물었다. 양陽이 변하고 음陰이 합하여 만물이 생성한다는 것은 어떤 것인가. 대답하였다. 사람과 만물이 날 때, 양은 기氣가 되고, 음은 질質이 된다. 그런 까닭에 음양이 서로 의지하여 만물이 나는 것이다. 물었다. 어떻게 그것이 그러한 줄 아는가. 대답하였다. 기氣라는 것은 형상은 없으나 상상할 수는 있다. 그러므로 양이 맑아서 사람과 만물의 혈기가 되는 것이며, 질質이란 것은 형체가 있어 생각할 수 있다. 그러므로 음이 탁하여 사람과 만물의 형체가 되는 것이다.254)

---

252) 『유교대사전』, 박영사, 1990. 927쪽 참조. 역易./ 이원태의 논문 「왕필과 이천의 의리역 비교 연구」(연세대 박사학위논문, 1998.)에는 점복 占卜에서 의리역義理易으로 가는 단계를 통해 역易이 철학적 관점으로 바뀌는 과정을 자세히 다루고 있다.
253) 『栗谷全書』 2, 540-541쪽 拾遺4:21b-22a 「雜著」 死生鬼神策. 且人之生也 同受陰陽之氣 而或養之以正 或養之以邪 邪正雖殊 而養之則一也.
254) 『栗谷全書』 2, 240-241쪽 31:25b-26a 「語錄」 上. 曰 陽變陰合 而萬物生焉何也 曰 人物之生也 陽爲氣而陰爲質 故陰陽相須而萬物生焉 曰 何以知其然也 曰 氣者無形可想 故陽明爲人物之血氣 質者有形可想 故

사람이 태어날 때 기질은 음양陰陽이 서로 의지하는 활동에 의해 양陽은 기氣가 되고, 음陰은 질質이 되어 생긴다는 것이다. 기질을 만드는 음양의 특징은, 양은 맑아서 사람의 생명을 유지하는 피의 기운(혈기血氣 : 힘을 쓰고 활동하게 하는 원기255))이 되는 것이고, 음은 탁하여 사람의 형체形體(물건의 생김새나 그 바탕이 되는 몸체256))가 된다.

기질 발생의 입장에서 풀어보면, '일기一氣의 근원은 담연湛然히 청허淸虛한데 오직 그 양陽이 동動하고 음陰이 정靜하며 혹시 상승하기도 하고, 혹시 하강하기도 하다가, 어지럽게 날아다니는 사이에 합하여 질質을 이루게 된다'257)고 말한다. 그러므로 기질을 만들고 분류하는 원리로 음양을 든 것이다. 이에 관해서는 본문 'Ⅳ. 율곡 이이의 기질분류'편에서 더 상세히 알아보기로 하자.

陰濁爲人物之形體也
255) 『표준국어대사전』, 국립국어연구원, 1999. 6893쪽 참조. 혈기血氣.
256) 『표준국어대사전』, 국립국어연구원, 1999. 6910쪽 참조. 형체形體.
257) 『栗谷全書』 1, 468쪽 21:13a 「聖學輯要」 矯氣質章. 一氣之源 湛然 淸虛 惟其陽動陰靜 或升或降 飛揚紛擾 合而爲質

III. 기질분류법

1. 기질분류의 예시

　동아시아 미학美學(자연이나 인생 및 예술 따위에 담긴 미美의 본질과 구조를 해명하는 학문258))의 모태인 주나라(B.C. 1046 - B.C. 771)의 문예사상은 '구체적 개별 개념'을 사유의 출발점으로 삼고 있다. (여기서 '개념'이라는 말은 '여러 관념 속에서 공통된 요소를 뽑아내어 종합하여서 얻은 하나의 보편적인 관념'이라고 정의한다) 또한 하나의 '보편적인 관념으로서의 개념'은 언어로 표현되며, 일반적으로 판단에 의하여 얻어지는 것이나 판단을 성립시키기도 한다.259) '구체적 개별 개념'이 사유를 종합하여 '보편적 관념으로서의 개념'이 되기 위해서는 공시성과 통시성을 갖추어야 한다고 말한다.
　공시성共時性은 가로 방향으로 잘랐을 때 보이는 측면이며 통시성通時性은 세로 방향으로 잘랐을 때 보이는 측면이라고 풀어볼 수 있다. 리빙하이는 (동아사아사람260)들은) 공시성과 통시성을 함께 갖춘 범주를 자연스럽게 불변의 진리 - 예를 들면 예와 악 - 로 간주했다고 한다. 이는 다른 말로 하면 짝 개념이라고 할 수 있는

---

258) 『표준국어대사전』, 국립국어연구원, 1999. 2364쪽 참조. 미학美學.
259) 『표준국어대사전』, 국립국어연구원, 1999. 187쪽 참조. 개념槪念.
260) 번역한 신정근은 원서의 제목이 『주대문예사상개관周代文藝思想槪觀』인데 『동아시아 미학』으로 바꾸었다. 원서에서 '주나라'는 실제로 특정한 시대에 국한된 나라가 아니라 동아시아 미학의 모태이자 훗날의 다양한 변화를 품고 있는 자원을 가리키는 말이라면서 '주나라'를 '동아시아'로 확장한다고 해서 왜곡이 되지는 않을 듯하다고 말한다(리빙하이, 『동아시아 미학』, 신정근, 동아시아, 2011. 15쪽 참조.).

데, 가령 문文과 질質(형식과 내용, 꾸밈새와 본바탕, 화려미와 소박미), 성性과 정情(본성과 감정), 예禮와 악樂(몸과 정신, 거리두기와 가까이하기, 억제와 발산), 중中과 화和(들어맞음과 어울림), 은隱과 현顯(숨김과 드러냄 (또는 암시와 명시, 간접 표현과 직접 표현)), 충忠과 신信(충실과 신뢰), 형形과 신神(몸과 정신), 기氣와 미味(기와 맛), 강剛과 유柔(굳셈과 부드러움), 동動과 정靜(움직임과 고요함), 청淸과 탁濁(맑음과 흐림), 허虛와 실實(비어있음과 차 있음) 등을 그 (짝개념의) 예로 들 수 있다261)는 것이다.

그러므로 다음 장에서는 짝 개념 중 하나인 예禮와 악樂을 골라 기질분류의 예로써 제시해 보려 한다.

1) 예禮 · 악樂

예禮자에 대해 『설문해자금석說文解字今釋』에서는 '신에게 제사를 지내며 복을 구하는 일'262)이라는 뜻으로 풀고 있는데, 이에 대해 유권종은 그의 논문 「유교 문화의 형식과 내용」에서 '예禮자의 기원이 제사의 거행에 있음'을 시사하고 있다263)고 한다. 이러한 뜻이 세월이 지나면서 예禮라는 것은 '사람이 마땅히 지켜야 할 도리264)'로 정의되었다.

악樂자에 대해서도 『설문해자금석』에서 '오성五聲(다섯 음률. 궁

---

261) 리빙하이, 『동아시아 미학』, 신정근, 동아시아, 2011. 15/38/42/60쪽 참조(12개의 짝개념은 목차에서 가져옴).
262) 『說文解字今釋』上冊, 岳麓書社, 2014. 6쪽 참조. 예禮.
263) 한국사상사연구회(유권종), 『조선유학의 개념들』「유교 문화의 형식과 내용」, 예문서원, 2011. 511쪽 참조.
264) 『표준국어대사전』, 국립국어연구원, 1999. 4431쪽 참조. 예禮.

宮·상商·각角·치徵·우羽)과 팔음八音(여덟 악기 소리. 사絲·
죽竹·금金·석石·포匏·토土·혁革·목木)의 총칭'이라고 풀이
하면서 아울러 악樂자를 '幺白幺'와 '木'로 구분하여 '북치는 모양'
(幺白幺)과 '북 발 받침대'(木)로 설명하고 있다.265) 악樂자는 락
(낙)자로 읽기도 하는데 『표준국어대사전』에서는 '살아가는 데서
느끼는 즐거움이나 재미'266)라고 풀고 있다.

이 장에서는 공자가 말한 예禮와 악樂에 관하여 『예기禮記』(의례
의 해설 및 음악·정치·학문에 걸쳐 예의 근본정신에 대하여 서
술한 책267))에서 찾아 논해 보기로 하자.

공자는 도덕개념의 확충으로써 예禮를 인간을 위한 문화와 이상
적인 국가로 나아가는 방법으로 선택하였다. 다시 말해 예禮는, 도
덕적 의미가 강해져 인간과 인간 사이의 관계를 조화롭게 하는 형
식으로 나타나게 되었다. 반면 육예六藝268)의 교육과정 중 하나인
악樂은 교화의 기능을 부여함으로써 넓은 계층에서 악을 통해 교
육받을 수 있도록 하여 사람의 성정을 조화롭게 하고자 하였다.
악樂은 귀족의 전유물에서 일반화된 교육의 개념으로, 비교적 대
중화 되어 사람들을 다스림에 강압적인 법과 형벌로써 하기 보다
는 예술적인 방법을 통해 자발적으로 하게 하였다.269)

---

265) 『說文解字今釋』 上冊, 岳麓書社, 2014. 808쪽 참조. 악樂.
266) 『표준국어대사전』, 국립국어연구원, 1999. 1076쪽 참조. 락樂.
267) 『표준국어대사전』, 국립국어연구원, 1999. 4433쪽 참조. 예기禮記.
268) 고대 중국 교육의 여섯 가지 과목으로 예禮, 악樂, 사射, 어御, 서書,
수數를 이른다(『표준국어대사전』, 국립국어연구원, 1999. 4821쪽 참조.
육예六藝.). 육예는 예절, 음악, 활쏘기, 말타기, 글쓰기, 셈하기로 풀어
볼 수 있다.
269) 공혜진, 「공자의 예술정신에 관한 연구」, 연세대 석사학위논문,

정리해 보면, 예·악은 '개인에게 있어서는 인격완성의 한 조건'이며, 더불어 '사회·정치적으로는 질서의 근본'이라고 할 수 있다.270)

악은 마음속에서 움직이는 것이요, 예라고 한 것은 밖에서 움직이는 것이다. 악은 화和를 다하게 되고, 예는 순順함을 다하게 된다. 마음속이 화하고 밖이 순하면 사람들이 그 얼굴빛만 보아도 서로 다투지 아니하고, 그 용모를 바라보기만 하여도 사람들은 쉽게 여기거나 업신여기는 생각을 하지 않는다. 그런 까닭에 인간으로서 덕德이 빛나 마음속에 움직이면 사람들이 받들지 않는 자가 없으며, 리理가 밖으로 발로하면 사람들이 받들어 순응하지 않는 자가 없는 것이다. 그러므로 예악의 도를 이루어 이것으로 시행한다면 어려운 일이 없을 것이다.271)

율곡은 『예기禮記』「악기樂記」에 나오는 예·악에 관하여 '『율곡전서』「성학집요」수기공효 장'에서 인용하고 있다.272)

2006. 7-8쪽 참조.
270) 『유교대사전』, 박영사, 1990. 970-971쪽 참조. 예악론.
271) 『栗谷全書』1, 497쪽 22:24ab 「聖學輯要」 修己功效章. 樂也者 動於內者也 禮也者 動於外者也 樂極和禮極順 內和而外順 則民瞻其顔色而弗與爭也 望其容貌而民不生易慢焉 故德輝動於內而民莫不承聽 理發諸外而民莫不承順 故曰致禮樂之道擧而錯之天下無難矣
272) 『栗谷全書』1, 495쪽 22:21a 「聖學輯要」 修己功效章. 臣按 用功之至 必有效驗 故次之以功效 以盡知行兼備 表裏如一 入乎聖域之狀〔신이 살펴보건대, 쓰는 힘이 지극하면 반드시 효험效驗이 있는 데에 이르는 것이므로, 다음에는 공효를 차례로 두었습니다. 그리하여 지知와 행行이 아울러 갖추어지고〔겸비兼備〕, 표리表裏가 하나같이 되어, 성인聖人의 경지에 들어가는 상태까지 다 말하였습니다.〕 율곡도 「성학집요」 수기공효장修己功效章 서두에 자신의 몸과 마음을 닦을 때 나타나는 효과는 ①지와 행이 아울러 갖추어짐〔지행겸비知行兼備〕 ②표리가 하나같이 됨〔표리여일表裏如一〕 ③성인의 경지에 들어가는 상태〔입호성역지상

먼저 예·악을 '마음속에서 움직이는 것과 밖에서 움직이는 것'으로 구분하고 있다. 이에 대해 자세히 설명하면 예禮는 몸에, 악樂은 마음에 제각각 대응한다는 점에서 둘은 차이를 띠고 있다. 예는 주로 사람이 실천과정에서 자기 자신을 인식하는 것이고, 악은 주로 마음속에서 일어나는 자아관조라고 구분해 볼 수 있다. 또한 예는 사람의 신체 동작을 가리키는 것으로 예에 따른 자세가 밖으로 드러나게 된다. 악은 사람의 사상, 감정을 가리키는 것으로 사람으로 하여금 "덕성의 빛이 마음에서 반응한다(마음의 빛이 내면에서 비춘다)."고 말할 수 있을 것이다. 이때 덕德은 사람의 영혼(정신) 활동을 가리킨다.273)

다음으로 예·악은 '조화를 다하는 것과 순종함을 다하는 것'으로 구분하는데 그 의미는 거리두기(존경(경敬))를 강조하면서 동시에 가까이하기(사랑(애愛))를 강조하는 것으로 볼 수 있다. 악은 서로 같아짐(동同)과 조화로움(화和)에 관계하므로 사람들을 서로 반기며 좋아해서 가까워지게 한다. 예는 서로 달라짐(이異)과 차등 지음(별別)에 관계하므로, 그것의 기능은 사람으로 하여금 의젓하고 공손하게 굴도록 만든다. 그리고 예는 인간을 귀천(신분)에 따라 차등을 두고 존비(지위)에 따라 차별을 하고 장유(나이)에 따라 서열을 매긴다. 이것은 사람을 이런저런 방식으로 구별하여 어

入乎聖域之狀)라고 말한다. 나는 이것을 공식으로 만들어 보았는데, ① + ② = ③, 지와 행이 아울러 갖추어지고 마음의 안과 밖이 하나같이 될 때 그것이 성인의 경지에 들어가는 상태라고 본 것이다. (이 부분에서 언급하는 것은 ②의 표리여일 중 예·악에 관한 설명이 나오기 때문이다.)
273) 리빙하이, 『동아시아 미학』, 신정근, 동아시아, 2011. 166-168쪽 참조.

울리는 자리에 배치하기 위한 기초가 된다. 악은 바로 사람을 하나의 유대(끈)로 묶어주게 하는데, 이 유대는 부드럽고 따뜻한 정감이 넘쳐흐르게 된다.[274]

마음속이 악으로 조화하고, 밖이 예로 순종하면 사람들이 그 얼굴빛만 보아도 서로 다투지 않고, 그 용모를 바라보기만 해도 쉽게 여기거나 업신여기는 생각을 하지 않게 되는 효과가 나타난다고 한다. 그러므로 인간으로서의 '공정하고 남을 넓게 이해하고 받아들이는 마음이나 행동[275]'(德德)이 빛나 마음속에서 움직이면 사람들이 받들어 듣지 않는 자가 없을 뿐만 아니라 '사람이 거스르지 아니하고 행하는 도리'(理理)가 밖으로 드러나면 나라사람들이 받들어 순응하지 않는 자가 없는 효과가 드러난다고 볼 수 있을 것이다.

사람의 입장에서 보면 예와 악은 발산의 측면도 있고 억제의 측면도 있다. 안(내면)에 있는 것은 모두 바깥으로 드러나므로 사람의 사상, 감정은 일정한 양식으로 표현되어야 한다.

악樂은 사람의 사상, 감정을 충분하고 완전하게 표현하게 한다. 악은 사람에게 내재되어 있는 욕구의 산물이며, 안에서 밖으로 표현되는 발산성과 관련이 된다. 예는 이와 다르다. "성실을 나타내고 거짓을 없애는 것이 예의 경이다."(『악기樂記』「악정樂正」저성거위著誠去僞 예지경야禮之經也)라고 하듯이 성실을 드러내는 것은 성실을 확고하게 세우는 것인데, 성실을 확고하게 세우려면 거짓을 없애야 한다. 따라서 이것은 마음을 수양하는 과정으로 사람에 적용하면 예는 주로 욕망을 만족시키고 감정을 표현하는 것이 아

---

274) 리빙하이, 『동아시아 미학』, 신정근, 동아시아, 2011. 171-173쪽 참조.
275) 『표준국어대사전』, 국립국어연구원, 1999. 1519쪽 참조. 덕德.

니라 그것으로 하여금 절제하고 한정시키는 것이다. 이처럼 예禮는 외재적 규범이고 사람을 억제하는 측면과 관련이 있다고 볼 수 있다.276)

나는 예·악의 상호작용으로써 예의 경직성은 악의 자유로움으로 보충하고, 악의 방만함은 예의 엄격함으로 제어하면 그 때에 알맞음대로 생각하고 행동을 할 수 있다는 의미로 해석해 보았다. 그러므로 예禮는 드러나는 형식을 만들어내는 것이고, 악樂은 속으로 내용을 채우는 것이라고 이해할 수 있다.

2) 횡橫 · 수설竪說

예禮·악樂에 관한 설명을 그려본다면, 예는 '차등'과 '수의 많고 적음'이 생성되는 수직이라면, 악은 '평등'과 '바탕'(질質)의 '맥락 고려', '특수성 반영', '주관적 해석'277)이 가능한 수평으로 십자가 모양의 좌표가 그려지게 된다. 율곡이 말한 횡설과 수설은 바로 이러한 내용과 형식(수직과 수평)을 말하는 것이라고 볼 수 있다.

횡설수설은 '조리가 없이 말을 이러쿵저러쿵 지껄임'278) 정도로 해석될 수도 있지만 글자의 뜻풀이를 하자면, 가로 횡橫, 말할 설

---

276) 리빙하이,『동아시아 미학』, 신정근, 동아시아, 2011. 184-189쪽 참조.
277)『교육평가용어사전』, 한국교육평가학회, 학지사, 2004. 347쪽 참조. 질적 기준.
278)『표준국어대사전』, 국립국어연구원, 1999. 7060쪽 참조. 횡설수설橫說竪說.

說, 세로 수豎, 말할 설說 로서 가로로 말하고 세로로 말한다는 것이다. 더 간략하게 가로는 수평적, 세로는 수직적 특징을 가지고 있다. 수평적이라는 것은 위아래의 차별이 없는 '내용'을, 수직적이라는 것은 위아래의 차등이 있는 '형식'이라고 정의해 볼 수 있다.

일반적으로 가난한 사람이나 부자나 하루 세 끼 밥 먹는 것은 똑같다는 말을 쓴다. 일단사일표음一簞食一瓢飮, 반소사음수飯疏食飮水, 소사채갱疏食菜羹이라는 말이 『논어』[279]에 나오는데, 그 뜻은 '한 그릇의 밥(사食)과 한 표주박의 음료', '거친 밥을 먹고 물을 마시는 것', '거친 밥과 나물국'이다. 이것은 곤궁한 환경에 처한 이들의 식사를 일컫는 것으로 어려운 상황에서도 사람은 먹어야 함을 말하는 것이다. 즉 사람이라면 모두 먹으며(식食) 살아간다는 것은 지위고하地位高下를 막론하고 당연한 것이라고 이해할 수 있다. 하지만 식사로 산해진미山海珍味를 먹을 수 있는 사람은 제한적일 것이다. 이것은 현실을 살아가다보면 평등해야하는 조건에서도 차등이 생기는 현상이 공존한다는 것을 의미한다.

여기까지 설명하다 보니, 평소에 나의 관심사 중 하나인 예술의 관점에서도 횡·수설 이론을 적용해 보고 싶어진다.

"예술의 창조활동은 철저히 개인적인 것이다. 그러나 그 결과인

---

279) 『論語集註』 「雍也」/「述而」/「鄕黨」, 성백효, 전통문화연구회, 2004. 113/136/196쪽 참조. 유교 경전인 사서四書의 하나. 공자와 그의 제자들의 언행을 적은 것으로, 공자 사상의 중심이 되는 효제孝悌와 충서忠恕 및 인仁의 도道에 대하여 설명하고 있다(『표준국어대사전』, 국립국어연구원, 1999. 1249쪽 참조. 논어論語.).

예술작품은 또 철저히 사회적인 것이다."라고 비평가들은 말을 한다. 때로는 많은 예술가들이 자신을 위해서만 창작활동을 한다고 주장할 수 있겠지만 그 주장은 예술가 자신이 예술에 대한 순수성을 가져야 한다는 것을 의미하는 것이다. 다시 말해 예술가들은 자신을 위해서만 창작활동을 한다고 주장하지만 자신의 작품에 감탄하며 높이 평가해 줄 수 있는 식별력이 있고 안목이 있는 대중들이 존재하기를 바란다. 예술 작품은 사회적 반응과 사회적 수렴을 요구하고 또 적용되어진다. 이것은 작가의 사상과 감정을 많은 대중들에게 보다 아름답게 전달하기 위하여 여러 종류의 예술적 언어들이 사용되고 있다는 것을 말한다.

시각예술 역시 그러한 언어의 한 영역을 차지하고 있으며, 개인의 표현적 도구로만 국한되는 것은 아니다. 즉 작가가 작품을 생산할 당시 사상과 감정은 그 시대 정서와 미적 감정을 내재하며, 그러한 작품들은 역사 속에 혹은 시대의 대중들에게 궁극적으로 객관성을 획득하려는 노력에서 창조되어진다. 그러므로 작가는 작품을 통해 시대적·사회적 그리고 예술적 통찰력과 함께 그 책임이 수반되어지는 측면도 있다. 이렇듯 작가가 창조해 놓은 작품은 작가의 의도에 관여치 않고 대중들에 의한 사회적·경제적·시대적 기능을 갖게 되는 것이다. 따라서 이러한 변화에 대한 긴밀한 유기적 관계 속에 연계되어 있다고 할 것이다. 그러므로 예술작품은 곧 그 시대를 대변하는 사회적 생산물인 것이다.[280]

예술가의 창조활동은 사물에 대한 자신만의 관점을 캠퍼스와 그 밖에 오브제를 통해 투영시켜 표현하는 예술 활동이라고 할 수 있

---

[280] 장경화, 「미술관의 사회적 기능과 제 역할」, 월간 미술세계 5월호, 1993. 61쪽 참조 및 재인용(예술의 사회적 지위, 1950, 오지호).

지만 미적 대상에 대해 예술가 자신만의 느낌을 승화시켜 표현하는 것으로도 볼 수 있다. 예술가의 창조활동의 결과, 예술작품으로 대중들에게 전시될 때는 지극히 개인적인 창작활동이 관람자들의 관점으로 전환되어 작가와의 공감을 시도하게 된다. 이것은 주관인 대중들과 객관인 예술작품이 만나는 것으로 작가의 의도가 획일화되어 감상자에게 전달되지는 않는다. 반대로 주관적인 예술작품이 동시에 객관적인 대중들을 만나는 것이기도 하다.

나는 여기서 예술가의 창조활동과 예술작품이 창작되는 과정은 수평적인 일이지만 동시에 전시되어 대중들에게 선보이는 일은, 수직적인 일이라고 적용해 보았다. 이러한 창작과정과 창작과정을 거쳐 나온 예술작품이 동전의 앞뒷면과 같이 불가분의 관계에 있는 것처럼 횡설과 수설은 한 사건의 두 측면이라고 표현할 수 있을 것이다.

다시 말해서 '밥'과 '예술'을 예로 들어 횡설수설을 설명했지만 율곡은 횡·수설에 대해 어떻게 설명하고 있는지 살펴보자.

> 성현들의 말씀은 어떤 때에는 가로로 논하기도 하고(횡설橫說) 어떤 때에는 세로로 논하기도 합니다(수설竪說). 그 이유는 횡설수설이 각기 지시하는 것이 다르기 때문입니다. 그러므로 세로로 논의한 것을 가로에 맞추려 하거나, 가로로 논의한 것을 세로에 부합시키려 한다면 그 취지를 잃을 수도 있을 것입니다.281)

위 문장(횡설수설)으로, 세상에서 일어나는 일을 수평과 수직으로 어떻게 정의하여도 두 가지 측면이 항상 공존한다는 것을 알

---

281) 『栗谷全書』 1, 192쪽 9:34b 「書」— 答成浩原 壬申. 聖賢之說 或橫或竪 各有所指 欲以竪準橫以橫合竪則或失其旨矣

수 있었다.

　율곡은 진리(성현들의 말씀)에 대해 수평적인 측면에서 사리事理를 밝히기도 하고, 수직적인 입장에서 헤아리기도 한다고 말한다.282) 그 이유는 횡설수설이 각기 가리키는 것이 다르기 때문이라는 것인데, 세로로 논한 것(수설竪說)을 가로로 논한 것(횡설橫說)에 맞추거나 횡설을 수설에 합치려고 한다면 진리의 본래 의미를 잃을 수 있다고 설명한다.

　나는 횡설·수설을 한 상황에 동시에 존재하는 액면과 이면이라 정리하면서, 이번 장을 드라마 속 일화로 마무리 해 보려 한다.

　어느 한 부부가 있었다. 어느 주말 오후에 아내는 남편에게 "오늘은 날씨가 좋아. 내일은 비가 온데."라고 말하니 남편은 아내의 말이 무슨 뜻인지 눈치 채지 못했다. 드라마 결말에 보니, 정답은 "오늘은 꼭 드라이브가자."라는 이면의 뜻이 있었다. 시트콤처럼 웃음을 자아내는 장면이지만, 모든 상황은 항상 두 가지 면이 공존하며, 액면이 전체가 될 수도 이면만이 홀로 존재할 수도 없음을 나타내는 일화라고 볼 수 있다. 그러므로 율곡의 설명으로 적용해 볼 때, 참된 이치는 횡설과 수설이 교차하는 상태 어딘가에 있음으로 무조건 어느 한쪽만이 전부라고 단정 지어서는 안 된다는 것이다.

---

282) 『栗谷全書』 1, 423쪽 19:12b 「聖學輯要」 統說章 참조(신이 살피건대, 성현의 말씀이 세로로 말하기도 하고 가로로 말하기도 하여, 한 마디 말로 체體와 용用을 다한 것도 있고, 여러 가지 말로 한 실마리만 말한 것도 있습니다(臣按 聖賢之說 或橫或竪 有一言而該盡體用者 有累言而只論一端者).).

2. 『논어』 · 『중용』에서의 기질 분류
- 글자를 중심으로 -

1) 생지안행生知安行 · 학지이행學知利行 · 곤지면행困知勉行

이번 장부터는 좀 더 학문적 관점에서 기질론에 접근해 보기로 하자. 기질분류에 앞서 『논어』와 『중용』에서 말하는 지知 · 행行에 관하여 먼저 알아보려 한다. 이것은 기질교정의 방법론을 결정짓는 중요한 요소가 되므로, 지知와 행行에서 시작해 보자.

『논어』에서 공자는 "태어나면서 아는 자(생이지지자生而知之者)가 높은 수준이요, 배워서 아는 자(학이지지자學而知之者)가 다음이요, 통하지 않아도 배우는 것(곤이학지困而學之)이 또 그 다음이니, 통하지 아니한데도 배우지 않으면(곤이불학困而不學) 아래 등급이 된다."고 말하였다.283) 이는 사람의 단계를 나누어 보고 기질이 같지 않음에 대해 대략 네 가지 등급이 있다는 것이다.284)

또한 『중용中庸』에는 노나라의 군주인 애공哀公이 정치상의 일을 물음에 공자께서 말씀하신 중에 "어떤 사람은 태어나서 이것(사람이 마땅히 지켜야 할 도道)을 알고(생이지지生而知之), 어떤 사람은 배워서 이것을 알고(학이지지學而知之), 어떤 사람은 애를 써서 이것을 아는데(곤이지지困而知之), 그 앎에 미쳐서는 똑같습니다. 어

---

283) 『論語集註』「季氏」, 성백효, 전통문화연구회, 2004. 335쪽 참조. 孔子曰 生而知之者上也 學而知之者次也 困而學之 又其次也 困而不學 民斯爲下矣
284) 『論語集註』「季氏」, 성백효, 전통문화연구회, 2004. 335쪽 참조. 言人之氣質不同 大約有此四等

떤 사람은 편안히 이것을 행하고〔안이행지安而行之〕, 어떤 사람은 이롭게 여겨 이것을 행하고〔이이행지利而行之〕, 어떤 사람은 힘써 노력하여 이것을 행하는데〔면강이행지勉强而行之〕, 그 성공함에 미쳐서는 똑같습니다."285)하였고, 『중용中庸』에 대한 주석이 있는 『중용장구中庸章句』에는 "지지知之의 알 바와 행지行之의 행할 바는 '사람이 마땅히 지켜야 할 도'〔달도達道〕를 이른다고 하였다..

 그 분별로써 말하면, 아는 것은 지智요, 행하는 것은 인仁이요, 이것을 알고 성공하여 똑같음에 이르는 것은 용勇이며, 그 등급으로써 말하면 생지生知와 안행安行은 지智요, 학지學知와 이행利行은 인仁이요, 곤지困知와 면행勉行은 용勇이다. 사람의 본성은 비록 불선不善함이 없으나 타고난 기질이 동일하지 않으므로 도道를 들음에 이르고 늦음이 있으며, 도를 행함에 어렵고 쉬움이 있는 것이다. 그러나 능히 스스로 힘쓰고 쉬지 않으면 그 이름은 똑같은 것이다."286)라고 하였다.

 공자는 사람의 능력을 세 단계, 생지안행生知安行, 학지이행學知利行, 그리고 곤지면행困知勉行으로 구분하고 있는데 자세히 살펴보면 지知('나면서', '배워서', 그리고 '막힌 형편에 있는 것')와 행行('편안하게', '이롭게 여겨', 그리고 '힘써서 하는 것')에 따라 나누고 있다.

---

285) 『大學·中庸集註』 「中庸章句」, 성백효, 전통문화연구회, 2004. 88쪽 참조. 或生而知之 或學而知之 或困而知之 及其知之一也 或安而行之 或利而行之 或勉强而行之 及其成功一也
286) 『大學·中庸集註』 「中庸章句」, 성백효, 전통문화연구회, 2004. 88-89쪽 참조. 知之者之所知 行之者之所行 謂達道也 以其分而言 則所以知者 知(智)也 所以行者 仁也 所以至於知之成功而一者 勇也 以其等而言 則生知安行者 知也 學知利行者 仁也 困知勉行者 勇也 蓋人性 雖無不善 而氣稟有不同者 故 聞道有蚤莫(早暮) 行道有難易 然 能自强不息 則其至一也

성인의 덕德은 천지와 함께 일체一體가 되어서 신묘神妙함이 헤아릴 수 없어서 비록 그러한 경지에 도달하기를 기대할 수 없는 것 같지만 진실로 능히 공부를 쌓을 수만 있다면 이르지 못할 것이 없을 것입니다. 사람들은 하지 않는 것을 근심해야지 능력이 없는 것을 걱정하지 않아야 합니다. 요堯·순舜·주공周公·공자 같은 이는 나면서부터 알고 편안하게 행하여(생지안행生知安行) 점차로 조금씩 전진하는 공부가 없었지만, 탕왕湯王·무왕武王 이하는 배워서 알고 이롭게 여겨 행하지(학지이행學知利行) 않은 이가 없었으니, 이미 천성天性에 돌리는 공부가 있었던 것입니다. 이들보다 아래에 있는 자들은 비록 막혔지만 경험해서 알고 힘써 행하였으나(곤지면행困知勉行) 성공成功한 뒤에는 동일同一한 것입니다. 사람들은 정호程顥를 보고 하루아침에 천재가 된 것만을 생각하고 그가 죽도록 애써 공부에 종사한 것은 알지 못하며, 주희朱熹를 보고 바다같이 넓고 하늘같이 높음만을 좋아하고 하루에 조금씩 쌓아올리는 공부에 종사하였음은 알지 못합니다. 그런 까닭에 능히 그의 길을 따라 걸어간 발자국을 밟으면서 그 울타리를 지나서 문지방 안의 깊숙한 곳에 들어가지 못하고, 한갓 앞 사람의 교훈을 가져다가 입에 올리고 있을 뿐 입니다. 이것이 법칙은 눈앞에 있건만 잘 배우는 자가 계속 나오지 않는 까닭입니다.

공자는 말하기를, "성인聖人을 나는 얻어 볼 수 없다. 군자나마 얻어 보았으면 좋겠다." 하였습니다. 성인의 천부적天賦的 자질의 아름다움은 진실로 보통 사람이 미치기를 바랄 수 없는 바이나, 만약 군자라면 타고난 기질의 좋고 나쁜 것을 물론하고 다 배워서 도달할 수 있는 것입니다. (그러하건만) 또한 얻어 볼 수조차도 없는 것은 무슨 까닭이 있겠습니까. 군자로서 전진하고 전진하여 그치지 않는다면, 어찌 성인의 경지에 도달하지 않겠습니까. 처음은 '하고자 할 만한 선'(가욕지선可欲之善)으로부터 시작하여 마침내 천지와 병립하고, 화육을 돕는 경지에 도달하는 것은 다만 지知를 쌓고 행行을 거듭하며

(적지누행積知累行), 그 인仁을 익숙하게 익히기에 있을 따름입니다. 성현이 큰 길을 지시指示함이 명백하고 평탄하건만, 사람들이 잘 지나가는 이가 드무니 어찌 탄식하지 않을 수 있겠습니까.287)

항시 세상 사람들이 그 실상을 구하지 않음을 개탄288)하였던 율곡은 다음과 같이 말하였다.

---

287) 『栗谷全書』 1, 498-499쪽 22:27b-28b 「聖學輯要」 修己功效章. 臣按 聖人之德 與天爲一 神妙不測 雖似不可企及 誠能積累工夫 則未有不至者也 人患不爲 不患不能 若堯舜周孔 則生知安行 固無漸進之功 自湯武以下 莫不學知利行 已有反之之功 下於此者 雖困知勉行 及其成功則一也 人見明道 樂其渾然天成 而不知從事於煞用工夫 見晦菴 樂其海闊天高 而不知從事於銖累寸積 故不能遵其路 躡其步 歷其藩籬 入其閫奧 而徒取前訓 以資口耳 此所以規矩在目前 而善學者不世出也 夫子曰 聖人 吾不得而見之矣 得見君子者 斯可矣 夫聖人天資之美 固有非常人所可企及者矣 若君子則不論天資之美惡 皆可學而及之矣 亦不可得見者 何哉 君子而進進不已 則豈不至於聖域乎 始自可欲之善 終至於參天地贊化育者 只在積知累行 以熟其仁而已 聖賢指示大道 明白平坦 而人鮮克由之 可勝歎哉 嗟乎

288) 『栗谷全書』 1, 185쪽 9:21b 「書」一 答成浩原. 世間本多不虞之譽 而於僕尤甚 此亦命耶 僕讀古書數十遍 然後乃誦 而世人則曰某也一覽輒記 不喜出入 常在一室 則乃曰某也耽讀 不出門外 亦不計疾病 自去歲始披閱實學 則乃曰某也於經傳 精熟無比 苟有稱道 輒過其實 僕亦莫知其故 常嘆世人之不求實也 不意知己之所疑 乃無異於世人也 세상에는 본래 생각하지도 않았던 칭찬이 많은데, 저에게는 더욱 심합니다. 이 또한 운명인가 봅니다. 저는 옛글을 수십 번 읽은 뒤에야 겨우 외우는데, 세상 사람들은 "누구(율곡)는 한번 보기만 하면 곧 기억한다."라고 말합니다. 드나들기를 좋아하지 않고 항상 방 안에 있으면, "누구는 글을 탐독하느라 문 밖에는 나가지 않으며, 또한 병도 생각지 않는다."라고 합니다. 지난해부터 실학實學(실제로 소용되는 학문)을 펴보았는데, "아무개는 경전에 정통하고 익숙한 것이 견줄 곳이 없다."고 말합니다. 말만 했다하면 그 실상보다 지나치니, 저도 그 까닭을 알 수 없습니다. 그래서 항상 세상 사람이 실상을 구하지 않는 것을 개탄했는데, 지기知己(성호원)가 의심하는 것 역시 세상 사람들과 다름이 없을 줄로는 미처 생각하지 못했습니다.

사람이 타고난 기질의 성에는 본시 선악善惡의 일정한 것이 있습니다. 그러므로 공자의 말에 "성은 서로 가까우나 습관은 서로 멀다." 하고 또 "가장 뛰어난 지혜와 아주 어리석음은 변할 수 없다."고 한 것입니다.[289]

임헌규는 그의 책 『소유의 욕망, 이利란 무엇인가』에서 공자의 '성性은 서로 비슷하나 습관은 서로 멀다'는 말은 성삼품설性三品說 〔사람의 본성에는 상·중·하의 세 계급이 있다는 성론性論.〕[290] 으로 해석될 수 있다고 주장했다. 다시 말해 "혹 나면서부터 도리를 알고, 혹 배워서 도리를 알며, 혹 경험하여 도리를 안다."는 『논어』의 이러한 구절은 『중용』의 "나면서부터 도리를 아는 자는 도리를 편안히 행한다〔생지안행生知安行〕. 배워서 도리를 아는 지혜로운 사람은 도리를 이롭게 여겨서 행한다〔학지이행學知利行〕. 막혔지만 경험해서 도리를 아는 자는 힘써 노력하여 도리를 행한다〔곤지면행困知勉行〕."는 말과 맥락을 같이 한다고 설명하였다.[291]

율곡은 인간이 가지고 태어난 기질의 성性에는 본래 선악善惡이 있는데, 선악이 있는 기질의 변화가 가능한 대상은 학지이행자學知利行者와 곤지면행자困知勉行者라는 것이다. 이것은 기질의 교정이 가능한 이들을 명명함에 나면서부터 도리를 아는 생지안행자를 예외로 하고, 교정이 필요하고 가능한 자를 학지이행자, 곤지면행자

---

289) 『栗谷全書』 1, 204쪽 10:16b 「書」 二 答成浩原. 人生氣質之性 固有善惡之一定者也 故 夫子曰 性相近也 習相遠也 又曰 上智與下愚不移
290) 『표준국어대사전』, 국립국어연구원, 1999. 3456쪽 참조.
291) 임헌규, 『소유의 욕망, 이利란 무엇인가』, 글항아리, 2013. 111-112쪽 참조.

로 보는데, 나는 학지이행자의 '이利'자와 곤지면행자의 '곤困'자에 주목하며, 기질분류의 시작을 이 두 글자의 근원을 밝히는 것으로 부터 해 보려 한다.

2) 이利

학지이행자學知利行者(배워서 알고 이롭게 여겨 행하는 자)의 '이利'자의 의미를 『설문해자금석說文解字今釋』에서 찾아보면,
이利는 예리한 기구(섬銛)로 칼 도刀(刂)에 따른다. 조화(화和)가 있은 다음에 이로움利이 있는데, 조화와 살핌(성省.가을에 추수 상태를 살핌, 가을제사)에 따른다.
『주역』「문언전」에 이르기를, "이로움이란 의로움이 조화를 이룬 것을 말한다."고 하였다."292) 이利는 벼 '화禾'와 칼 '도刀'가 결합된 회의문자다. 칼의 의미에 따라 병기구 · 농기구의 날의 예리함을 의미한다.
이러한 계통을 따라 '이인利刃'(날카로운 칼날), '이구利口'(말을 교묘하게 잘함), '이족利足'(발이 빠름) 등의 의미가 파생되었다. 그리고 '이利'는 '칼 혹은 낫으로 벼를 베는 행위' 즉 수확을 의미한다. 벼로 대표되는 농산물을 수확하기 위해서는 우선 때에 맞게 씨를 뿌리고 경작하는 농부의 노고가 있어야 하며, 농산물은 그 노고를 매개로 자연의 원리에 따라 결실을 맺어야 한다. 그래서 모든 것이 때에 알맞게, 마땅함에 맞게 이루어져 순조롭게 조화를 이룬 상태를 '이롭다'고 하였다. 바로 이런 의미에서 '이利'라는 것은 만물의 과정상 자기완성이라는 뜻을 갖게 된다.

---

292) 『說文解字今釋』上冊, 岳麓書社, 2014. 591쪽 참조.

모두가 마땅히 해야 할 것을 온전히 다함으로써 조화를 이룬 뒤에 각자 및 전체에 정당하게 귀속되는 것이 '이로움'이라고 보는 것이다. 그러나 각각의 구성원은 과정의 적합성과 타당성을 따라 행동하기보다는 자신에게 귀속될 결과물을 헤아려 생각하여 그 결과물의 최대화를 추구한다. 다른 사람의 이로움과 전체적인 조화를 무시하고 자기에게 귀속될 결과물이 최대가 될 것을 기대하며 이에 따라 행동하는 사람을 이기주의자라고 한다. 그리고 이들을 성리학에서는 소인小人이라고 불렀다. 나아가 이들이 추구하는 자기만의 이로움을 작은 이익 혹은 사사로운 이익 등으로 규정해 왔다. 이러한 부정적인 소리小利, 사리私利, 이기利己 등과 대립되어 긍정적인 의미의 대리大利, 공리公利, 민리民利, 복리福利 등의 개념이 형성되었다.293)

물었다. 공자는, "이利를 말하는 일이 드물었다."고 하였으니, 역시 때로는 이利를 말하였습니까. 답하였다. "옛날에는 이利와 의義가 동일同一한 것이었는데, 후세에 와서는 이利와 의義가 갈라졌다. 이利를 꾀하면 의義를 해친다고 하는 것도 또한 후세의 밀이다. 그리고 옛날에는 선을 행하면 복을 받고, 악을 행하면 화를 입었다. 그러므로 옛날 사람들은 선을 행하기를 좋아하고 악을 행하기를 좋아하지 않았았다. 이것은 이利와 의義가 일치된 것이다. 후세에는 악을 행하는 사람은 이롭고, 선을 행하는 사람은 이롭지 아니하였다. 그러므로 악을 행하기를 좋아하고 선을 행하기를 좋아하지 아니한다. 이것은 이利와 의義가 갈라진 것이다."294)

---

293) 임헌규, 『소유의 욕망, 이利란 무엇인가』, 글항아리, 2013. 97-98쪽 참조.
294) 『栗谷全書』 2, 251쪽 31:47b 「語錄」 上. 問 子罕言利 則亦必有時言之矣 曰 古者 利義一 後來 利義岐 計利則害義 亦後世之言也 因曰 古者 爲善則福 爲惡則禍 故古人樂於爲善 而不樂於爲惡 是利義一也 後

율곡과 그의 제자들은 『논어』「자한」편의 '공자는 이利를 말하는 것이 드물었다'(자한언리子罕言利)고 말한 것을 예로 들면서 이利에 대해 묻고 답하였다. 그에 따르면 옛날에는 이利와 의義가 동일한 것으로 여겨 선을 행하면 복을 받고, 악을 행하면 화를 입었다고 하였지만, 후세에 와서 이利와 의義가 갈라져 이利를 행하면 의義를 해쳐 악을 행하는 사람은 이롭고, 선을 행하는 사람은 이롭지 아니하였다. 그러므로 사람은 악을 행하기를 좋아하고 선을 행하기를 좋아하지 않는다고 한다. 이것이 이利와 의義가 갈라진 이유라고 말한다.

율곡이 이利에 대한 생각을 제자들과 나눈 또 다른 「어록語錄」(율곡과 제자들이 묻고 답한 말을 간추려 적은 글)에서도 이같은 해석이 보이는데, 오결吳潔이 묻기를, "가령 날이 저문 산길을 도보로 가다가 갑자기 다리를 삐어 걸음을 걸을 수 없어 바위 밑으로 가서 자려고 생각해봐도 또한 호랑이와 표범이 많아 방황하여 답답할 때에, 마침 전에 알던 도적이 말을 몰고 지나가다가 그 위기에 처해 죽게 된 형편을 동정하여 간곡히 말을 타고 가기를 간청한다면, 어떻게 처리해야 하겠습니까?" 하니, 선생이 말하기를, "사람이 죽고 사는 것은 모두 하늘에 달려있는 것이다. 내가 만일 죽을 운명이라면 그 말을 타고 간다 하더라도 어찌 죽지 않을 줄 아느냐. 내가 만일 죽을 운명이 아니라면 노숙露宿을 한다 하여 어찌 살아나지 못할 줄 아느냐. 더구나 그 말을 타지 않는 것은 의義요, 타는 것은 이利이다. 그 의義를 생각지 않고 이利만 취하려고 한다면, 어찌 군자라고 할 수 있겠느냐." 하였다.

世爲惡者利 爲善者不利 故樂於爲惡 而不樂於爲善 是利義岐也

유경有慶이 자리를 피하면서 말하기를, "소생의 의견으로는, 저 사람이 도적이 되기는 하였지만 이미 나와 서로 아는 사이이고 또 다른 의사가 없는 것이라면, 내가 우선 옷을 벗어주고 말을 타고 가도 될 것 같은데, 이 생각이 어떻습니까." 하니, 선생이 말하기를, "그런 것은 반드시 그 때를 당하여 형편을 보아서 처리할 것이지, 미리 예측할 수 없는 것이다. 그러나 군자가 평일에 마음을 가질 적에 반드시 의義로써 이利를 삼아야만 천하의 일을 처리하는 데에 거의 실수가 없을 것이다." 하였다.295)

율곡은 인간이라면 누구나 자신의 이로움을 추구하는 존재로서 주릴 때는 먹고 싶고, 목마를 때는 마시고 싶고, 추울 때에는 입고 싶고, 가려울 때에는 긁고 싶은 것이지만 그 기준을 의義로써 이利를 삼을 때 실수가 없음을 말하고 있다.

그러므로 학지이행자學知利行者의 이행利行의 의미가 '이롭게 여겨 행하는 것'으로 해석해 볼 수 있다면, 학지이행자는 의義가 아니라 이利의 유무有無에 따라 움직일 가능성이 있는 존재임을 짐작할 수 있다. 즉 기질적 입장에서 이행利行은 의義와 이利가 서로 상충될 때 이利의 입장에서 행동하게 된다는 의미라고 볼 수 있다. 혹자는 이利를 탐貪과 같다296)고 하는데 그 의미가 서로 통하는 것이다.

---

295) 『栗谷全書』 2, 268쪽 32:19ab 「語錄」下. 吳潔問曰 假令山路日暮 徒步而行 暴得頓脚 不能運步 思欲投宿巖底 而又多虎豹 彷徨悶鬱之際 適有所知賊人 驅馬過去 憐其危死 懇請騎去 則當何以處之 先生曰 人之死生 都在彼天 我若定死 雖騎彼馬 焉知其不死也 我若無死 雖經露宿焉知其(其下 恐脫不字)生也 而況不騎者義也 騎之者利也 不計其義 徒欲取利則可謂君子乎 有慶因避席曰 小生之意 以爲彼雖爲賊 既與我相知 又無他意 則我姑解衣與之而騎去 此意何如 曰 如此者 必臨時權 其輕重 不可預定也 然君子平日立心 必當以義爲利 然後其處天下之事 庶無所失矣

296) 임헌규, 『소유의 욕망, 이利란 무엇인가』, 글항아리, 2013. 112쪽 참조.

이것은 이利자가 작용하는 기질이 있다는 것으로 학지이행자는 이
利의 유무에 따라 좌우된다고 볼 수 있다.

3) 곤困

　다음은 곤지면행자困知勉行者(막혔지만 경험해서 알고 힘써 행하
는 자)의 '곤困'자에 대하여 알아보기로 하자.
　『설문해자금석』에서 곤困의 원래 뜻은 '낡은 오두막집'(고려故廬)
으로 나무 목木이 에워쌀 위口 안에 있음을 따르는 회의문자이다.
그리고 곤困은 쇠하여서 패망함으로 인하여 가옥이 무너진 것을
말한다. 에워쌀 위口는 사면의 벽을 말하고, 나무 목木이 그 가운
데 있는 것은 용마루가 부러지고, 서까래가 무너져 폐허가 된 건
물 가운데 있어 이럴 수도 없고 저럴 수도 없어 처신하기 곤란한
모양이다.297) 그리고 곤困은 곤궁困窮하여 스스로 떨치지 못하는
것이며, 힘이 부족하다는 것이다.298)

　오경五經 중의 하나로 중국 고대의 정치를 기록한 책인『서경書
經』에서도 곤困 또는 곤困이 궁窮과 합하여 곤궁困窮으로 사용되어
지고 있다.299) 자세히 알아보면, "여러 사람에게 상고하여 자기를
버리고 남을 따르며 하소연할 곳 없는 자들을 학대하지 않으며 곤
궁한 자들을 폐하지 않음은 오직 제요帝堯만이 이에 능하였다.

---

297) 『說文解字今釋』上冊, 岳麓書社, 2014. 847-848쪽 참조.
298) 『周易傳義』下, 성백효, 전통문화연구회, 2004. 259-275쪽 참조.
　　 困. 困者 窮而不能自振之義 … 唯力不足 故困
299) 『書經』「虞書」大禹謨- 困窮「商書」太甲- 困窮, 盤庚- 困,「周書」
　　 洛誥- 困, 蔡仲之命- 困, 困窮 등으로 표현되고 있다.

"300), "공경하여 네가 소유한 지위를 삼가서 백성들이 원할 만한 것을 공경히 닦아라. 사해가 곤궁하면 천록이 영영 끊어질 것이다."301), "선왕이 곤궁한 자들을 자식처럼 사랑하였으니 백성들은 그 명에 복종하여 기뻐하지 않은 이가 없다."302), "이제 나는 장차 너희들 때문에 천도하여 이 나라를 안정시키려 하는데, 너희들은 내 마음의 곤궁한 바를 걱정하지 않고 모두 크게 너희들의 마음을 펴서 공경하여 생각하되 정성으로써 하여 나 한 사람을 감동시키지 않으니, 이는 너희들 스스로 곤궁하고 너희들 스스로 괴롭게 하는 것이다."303), 왕이 말씀하였다. "공이 이곳에 머물거든 나는 종주宗周로 갈 것이니, 공公의 공功을 백성들이 엄숙히 받들고 공경하여 기뻐하니, 공은 나를 곤困하게 하지 말지어다."304), "그 처음을 삼가되 마지막을 생각하여야 끝내 곤困하지 않을 것이니, 끝을 생각하지 않으면 마침내 곤궁困窮할 것이다."305)하였다.

또 곤困의 용례를 『논어』에서도 찾아보면, 공자께서 말씀하셨다. "나가서는 삼공三公(삼정승三政丞. 최고의 관직에 있으면서 왕을 보좌하던 세 벼슬306))과 구경九卿(삼정승에 다음 가는 아홉 고관

---

300) 『書經集傳』上 「虞書」 大禹謨, 성백효, 전통문화연구회, 2003. 79쪽 참조. 稽于衆 舍己從人 不虐無告 不廢困窮 惟帝時克
301) 『書經集傳』上 「虞書」 大禹謨, 성백효, 전통문화연구회, 2003. 96쪽 참조. 欽哉 愼乃有位 敬脩其可願 四海困窮 天祿永終
302) 『書經集傳』上 「商書」 太甲 中, 성백효, 전통문화연구회, 2003. 313쪽 참조. 先王 子惠困窮 民服厥命 罔有不悅
303) 『書經集傳』上 「商書」 盤庚 中, 성백효, 전통문화연구회, 2003. 347-348쪽 참조. 今予將試以汝遷 安定厥邦 汝不憂朕心之攸困 乃咸大不宣乃心 欽念以忱 動予一人 爾惟自鞠自苦
304) 『書經集傳』下 「周書」 洛誥, 성백효, 전통문화연구회, 2003. 211-212쪽 참조. 王曰 公定 予往已 公功 肅將祗歡 公無困(哉)
305) 『書經集傳』下 「周書」 蔡仲之命, 성백효, 전통문화연구회, 2003. 283쪽 참조. 愼厥初 惟厥終 終以不困 不惟厥終 終以困窮

직307))을 섬기고 들어와서는 부형父兄을 섬기며 상사喪事를 감히 힘쓰지 않음이 없으며 술에게 곤困함을 당하지 않는 것, 이 중에 어느 것이 나에게 있겠는가?"308)

『맹자』에서는 "사람은 항상 과실이 있은 뒤에 고치나니, 마음에 곤困하고, 생각에 걸린 뒤에 분발하며, 얼굴빛에 징험되고 음성에 나타난 뒤에 깨닫는 것이다."309)라고 하였다. 이에 대해 주석하기를, "이것은 또한 중인中人의 성품은 항상 반드시 과실이 있은 뒤에 능히 고치니, 평소에 삼가지 못하기 때문에 반드시 사세事勢가 곤궁하고 위축되어, 마음에 곤困하고 생각에 걸리는 데 이른 뒤에야 능히 분발하고 흥기하고, 기미幾微에 밝지 못하기 때문에 반드시 사리事理가 크게 드러나서, 사람의 얼굴빛에 징험되고, 사람의 음성에 발하는데 이른 뒤에야 능히 깨우쳐 통달함을 말씀한 것이다."310)하였다.

위에서 살펴본 곤困의 용례는 곤지면행자困知勉行者의 곤지困知의 '곤困'의 의미와 흡사하다. 곤지를 풀어보면, '막혀서 괴롭게 경험해서 애써 배워 아는 것'이라는 의미로 풀어볼 수 있을 것이다. 곤은 곤궁 즉 괴롭다, 애쓴다는 어감을 가져, 기질적으로 곤지困知는

---

306) 『표준국어대사전』, 국립국어연구원, 1999. 3233쪽 참조. 삼공三公.
307) 『표준국어대사전』, 국립국어연구원, 1999. 636쪽 참조. 구경九卿.
308) 『論語集註』「子罕」, 성백효, 전통문화연구회, 2004. 175쪽 참조. 子曰 出則事公卿 入則事父兄 喪事不敢不勉 不爲酒困 何有於我哉
309) 『孟子集註』「告子」下, 성백효, 전통문화연구회, 2003. 371쪽 참조. 人恒過然後 能改 困於心 衡(橫)於慮而後 作 徵於色 發於聲而後 喩
310) 『孟子集註』「告子」下, 성백효, 전통문화연구회, 2003. 371쪽 참조. 此 又言 中人之性 常必有過然後 能改 蓋不能謹於平日 故 必事勢窮蹙 以至困於心 橫於慮然後 能奮發而興起 不能燭於幾微 故 必事理暴著 以至驗於人之色 發於人之聲然後 能警悟而通曉也

앎(지知)에 제한적 인식認識이 있다는 것을 보여주고 있다. '곤지면행자困知勉行者'(막혔지만 경험해서 알고 힘써 행하는 자)는 이와 같은 이유로 학지이행자와는 구별되어진다.

위에 열거한 내용을 바탕으로 정리해 보면, 율곡은 학지이행자의 특징을 이행利行의 '이利'를 중심으로, 의義가 아니라 이利 유무有無에 따라 움직일 가능성이 있는 존재로 보고 있다. 기질적으로 '의義와 이利가 서로 상충될 때 이利의 방향으로 갈 가능성'이 많고, 곤지면행자는 힘써 행하고자 하는 면이 있지만 '막혔지만 경험해서 아는' 기질적 취약성으로 '앎(지知)의 어려움'(곤지困知)이 있음을 나타내고 있는 것이다.

IV. 율곡 이이의 기질분류

1. 기질분류의 두 요소

이번 장에서는 먼저 중요한 실천적 과제로 오랫동안 학자들의 연구주제가 되어 왔던 지知·행行에 관하여 논하고, 지·행이 시각·청각과 어떻게 연관되어 있는지에 대해 밝혀보려 한다.311)

율곡은 기질을 지知·행行과 관련하여 다음과 같이 구분하고 있다. ①기청질박자氣淸質駁者는 '알 수는 있지만 잘 행할 수는 없다' 〔능지이불능행能知而不能行〕
②질수기탁자質粹氣濁者는 '행할 수는 있지만 잘 알 수는 없다' 〔능행이불능지能行而不能知〕312)
앞으로도 반복해 설명하겠지만 『율곡전서』의 원문〔아래 각주 참고〕을 비교해 보면, '기의 청탁淸濁'은 지知의 능/불능과 관계되고,

---

311) 나는 스티븐 핑커의 『빈 서판』이 인간의 앎과 행함을 설명하는 책이라고 생각하여 소개해 본다. 이 책에서는 영장류의 뇌가 기본적으로 대칭구조를 가진 기관이라는 것을 전제로, 인간의 대표적인 비대칭 – 언어는 좌뇌에 더 의존하고 공간주의력과 감정의 일부는 우뇌에 더 의존하다 – 은 대칭위주의 설계위에 더해진 것이라고 한다. 더 나아가 핑커는 외부로부터의 입력 정보를 받아들이는 감각 기관으로 (촉각을 포함하여) 시각과 청각을 말하고 있다. 좀 더 설명하면, 귀로 유입된 정보는 각기 다른 주파수(음의 고저 : 청각적 뇌조직의 청각적 분석은 상하방향 정확)를 표현하고, 눈으로 유입된 정보는 각기 다른 지점(풍경의 좌우 : 시각적 뇌조직의 시각적 분석은 좌우방향 정확)을 표현한다고 한다(휜족제비 연구결과). - 〔스티븐 핑커, 『빈 서판』, 김한영, ㈜사이언스북스 2012. 178-180/184쪽 참조.〕
312) 『栗谷全書』 1, 468쪽 21:13b 「聖學輯要」 矯氣質章. 氣淸而質駁者 能知而不能行 …… 質粹而氣濁者 能行而不能知 ……

'질의 수박粹駁'은 행行의 능/불능과 관계됨을 글자쓰임으로 알 수 있다.

따라서 기질의 교정도 기의 맑음(청淸)과 질의 순수함(수粹)을 확보하는 것이 중요한 문제313)이다. 기질의 맑음과 순수함을 확보하는 것은 수양을 통하여 탁한 기를 맑게, 얇은 기를 두텁게 해야 한다는 의미인데 기본적으로 '도道를 밝히는 것'과 '의義를 실행하는 것'에 의존한다고 본다.314) '도를 밝히는 것'과 '의를 실행하는 것'이 지행知行이라면, 우선 지(도를 밝히는 것)와 행(의를 실행하는 것)이란 무엇을 말하는지 알아보자.

1) 지知

일반적으로 지知라는 말은 '알다'라는 뜻이지만 '깨달음'(지각知覺)의 의미도 포함하고 있다. 지각知覺이란 이 사물이 이 사물임을 아는 것으로 인식능력이면서 인식작용이다. 또한 지식이란 사물의 조리나 법칙에 대한 인식을 일컫는다. 도덕의식은 시비와 선악에 대한 인식이다. 통상적으로 지智와 지知의 의미나 용법은 서로 같지만, 굳이 구별한다면 지知는 인식능력을 가리키고, 지智는 지식을 가리킨다.315) 그러므로 지知의 뜻에는 단순히 지식이란 명사적 의미만 가지는 것이 아니라 도덕적 의식의 작용인 지각의 (깨달음) 의미도 넓게 포함되어 있다. (한자 지知의 해석에 유의)

---

313) 황의동, 『공부론』, 「이이의 공부론」, 예문서원, 2011. 312-313쪽 참조.
314) 곽신환, 『1583년의 율곡 이이』, 서광사, 2020. 223쪽 참조.
315) 방입천, 『중국철학과 지행의 문제』, 김학재, 예문서원, 1998. 21쪽 참조.

또한 지知는 동사적 의미로서 '대상을 파악하기 위한 주관의 활동', 그리고 명사적 의미로서 '그 활동의 결과'라는 뜻을 가지고 있다. 따라서 현대적 의미의 용어로 해석한다면, 감각적 지각 능력과 행위 및 그 결과, 추론·직관 등을 포함하는 이성적 능력과 행위 및 그 결과, 도덕적 판단 능력과 행위 및 그 결과, 심미적 능력과 행위 및 그 결과 등을 모두 포함하는 개념이 지知라는 것을 알 수 있다. 다시 말해서 지知란 어떤 사물을 어떤 사물로 지각·인식하는 것, 주객主客의 인식 관계에서 사물의 이치에 관한 지식을 획득하는 것, 시비·선악 즉 도덕 가치를 판단하는 것 그리고 미추美醜에 대한 구별과 예술을 향유하는 것 등으로 규정할 수 있다.316)

우리가 주목할 점은 지知에 '듣다(문聞), 귀에 들어오다(청도听到)'라는 뜻이 있다317)는 것이다. 여기에서 쓰인 은听이라는 글자는 원래 '웃는 모양'을 뜻하는 것인데, '듣다'는 뜻의 청聽의 간체자로 쓰여서 은听이라고 쓰고 청聽이라고 읽는다.318) 지知는 사전에서 가장 많이 쓰이는 '알다'라는 뜻 이외에 '듣다'라는 의미가 포함되어 있다.

지知를 『한어대사전漢語大詞典』에서 찾아보면,

『국어國語』「초어楚語 상上」에서는 "저 대臺(흙이나 돌 따위로 높이 쌓아 올려 사방을 바라볼 수 있게 만든 곳319))와 사榭(대臺 위에 있는 정자亭子320))를 짓는 것은 장차 백성들을 이롭게 하고자

---

316) 한국사상사연구회(강춘화), 『조선유학의 개념들』「인식과 실천의 변증법」, 예문서원, 2011. 374-375쪽 참조.
317) 『漢語大詞典』第7卷 下冊, 上海辭書出版社, 2008. 1524쪽 참조.
318) 『漢語大詞典』第3卷 上冊, 上海辭書出版社, 2008. 218쪽 참조.
319) 『표준국어대사전』, 국립국어연구원, 1999. 1444쪽 참조. 대臺.

하는 것입니다. 그 백성들의 재정을 고갈시킨다는 말은 들어 보지 못했습니다."(부위대사夫爲臺榭 장이교민리야將以敎民利也 부지기이궤지야不知其以匱之也)에서 '지知는 문聞이다'(지知, 문야聞也)라고 했으며, 『열자列子』「중니仲尼」에 등석이 그의 문도들을 돌아다보며 웃으면서 말했다. "그대들을 위해서 (내가 노래 불러) 지금 저기 오는 사람을 춤추게 해 보겠소. 어떻소?" 그 문도들이 말하되, "(노래 소리를) 듣고 싶습니다."(등석고기도이소왈鄧析顧其徒而笑曰 위약무피래자해약爲若舞彼來者奚若 기도왈其徒曰 소원지야所願知也)에서 '지知는 문聞과 같다'(지유문야知猶聞也)고 하였다.321)

『설문해자금석說文解字今釋』에서는 지知를 '입을 사용하여 자세히 말을 하니(진술陳述) 마음이 알아듣다'라고 풀이하고 있다.322) 또한 지知와 문聞이 함께 쓰인 예도 『율곡전서』에서 찾아볼 수 있다.

  가령 이교異敎를 숭봉한다 하더라도 전래한 호상(胡像:불상)이 많은데, 새로 만들 것이 무엇인가? 그 말을 어느 사람에게 들었는가(지문知聞)! 내가 잡아다 국문하여 밝히려 한다.323)

위에 말은 선조(1552 - 1608 / 재위기간 1567 - 1608)가 조선 시대 별공324)의 하나로 황랍(꿀벌의 집에서 꿀을 짜내고 찌끼

---

320) 『漢韓大字典』, 민중서림, 1997. 637쪽 참조. 사榭.
321) 『漢語大詞典』第7卷 下冊, 上海辭書出版社, 2008. 1524쪽 참조.
322) 『說文解字今釋』上冊, 岳麓書社, 2014. 713쪽 참조. 用口陳述 則心意可識
323) 『栗谷全書』2, 151쪽 29:47a 「經筵日記」二. 假使崇奉異敎 自古流來胡像亦多矣 新造何爲焉 未知聞於何人乎 予欲拿鞫而辨之也
324) 『한국고전용어사전』세종대왕기념사업회, 2001. 888쪽 참조. 공안공案에 수록하지 않고 왕실이나 정부 기관이 그 수요에 따라 그때 그때 차정하여 공납케 한 별례別例의 공물. 별공은 불시에 부과되는 것이었으므로 많은 폐단을 낳기도 하였음.

를 끓여 만든 기름덩이325)) 500근(300kg)을 바치라고 하고 그 용처를 밝히지 않자 사람들 사이에서 성리학의 나라에서 불상이나 불사를 새로 만들려고 한다는 등의 떠도는 말이 있었다. 그 말에 대하여 선조가 답한 글이다.

여기에서 (그 말을 어느 사람에게) '들었는가'의 '듣다'를 지문知聞이라고 쓰고 있다. 이것은 지知에 듣다(문聞)라는 의미가 함축되어 있음을 보여주는 예 이다. 지문知聞이라고 할 때, '우리의 감각기관은 그것을 알아듣기 위해 노력한다'라고 표현할 수 있다. 이 문장에서도 '알다'와 '듣다'가 함께 쓰인다는 점에 주목해야 한다.

위와 같은 사실로 우리는 지知에는 듣는 기능(문聞)을 가진 청각 聽覺이 연관되어 있음을 알 수 있었다.

2) 행行

행行의 사전적 의미는, '사방에서 통행할 수 있는 길 즉 사거리'326)라는 뜻이다. 이 길이란 뜻에서 '행하다', '가다'의 뜻이 파생되었다. 행行이 단독으로 쓰일 때는 다만 '행하다', '가다'의 뜻으로 사용되지만, '지知'와 연결되어 쓰이거나 '역행'등으로 수양론의 영역에서 다루어질 때는 주로 도덕적 실천을 의미한다.327) 또한 행行은 과정이라는 의미 외에 대부분의 인간 행위나 활동을 말하기도 하지만 더 나아가서는 도덕 행위를 가리킨다. 학자에 따라서는 생산 활동을 뜻하기도 하고 행위, 습관, 실행, 실천으로 불리

---

325) 『한국고전용어사전』, 세종대왕기념사업회, 2001. 890쪽 참조.
326) 『說文解字今釋』 上冊, 岳麓書社, 2014. 273쪽 참조.
327) 한국사상사연구회(강춘화), 『조선유학의 개념들』「인식과 실천의 변증법」, 예문서원, 2011. 375쪽 참조.

기도 한다.328) 특별히 우리가 눈여겨 볼 것은 행行자에 '돌아다니며 사정을 살펴보다'(순시巡視)는 뜻으로 사용될 때도 있다는 점이다.

『예기禮記』「악기樂記」에 '(은나라 왕자 비간比干의 무덤에 봉분하고) 갇혀 있는 기자箕子를 풀어준 후, 기자를 상용商容이 있는 곳으로 보내어 보게 하고(순시巡視), 그의 지위를 회복해 주었다'(석기자지수釋箕子之囚 사지행상용이복기위使之行商容而復其位)는 내용이 있다. 여기에서 '행行은 시視와 같다'(행유시야行猶視也)라고 본문의 뜻을 풀이하고 있다.329)

율곡과 관련된 행적을 찾다보니 '헌종(1827 - 1849 / 재위기간 1834 - 1849)이 임인년壬寅年(1842, 헌종8) 봄 인릉仁陵에 거둥하셨을 때에 문성공文成公 이이李珥 · 문간공文簡公 성혼成渾의 묘소에 관원을 보내어 잔드리게 하셨으니 묘소가 거둥(임금의 나들이330)) 하는 길 근처에 있었기 때문이다.'라는 일화를 소개하는 『헌종실록憲宗實錄』「행장行狀」에는 다음과 같은 일을 적고 있다.

여름 서울에 큰 비가 내려 떠내려가고 무너진 오부五部의 민가가 1천여 호이었는데, 사교四郊에 선전관을 나누어 보내어 행시行視(순시巡視)하게 하고 급히 진청賑廳을 시켜 특별하게 넉넉하게 구휼하는 은전恩典을 시행하게 하셨다.331)

---

328) 방입천, 『중국철학과 지행의 문제』, 김학재, 예문서원, 1998. 21-22쪽 참조.
329) 『漢語大詞典』 第3卷 下冊, 上海辭書出版社, 2008. 886쪽 참조.
330) 『표준국어대사전』, 국립국어연구원, 1999. 231쪽 참조. 거둥擧動.
331) 『朝鮮王朝實錄』(http://sillok.history.go.kr/) 「憲宗實錄」 行狀. 夏京師大雨 五部民戶漂壓者千餘 分遣宣傳官 行視于四郊 亟令賑廳 別施優恤之典

헌종 때, 여름에 물난리로 인해 천여 채의 집이 떠내려가고 무너졌는데 이에 관리들을 보내 살펴보게 해서 급히 피해를 입은 시민들을 구휼하게 했다는 내용이다. 여기 원문에는 행시行視라고 되어있는데 이를 해석할 때는 순시巡視라 하고 있다. 이것은 행시行視를 '가서 보다'로 해석할 수 있는 정황을 보여주는 예이다. 이로 미루어 볼 때 행行은 시각視覺과 관계되어 있음을 알 수 있다.

지 · 행에 관한 내용을 도표로 정리해 보면,

지知	행行
듣다(문聞) 귀에 들어오다(청도听到) 들어서 앎(지문知聞) (어떤 사물을 어떤 사물로 지각 · 인식하는 것, 주객主客의 인식 관계에서 사물의 이치에 관한 지식을 획득하는 것, 시비 · 선악 즉 도덕 가치를 판단하는 것, 그리고 미추美醜에 대한 구별과 예술을 향유하는 것)	보다(시視) 돌아다니며 사정을 살펴보다(순시巡視) 보아서 행함(행시行視) (과정이라는 의미 외에 대부분의 인간 행위나 활동을 가리키며, 나아가서는 도덕 행위를 가리킨다. 학자에 따라서는 생산 활동을 뜻하기도 한다. 행은 또한 행위, 습관, 실행, 실천)

도표를 통해 확인할 수 있듯, 지知는 '알다'라는 뜻과 함께 듣는 것(문聞), 행行은 '행하다'라는 뜻과 더불어 보는 것(시視)과 깊은 관계가 있음을 알 수 있었다.

3) 듣는 것〔지知〕과 보는 것〔행行〕

　청각과 시각은 '감각기관으로 세계를 인식하는 도구'332)라고도 한다.
　나는 시각과 청각의 두 감각을 사용하는 알맞은 예를 고전古典에서 찾아보다가『논어』「계씨」에 나오는 구사九思를 선택하였다.333)

　구사는 군자로서 가지고 있어야할 아홉 가지 생각으로, 볼 때에는 눈을 밝게 볼 것을 생각하고〔시사명視思明〕, 말을 들을 때에는 귀를 밝게 들을 것을 생각하고〔청사총聽思聰〕, 안색은 온순하게 할 것을 생각하고〔색사온色思溫〕, 모양은 공손히 할 것을 생각하고〔모사공貌思恭〕, 말할 때에는 정성껏 할 것을 생각하고〔언사충言思忠〕, 일할 때에는 경건하게 할 것을 생각하고〔사사경事思敬〕, 의심날 때에는 질문할 것을 생각하고〔의사문疑思問〕, 화를 내면 하는 일이 어려워지고 이성으로 억제할 것을 생각하고〔분사난忿思難〕, 재물을 얻을 때에는 의리에 합당한가를 생각할 것〔견득사의見得思義〕 등이다. 이들 아홉 가지 생각 중에서 시각 청각과 관련된 가장 핵심되는 예로는 시사명視思明과 청사총聽思聰이 있다. 볼 때에 눈을 밝게 보지 못하고, 들을 때에 귀를 밝게 듣지 못하면 옳고 그른 것을 분별할 수 없어서 나머지 일곱 가지를 객관적으로 생각할 수 없다.'334)고 한다. 이는 앞에서 언급한 감각기관 중 청각과 시각이

---

332) 방입천,『중국철학과 지행의 문제』, 김학재, 예문서원, 1998. 129-130쪽 참조.
333)『論語集註』「季氏」, 성백효, 전통문화연구회, 2004. 335-336쪽 참조. 君子有九思 視思明 聽思聰 色思溫 貌思恭 言思忠 事思敬 疑思問 忿思難 見得思義
334)『한국민족문화대백과사전』 3, 한국정신문화연구원, 1995. 505쪽 참

어떠한 행위로 실증되는가를 구체적으로 나열한 것이다.335) 비록 기질에 따라 말과 행동의 해석이 다르다 해도 이처럼 구사九思와 같은 예禮로써 한다면 오해가 증폭되는 것을 막을 수 있지는 않을까 생각하게 된다.

    율곡은「성학집요」교기질장에서 정이程頤의 말을 인용하여 보고 듣고 말하고 행동하는 것을 몸의 작용이라고 하였다. 이 네 가지 몸의 작용은 '속에서 나와서 밖으로 응하는 것'(유호중이응호외由乎中而應乎外)도 있고, '밖을 제어하여 중심을 기르는 것'(제어외소이양기중制於外所以養其中)도 있다고 한다.336)
    정이는 봄·들음·말함·움직임(시청언동視聽言動)을 '봄을 경계함'(시잠視箴)·'들음을 경계함'(청잠聽箴)·'말함을 경계함'(언잠言箴)·'움직임을 경계함'(동잠動箴)으로 언급하였는데, 그 중에서도 '봄을 경계함'(시잠視箴)과 '들음을 경계함'(청잠聽箴)에 관한 내용을 더 살펴보기로 하자.337)

    조. 구사九思.
335) 스티븐 핑커의『빈 서판』에서는 예술은 우리의 본성에 있다고 한다. 즉 사람들이 흔히 말하듯 우리의 피와 뼈 속에 있고, 오늘날 종종 이야기하듯 우리의 뇌와 유전자 속에 있다는 것이다. 예술은 마약이나 성애 예술 또는 섬세한 요리법처럼 즐거움의 기술이며, 즐거움을 줄 수 있는 자극을 정화하고 농축해서 우리의 감각에 제공하는 방법이라면서, 자연환경을 보고 얻은 시각적 즐거움은 적응성을 향상시켜, 사람들이 환경을 탐험하면서 환경과 타협하고 그 내용물을 이용하는데 도움이 되는 형태를 찾는다고 한다. 마찬가지로 음악에서 음조와 리듬을 갖춘 소리 패턴은 소리의 세계를 조직적으로 인식하기 위해 청각체계가 사용하는 메커니즘에 호소한다고 한다(스티븐 핑커,『빈 서판』, 김한영, ㈜사이언스북스, 2012. 707-709쪽 참조.).
336)『栗谷全書』1, 467쪽 21:10a「聖學輯要」矯氣質章. 程子曰 視聽言動 四者 身之用也 由乎中 而應乎外 制於外 所以養其中也
337) 사잠四箴은『論語』「顔淵」편의 예가 아니면 보지 말며, 예가 아니면

시잠視箴에 이르기를 마음은 본래 공허한 것이어서 외물에 따라 응접함이 그 자취가 없다. 이것을 조종하는 요령이 있는데, 그것은 보는 것에 모범으로 세울만한 것(칙則)으로 기준을 삼아야 한다. 여러 가지 사욕이 앞을 가리면 마음이 그 쪽으로 옮겨가기 때문에, 밖에서 제어하여 마음속을 편하게 하여야 한다. 자기를 극복하여 예禮에 돌이키기를 오래하면 성誠할 수 있을 것이다.338)

나는 위에 내용을 토대로 시각을 통해 마음의 변화가 생기니, 시각과 마음을 합하여 '시각의 마음'이라고 별칭해 보았다. 시각의 마음은 본래 공허하여 외물에 따라 접촉함이 그 흔적이 없다는 특징이 있으며, 여러 가지 사욕이 눈에 보이면 마음이 그 쪽으로 움직여간다. 그러므로 시각을 통한 마음은 눈을 통한 잔상殘像을 가지게 된다. 잔상은 외부 자극이 사라진 뒤에도 감각 경험이 지속되어 나타나는 상으로 촛불을 한참 바라본 뒤에 눈을 감아도 그 촛불의 상像이 나타나는 현상 따위이다.339) 이러한 이유로 밖에서부터 제어制御해야 마음속을 편하게 할 수 있다. 다시 말해 이러한 마음을 순화하는 요령은 '밖을 제어하여 중심을 기르는 방식'으로 접근해야 한다는 것이다. 예를 들면, 먼저 시각을 통한 마음이 본받아 배울만한 대상(칙則)을 찾아 따르고 배우는 방향으로 나아가

듣지 말며, 예가 아니면 말하지 말며, 예가 아니면 움직이지 말라(비례물시非禮勿視 비례물청非禮勿聽 비례물언非禮勿言 비례물동非禮勿動(『論語集註』「顏淵」, 성백효, 전통문화연구회, 2004. 229쪽 참조.))는 네 가지 가르침인 사물四勿에 대하여 정이程頤가 지은 잠언이다.
338) 『栗谷全書』 1, 467쪽 21:10a 「聖學輯要」 矯氣質章. 視箴曰 心兮本虛 應物無迹 操之有要 視爲之則 蔽交於前 其中則遷 制之於外 以安其內 克己復禮 久而誠矣
339) 『표준국어대사전』, 국립국어연구원, 1999. 5172쪽 참조. 잔상.

야 함을 의미한다.

　이것을 기질교정의 입장에서 재해석하여 보면, 시잠은 본능적으로 사사로운 욕심으로 흘러가려는 시각의 움직임을 극복하여 예禮에 맞게 극기복례克己復禮(자신의 욕심을 누르고 예의범절을 따름)를 한다면 마음의 방향이 순수함(성誠)으로 향하게 될 수 있다는 것이다.

　다음은 청잠聽箴에 대한 글이다.

　　청잠에 이르기를 사람에게는 떳떳한 도리를 지키는 양심이 있는데, 이는 타고난 천성에 근거한 것이다. 앎이 사물에 유혹되고 변질되어 드디어 그 올바른 것을 잃어버린다. 뛰어난 저 선각자들은 그칠 데를 알아서, 안정하므로 사심을 막고 그 성실을 보존하여 예禮가 아니면 듣지 않는다.340)

　나는 여기서도 청각에 따라 움직이는 마음을 합하여 '청각의 마음'이라 임의로 칭한다. 청각의 마음에는 타고난 천성으로서의 양심이 있는데, 소리에 유혹되어 그 올바른 것을 잃어버릴 수 있음을 말하는 것으로, 청각을 통한 마음은 귀를 통한 잔향殘響을 가지게 된다. 잔향이란 소리를 일으킨 물체가 진동을 그친 뒤에도 벽이나 천장 따위에 메아리가 남아서 계속 들리는 현상이다.341) 청잠은 '속에서 나와서 밖으로 응하는 것'을 말하는데 들어서 아는 이 마음은 예禮에 맞는 소리를 들어 치우친 마음을 안정시킨 이후

---

340) 『栗谷全書』1, 467쪽 21:10b 「聖學輯要」矯氣質章. 聽箴曰 人有秉彛 本乎天性 知誘物化 遂亡其正 卓彼先覺 知止有定 閑邪存誠 非禮勿聽
341) 『고려대한국어대사전』, 고려대 민족문화연구원, 2009. 5212쪽 참조. 잔향.

에 앎이 회복되어 지선至善의 참됨을 보존할 수 있다는 의미이다.

율곡은 '예禮가 아니면 보지 말라'는 시잠視箴, '예禮가 아니면 듣지 말라'는 청잠聽箴, '예禮가 아니면 말하지 말라'는 언잠言箴, '예禮가 아니면 움직이지 말라'는 동잠動箴으로 구성342)된 사잠四箴을 소개하는 세주細註(큰 주석 아래에 더 자세히 단 주석343))에 주자의 말을 인용하여 사려(사思)와 행위(위爲)를 구분하고 있다.

먼저 사려에 대해,

사려는 행동에 기미가 움트는 것이고 행위는 분명하게 드러나는 것으로, 사려는 안에서 움직이는 것이요, 행위는 밖에서 움직이는 것이라고 말한다.344) 또한 율곡은 극기克己는 몸의 절실한 공부요 기질을 변화시키는 요법345)이라고 하였다.

이런 이유로 시각과 청각으로 말미암아 불선不善으로 흘러갈 가능성이 있는 자신(기己)에 대해, 모범으로 삼을 만한 기준을 정하여 봄(시視)의 움직임을 제어함으로써 중심을 기르는 시잠視箴과 소리를 올바르게 알아들어 마음을 안정시킴으로 앎이 회복되어 지선至善에 머무르게 하는 청잠聽箴으로 치우친 기질을 극복하는 것이 변화기질을 가능하게 하는 요점이라는 것이다.346)

정리해 보면, 시각과 청각은 기질을 분류하는 요소가 된다. 그뿐

---

342) 『고려대한국어대사전』, 고려대 민족문화연구원, 2009. 3135쪽 참조. 사잠.
343) 『표준국어대사전』, 국립국어연구원, 1999. 3492/5175쪽 참조. 세주細註.
344) 『栗谷全書』 1, 467쪽 21:10b 「聖學輯要」 矯氣質章. 朱子曰 思是動之微 爲是動之著 思是動於內 爲是動於外
345) 『栗谷全書』 1, 467쪽 21:11a 「聖學輯要」 矯氣質章. 克己 爲切己工夫 而變化氣質之要法
346) 김경호, 『인격 성숙의 새로운 지평-율곡의 인간론』, 정보와사람, 2008. 297-305쪽 참조. 그는 교기질의 핵심을 극기복례라고 주장한다.

만 아니라 서로 깊은 연관성을 가지고 있다. 이것은 '들어서 아는 것'과 '보아서 행하는 것'으로 구분할 수 있는데, 이는 청각과 시각이 지知와 행行과도 밀접하게 연관되어 있음을 보여주는 것이다.

2. 율곡 이이의 기질론

'Ⅲ장 기질분류법 2.『논어』·『중용』에서의 기질 분류'편에서는 사람의 단계를 '생지안행자'生知安行者, '학지이행자'學知利行者, 그리고 '곤지면행자'困知勉行者로 나누고 있다. 그렇다면 율곡은 이러한 기질분류를 자신의 기질론에 어떻게 적용하고 있는지 살펴보자.

　　신이 살피건대, 일기一氣의 근원은 담연히 청허한데 오직 그 양陽이 동動하고 음陰이 정靜하며 혹시 상승하기도 하고, 혹시 하강하기도 하다가 어지럽게 날아다니는 사이에 합하여 질質을 이루어서, 드디어 고르지 못하게 되는 것입니다. 물物의 '치우치고 막힘'(편색偏塞)은 다시 이것을 변화시킬 방법이 없으나 오직 사람은 비록 '맑고, 맑지 않음'(청탁淸濁)과 '순수하고, 순수하지 않음'(수박粹駁)의 같지 않은 것이 있다 하더라도 마음이 비어 밝아(허명虛明) 가히 변화시킬 수 있습니다. 그러므로 맹자는 "사람마다 요순이 될 수 있다."하였는데, 이것이 어찌 빈말이겠습니까. '기가 맑고 질이 순수한 사람'(기청질수자氣淸質粹者)은 앎(지知)과 행함(행行)을 힘쓰지 않고도 능숙하게 되어 더할 것이 없으며, '기는 맑은데 질이 순수하지 않은 사람'(기청질박자氣淸質駁者)은 알 수는 있지만 잘 행할 수는 없는 것인데, 만일 몸소 행함(궁행躬行)에 힘써서 반드시 성실하고 반드시 독실하면, 행실이 가히 이루어지고 유약한 사람이라도 강하게 될 수 있으며, '질은 순수한데 기가 맑지 않은 사람'(질수기탁자質粹氣濁者)은 행할 수는 있지만 잘 알 수는 없는 것인데, 만일 묻고 배우는 데 힘써서, 반드시 성실하고 반드시 정밀하게 하면 지식을 통달할 수 있으며 우매한 자라도 명석하여질 수 있습니다.347)

기질의 형성과정을 말하고 있는 위 문장의 첫머리에서 언급한 일기-氣의 일-이란 '사물이 발생하기 시작한 최초의 상태 즉, 기질이 분화分化되기 직전의 상태를 가리키는 철학적 개념이다.348)' 이러한 철학적 개념을 율곡은 일기의 근원은 '담연청허湛然淸虛'(물이 깊고 고요한 모양(담연湛然349))처럼 맑고 텅 비어 있음)하다고 표현한 것350)이다.

(만물생성의 최초상태(일기-氣)로부터) 음양陰陽(우주 만물을 구성하고, 세계의 모든 운동을 창출해내는 상반된 성질의 두 가지 기본 요소351))이 세계의 근원적 실체를 움직임과 멈춤이라는 측면

---

347) 『栗谷全書』 1, 468쪽 21:13ab 「聖學輯要」 矯氣質章. 臣按 一氣之源 湛然淸虛 惟其陽動陰靜 或升或降 飛揚紛擾 合而爲質 遂成不齊 物之偏塞 則更無變化之術 惟人則雖有淸濁粹駁之不同 而方寸虛明 可以變化 故孟子曰 人皆可以爲堯舜 豈虛語哉 氣淸而質粹者 知行不勉而能 無以尙矣 氣淸而質駁者 能知而不能行 若勉於躬行 必誠必篤 則行可立而柔者强矣 質粹而氣濁者 能行而不能知 若勉於問學 必誠必精 則知可達而愚者明矣
348) 『유교대사전』, 박영사, 1990. 1277쪽 참조. 일一.
349) 『漢韓大字典』, 민중서림, 1997. 732쪽 참조. 담연湛然을 잠연湛然으로 보고 있음.
350) 오직 이 세계 이 우주의 일체 만유는 일태극一太極(일리一理)과 일음양一陰陽(일기一氣)이 본래 묘합자재妙合自在(오묘하게 합하여 저절로 있는 것)한 것일 뿐이다. 따라서 태극(리理)과 음양(기氣)의 시간적 선후先後와 공간적 이합離合은 인정되지 않는다. 여기에 율곡철학의 리기지묘적理氣之妙的 특징을 발견할 수 있다(황의동, 「율곡의 철학사상에 관한 연구 : 리기지묘를 중심으로」, 충남대 박사학위논문, 1987. 42쪽 참조.).

에서 규정한 운동352)(동정動靜)으로 합하여 질質을 이루어 드디어 기질이 다양하게 되는 것이라고 한다. 나는 이 책의 제목인 '기청질박자'와 '질수기탁자'를 이 원문(『율곡전서』 「성학집요」 교기질장)에서 발견하고 그에 따른 여러 가지 이론들을 찾아내어 연결시킬 수 있었다. 그러므로 위에 언급한 원문을 잘 기억해 주길 바란다. (위 원문은 경우에 따라 예문으로 중복 사용함)

만물의 치우치고 막힘은 다시 변화시킬 방법이 없지만 오직 사람은 기질이 '맑고 맑지 않고, 순수하고 순수하지 않음'(청탁수박淸濁粹駁)의 같지 않음이 있음에도, 그 마음이 신령하고 밝아서 가히 변화시킬 수 있다고 한다. 그 예로 맹자는 "사람마다 태평성대의 대명사인 요순이 될 수 있다."353)고 말한 것과 같다.

기청질수자의 앎(지知)과 행함(행行)에 힘쓰지 않아도 능숙하게 되어 더 할 것이 없다는 점은 '생지안행자'에 해당되고, 기청질박자의 알 수는 있지만 잘 행할 수는 없다고 하는 점은 '학지이행자'에 해당되며, 질수기탁자의 행할 수는 있지만 잘 알 수는 없다고 하는 것은 '곤지면행자'와 그 뜻이 서로 통한다고 볼 수 있다.

율곡은 기질의 '청탁수박淸濁粹駁'과 지행知行의 '능숙하냐 능숙하지 않냐'(능불능能不能) 여부에 의해 기질을 구분하여 기청질수자354), 기청질박자, 그리고 질수기탁자로 나누고 있다.

이 책의 핵심은 기질을 지 · 행과 청각 · 시각 등의 여러 가지

---

351) 『유교대사전』, 박영사, 1990. 1154-1155쪽 참조. 음양.
352) 『유교대사전』, 박영사, 1990. 377-379쪽 참조. 동정.
353) 『孟子集註』「告子」下, 성백효, 전통문화연구회, 2003. 346쪽 참조.
  曹交問曰 人皆可以爲堯舜 有諸 孟子曰 然
354) 본 논문의 주제는 교기질이므로 기청질수자는 논외로 한다.

짝 개념을 통해 두 가지로 나누어 본다는 점이다. 그렇다면 기청질박자와 질수기탁자사이에는 어떤 차이점이 있는가?

　기질의 분류기준은 생각보다 명료하여, 율곡의 문장을 제시하는 것으로 설명을 대신해 보려고 한다. 그 다음으로 기질적 속성에서 발생되는 부정적 측면에 대해서도 나열해 보려 한다. 책의 제목으로 정하고도 본문의 양은 그리 많지 않다. 율곡의 원문에 치중하여 이번 장에서는 다른 사족蛇足은 빼려 한다.

1) 기청질박자氣淸質駁者

먼저, 기청질박자는 어떤 유형의 기질을 말하는지 알아보자.

　　'기는 맑은데 질이 순수하지 않은 사람'(기청질박자氣淸質駁者)은
　　알 수는 있지만 잘 행동할 수는 없습니다.355)

　율곡이 말하는 기청질박자의 특징은 '알 수는 있지만'(능지能知), '잘 행동할 수는 없는'(불능행不能行) 특징이 있다. 좀 더 자세히 알아보면, 지知 · 행行의 '능숙하냐 능숙하지 않냐'여부에 따라 구분('알 수는 있어도, '잘 행할 수는 없는') 할 수 있다는 것이다. 위에서 밝혔듯이 지知는 귀로 듣는다는 뜻이 있고, 행行은 눈으로 본다는 의미를 담고 있어서 기氣는 '듣는 것'과 관련된 어떤 것이고, 질質은 '보는 것'과 관련된 어떤 것임을 알 수 있다.

---

355)『栗谷全書』1, 468쪽 21:13b 「聖學輯要」 矯氣質章. 氣淸而質駁者
　　能知而不能行

이번 장에서는 기청질박자氣淸質駁者의 특징을 간단히 제시하였다. 여기서 나는 해당 기질에 부정적인 면을 떼어내어 '바라만 보는 사람'(망견자望見者)이라 부르기로 한다. 그럼 망견자란 또 어떤 사람을 말하는가?356)

---

356) '망견자望見者'에 대한 전반적인 어감語感에 대해 다음과 같이 설명하고자 한다. 수전 손택은 그의 책에서, "흔히 사람들은 타인의 고통이 자신과 밀접하게 연결되어 있다는 사실을 잘 받아들이지 못한다. 관음증적인 향락 (그리고 이런 일이 나에게 일어나지는 않을 거다, 나는 아프지 않다, 나는 아직 죽지 않았다, 나는 전쟁터에 있지 않다와 같은 사실을 알고 있다는 그럴싸한 만족감)을 보건대, 사람들은 타인의 시련, 그것도 쉽사리 자신과의 일체감을 느낄 법한 타인의 시련에 관해서도 생각하지 않으려 하는 듯하다. 1993년 4월, 사라예보를 처음 방문한 지 얼마 안 되어서 나는 그곳의 한 여인을 만났다. 그녀는 사라예보 시민으로서 유고슬라비아인들의 이상을 지지하지 않았는데, 내게 이런 말을 들려줬다. "세르비아인들이 크로아티아를 침략했던 1991년 10월 저는 깔끔한 제 아파트에서 살고 있었습니다. 그때만 해도 사라예보는 평화로웠죠. 제 기억으로는 저녁 뉴스에서 부코바르가 파괴됐다는 보도가 흘러나왔는데, 그곳은 이곳에서 몇 백 마일밖에 안 떨어져 있어요. 그때 전 이렇게 생각했더랍니다. '아, 끔찍한 일이군.' 그리고는 채널을 돌렸습니다. 저도 그랬는데, 프랑스나 이탈리아나 독일 사람들이 매일 이곳에서 벌어지는 살육소식을 저녁뉴스로 보며 '아, 끔찍한 일이군'이라고 한 마디 하고는 딴 프로그램을 본다고 해서 화를 낼 수는 없지 않겠어요? 늘 그런 식이죠. 사람이란 그런 존재입니다." 자신이 안전한 곳에 있다고 느끼는 한, 사람들은 무관심해지기 마련이라는 것이다(그녀가 비통하게 자신을 힐난한 이유도 바로 이 때문이다). 그러나 이 여인이 그 당시 발생했던 일, 즉 훗날 자신의 모국에서도 발생하게 됐을 그 끔찍한 사건들의 이미지들을 외면했던 데에는 사라예보에서 발생한 일에 등을 돌렸던 외국인들과는 또 다른 동기도 있었을 것이다. 그녀가 외국인들의 무책임함에 그토록 관용을 베풀었던 이유는 그녀 자신이 아무것도 할 수 없다고 느꼈기 때문이기도 하다. 가까운 곳에서 벌어진 전쟁의 이미지, 자기 모국에서 곧 벌어질 일을 예견해 주는 듯했던 그 이미지들을 그녀가 그다지 보고 싶어하지 않았던 이유는 무력감과 공포의 표현이었던 것이다(수전 손택, 『타인의 고통』, 이재원, 도서출판 이후, 2011. 150-151쪽 참조.)."라고 말한다.

① **망견자**望見者

기청질박자의 부정적 측면을 확대하여 설명해 보면, 그 특징은 듣는 능력은 뛰어난 반면 보는 것이 능숙하지 못한 기질의 사람을 말한다. 그러므로 나는 이런 측면을 가진 자를 율곡의 말에 따라 '망견자'(바라만 보는 사람)라고 해석해 보았다.

　사람의 견해는 세 층으로 나눌 수 있습니다. 성현의 글을 읽어서 그 명목名目만을 아는 이가 한 층이요, 이미 성현의 글을 읽어서 그 명목을 알고 나서도, 깊이 생각하고 정밀하게 살펴 훤하게 그 명목의 이치(명목지리名目之理)를 밝게 깨달아 마음의 눈으로 그 성현의 말이 과연 나를 속이지 않는다는 것을 명료하게 아는 것이 또 한 층입니다. 그러나 이 한 층 가운데에도 여러 등급이 있습니다. 그 일단一端만 깨달은 이도 있고, 그 전체를 깨달은 이도 있습니다. 전체 중에도 그 깨달은 것이 또한 얕고 깊은 것이 있습니다. 요컨대 입으로 읽고 눈으로 보는 그런 방식이 아니고 마음으로 깨달음이 있기에 함께 한 층에 된 것입니다. 이미 명목의 이치를 깨달아서 분명하게 마음에 눈에 두고, 또 실천하고 힘써 행하여 아는 바를 채우고, 그 지극한데 이르러서는 친히 그 경지를 밟고, 몸소 그 일을 행하면서, 단순히 눈으로 보는 것을 넘어서는 것이 있으니, 이같이 한 뒤에라야 비로소 진지眞知라고 말할 수 있습니다.
　가장 낮은 한 층은 남의 말만 듣고 좇는 사람이며, 가운데의 한 층은 '바라만 보는 사람'(망견자望見者)이고, 가장 높은 한 층은 그 경지를 밟아서 친히 본 사람입니다.[357]

---

357) 『栗谷全書』 1, 213쪽 10:34ab 「書」二　答成浩原. 人之所見有三層 有讀聖賢之書 曉其名目者 是一層也 有旣讀聖賢之書 曉其名目 而又能潛思精察 豁然有悟其名目之理 瞭然在心目之閒 知其聖賢之言 果不我欺者 是又一層也 但此一層 煞有層級 有悟其一端者 有悟其全體者 全體之中 其悟亦有淺深 要非口讀目覽之比 而心有所悟 故俱歸一層也 有

율곡은 위와 같은 소견所見(어떤 일이나 사물을 살펴보고 가지게 되는 생각이나 의견358))을 가진 사람을 망견자望見者라고 하였다. 망견자에 대한 뜻을 자세히 보면, 이미 성현의 글을 읽어서 '겉으로 내세우는 이름359)'(명목名目)을 알고 나서도 깊이 생각하고 정밀하게 살펴 훤하게 그 명목의 이치(명목지리名目之理)를 깨달아서 성현의 말이 과연 나를 속이지 않는다는 것을 명료하게 아는 사람이라고 한다. 이들 중에는 한 실마리만 깨달은 이도 있고, 전체를 깨달은 이도 있는데, 이들은 단순히 입으로만 읽고 눈으로만 보는 그런 방식이 아니고 마음으로 깨달음이 있는 사람들을 말한다. 이러한 사람은 사물事物(존재하는 모든 것(물物)과 인간관계나 인간과 사물의 관계에서 생긴 일(사事))360)의 이치를 분별分別해서 알 수 있는 능력이 있다. 그 결과 다른 사람이 잘못 전하는 것에 동요되지 않는 생각하는 능력이 타고난 자를 말한다. 이들은 생각하고 또 생각하여 앎에 다다르는 것이 자연스러운 사람들이다. 그러나 행동의 측면에서 보면 더디다는 표현이 적합할 만큼 생각만 비대한 자들을 부정적으로 일컫는 말이다.361)

旣悟名目之理 瞭然在心目之閒 而又能眞踐力行 實其所知 及其至也 則親履其境 身親其事 不徒目見而已也 如此然後 方可謂之眞知也 最下一層 聞人言而從之者也 中一層 望見者也 上一層 履其地而親見者也
358) 『표준국어대사전』, 국립국어연구원, 1999. 3507쪽 참조. 소견所見.
359) 『표준국어대사전』, 국립국어연구원, 1999. 2145쪽 참조. 명목名目.
360) 류인희, 『주자철학과 중국철학』, 범학사, 1980. 149쪽 참조.
361) 생각에 관한 글이 있어 소개해 보면, 생각을 잘하려면 엄격하게 이성적이어야 하며, 그러기 위해서는 모든 감정을 억눌러야 한다는 것은 오해다. 다른 감정적 습관(필자 주註. 일상의 경험 예를 들면 아버지의 자녀들에 대한 따스함과 어머니가 해주는 사랑이 담긴 음식 등)이 계발되지 않고, 분석적인 태도에 자연스런 보완적, 교정적 요소가 수반되지 않으면 모든 것을 분석하려는 습관이 온 세상이 파편화되기 전까지

(비유하건대 여기에 정상의 경치가 이루 형언할 수 없을 정도로 절묘한 높은 산 하나가 있다고 합시다.) 어떤 사람은 다른 사람의 지도를 잘 받아서 그 산이 있는 곳을 알아 머리를 들어 바라보매, 정상의 절묘하고 훤한 경치가 눈에 가득 들어옵니다. 이미 스스로 바라보았기 때문에 다른 사람이 잘못 전하는 것이 어찌 그를 동요하게 할 수 있겠습니까?362)

기청질박자의 특징을 가지는 망견자는 지도를 잘 받아서 그 산의 소재를 알아 머리를 들어 정상의 절묘하고 훤한 경치를 스스로 볼 수 있는, 능지能知(알 수 있는)한 청각적 인식가이므로 그들은 다른 사람이 잘못 전달하는 말에는 동요되지 않지만 행동이 결여된다고 지적한다.

다만 한쪽 편만 조망하는 이는 조망한 것이 온전하지 못하기 때문에 비록 본인은 이단에 유혹되지 않았다고 할지라도, 발언이 혹 어긋나기도 하여 도리어 다른 사람을 그르치게 할 수 있으니, 가시덤불을 헤치고 가는 이를 억시로 소상하지 않을 것이라고 확언할 수 없습니다. 바로 이 점 때문에 더욱 눈을 밝게 뜨고 대담하게 말을 극진하게 하여 밝게 변석하지 않을 수 없습니다.363)

계속 분리하고, 구획하고, 구분한다. 그러나 어떤 문제에 대응하기 위해 분석력만 동원하는 것은 충분하지 않다. 분석결과를 취하여 긍정적인 방향으로 재구성할 능력과 성향을 가진 사람이 되어야 한다. 단지 생각하는 것이 아니라 생각에 감정을 결합시킬 때 의미있는 행동 즉 세상에 대한 대응이 실제 상황에 맞게 적절해진다는 것이다(앨런 제이 콥스,『당신이 생각만큼 생각을 잘하지 못하는 이유』, 김태훈, Korea.com, 2018. 60-67쪽 참조.).

362)『栗谷全書』1, 213쪽 10:34b-35a「書」二 答成浩原. (譬如有一高山 於此 山頂之景勝 妙不可言) 一人則因他人之指導 識其山之所在 擧頭望見 則山上勝妙之景 渙然滿眼 旣自望見矣 他人之誤傳者 豈足以動之哉

율곡은 산을 직접 조망한 사람 자신은 이단異端의 유혹에 미혹되지 않지만 한쪽만 바라보는 입장에서 조망한 것은 온전하지 못하기 때문에 발언이 혹 어긋나기도 하여 다른 사람을 그른 길로 가게 할 수 있다고 지적한다. 다시 말해 망견자가 아무리 완벽한 이론적 지식을 가지고 있어도 '(알 수는 있지만) 잘 행할 수는 없는' 기질의 치우침을 가지고 있으므로 부족함이 없을 수 없다는 것이다.

또한 율곡은 기청질박자가 발달된 청각의 인식으로 한 몸 지키기는 가능할지 모르나 온전하지 못한 시각으로 인해 발생하는 행동의 실수로 다른 사람을 올바르지 않은 길로 가게 할 수 있다고 염려한다. 그렇기 때문에 산의 소재를 알아 절묘한 경치를 바라보는 것만으로는 올바른 견해를 가진 사람이라 보긴 힘들다는 것이다. 다시 말해, 기청질박자의 장점이 경우에 따라 단점이 될 수도 있음을 언급한 것이다. 기청질박자의 능력은 특히 뛰어난 청각적 인식을 사용하는데 반해 시각은 덜 사용함으로 시각적 약점을 가질 수밖에 없다는 것이다.

위 내용을 통해 우리는 기청질박자의 단점을 가진 이들을 다른 말로 망견자라 칭함을 알 수 있었다.

기질이 불균형한 이유로 율곡은 기청질박자는 그에 맞는 기질의 교정방법이 따로 수반되어야 한다고 한다. 그렇다면 기청질박자의 기질 교정방법으로는 어떤 것이 있을까.

---

363) 『栗谷全書』 1, 214쪽 10:37a 「書」答成浩原. 但望見一面者 所見不全 故雖自不惑於異端 而發言之或差者 反誤他人 未必不爲涉榛途者之助也 此等處 尤不可不明目張膽 極言而明辨之

② **잠사자득**潛思自得

    성리학性理學의 기본 강령이자 율곡이 가장 강력하게 권장하는 신념은 '배워서 성인聖人에 이르는 것'이다. 배움의 과정에 기질을 교정하는 부분이 있으며, 배우는 이들에게 교기질은 학문을 하는 가장 큰 유익이라고 할 수 있다. 왜냐하면 기질을 변화시켜야 본성을 회복할 수 있으며 본성이 회복되어야 성인을 기약할 수 있기 때문이다.364)

    나는 여기서 기청질박자의 지식습득 방법을 소개하기 전에 격물치지格物致知에 대해 먼저 언급해야 할 필요성을 느낀다. 그것은 공부법이 기질마다 달라야 한다는 율곡의 이론을 설명하기 위함이지만 격물치지는 두 기질에 공통으로 적용되는 '학문 방법'이기 때문이다.

    그러므로 이 부분에서 격물치지의 필요성을 두 개의 문장을 빌어 설명해 보려 한다. 『중용』에는 '사람들이 음식을 먹고 마시지 않는 이가 없지만 맛을 아는 이는 적다.'365)는 말이 나온다.

    그리고 율곡이 그의 제자와 나눈 「어록」에서는 음식 맛에 대한 일화가 간략하게 소개되고 있는데, 물었다. "사미四味는 어떤 것입니까?" 답하기를 "떡 · 국수 · 생선 · 고기 등을 말한 것으로서 탕湯은 여기에 없다. (그렇지만) 나는 제사에 탕이 없을 수 없다고 생각한다."366)고 하였다.

---

364) 곽신환, 『1583년의 율곡 이이』, 서광사, 2020. 170/223쪽 참조.
365) 『大學·中庸集註』「中庸章句」, 성백효, 전통문화연구회, 2004. 64쪽 참조. 人莫不飮食也 鮮能知味也
366) 『栗谷全書』2, 252쪽 31:48b-49a 「語錄」上. 問 四味 曰 謂餠麪魚肉 而湯則無之 余以爲不可無湯

나는 이처럼 격물치지와 교기질 방법의 관계는 음식 맛(사미四味
: 격물치지)을 논하지 않고 각각의 음식(떡 · 국수 · 생선 · 고기
등 : 기질에 맞는 교기질 방법)을 언급할 수 없는 것과 같다고 생
각하여 이 부분에서 격물치지에 대해 언급하려 한다.

『대학』은 증자曾子(삼參. B.C. 506 ~ B.C. 436)가 공자의 설을
서술한 것으로 옛 사람이 공부하던 방법이다.367) 성리학에서는 그
것을 이어받아 배움의 시작은 『대학』의 체계로부터 한다. 이 책이
전해져 내려오던 중 빠진 부분이 생겼는데 그 부분을 주희가 보충
하였다. 사실 주희의 이러한 행동은 자신이 『대학장구大學章句』서
序에서도 밝히듯이, '참람하고 주제넘어, 그 죄를 피할 수 없다'고
고백한다.368) 주희가 이러한 비난을 무릅쓰고 넣은 부분이 바로
격물치지格物致知이다. 그 전문을 실어보면,

근래에 내 일찍이 정자의 뜻을 취하여 빠진 부분을 다음과 같이
보충하였다. "이른바 '앎을 지극히 함이 사물의 이치를 속속들이 깊
이 연구함에 있다는 것'은, 나의 앎을 다하고자 한다면 사물에 나아
가 그 이치를 속속들이 깊이 연구함에 있음을 말한 것이다. 사람마음
의 영특함은 앎이 있지 않음이 없고, 천하의 사물은 이치가 있지 않
음이 없건만, 이치에 대하여 속속들이 깊이 연구하지 못한 까닭으로,
그 앎이 극진하지 못함이 있는 것이다. 이 때문에 대학大學에서 처음
가르칠 때에 반드시 배우는 자들로 하여금 모든 천하의 사물에 나아
가서 그 이미 알고 있는 이치를 가지고 더욱 속속들이 깊이 연구해서
그 지극한 데 이르기를 추구하는 것이다. 그리하여 힘쓰기를 오래해

---

367)『栗谷全書』1, 440쪽 20:26a「聖學輯要」窮理章. 惟大學 是曾子述
孔子說 古人爲學之大方
368)『大學·中庸集註』「大學章句」, 성백효, 전통문화연구회, 2004. 13-16
쪽 참조.

서 어느 날 하루아침에 훤히 툭 트이어 관통함에 이르면, 모든 사물의 겉과 속·정밀함과 거친 것이 이르러 오지 않음이 없을 것이요, 내 마음의 온전한 본체와 큰 작용이 밝혀지지 않음이 없을 것이다. 이것을 사물의 이치를 궁구함이라 하며, 이것을 일러 앎이 지극함이라 한다."369)

격물格物과 치지致知는 본래부터 수양과 실천의 관계 속에서 의미를 갖는 개념370)으로 (격물치지를) 한 마디로 정리하면, '실제 사물의 이치를 연구하여 지식을 완전하게 함'371)이라고 할 수 있다. 표면적으로는 객관세계의 진리를 탐구하는 것으로 보이지만, 사실 격물치지의 목적은 지선至善이 있는 곳을 알아서 인간의 행동이 올바른 방향으로 가기 위한 것372)이라고 한다.

격물치지는 '사람의 마음에는 온갖 이치가 모두 인간의 본성 안에 본래부터 있다'373)는 것을 전제로 한다. 인간이 모든 사물에 대한 탐구를 할 수는 없어도 모든 사물의 이치를 인식할 수 있는 이론적 토대를 마련할 수 있다는 뜻이다. 하지만 모든 사물의 이치

---

369) 『大學·中庸集註』「大學章句」, 성백효, 전통문화연구회, 2004. 32-33쪽 참조. 間嘗竊取程子之意 以補之 曰 所謂致知在格物者 言欲致吾之知 在卽物而窮其理也 蓋人心之靈 莫不有知 而天下之物 莫不有理 惟於理 有未窮 故 其知有不盡也 是以 大學始敎 必使學者 卽凡天下之物 莫不因其已知之理而益窮之 以求至乎其極 至於用力之久而一旦豁然貫通焉 則衆物之表裏精粗 無不到 而吾心之全體大用 無不明矣 此謂物格 此謂知之至也
370) 한국사상사연구회(김용헌), 『조선유학의 개념들』「격물치지」, 예문서원, 2011. 350쪽 참조.
371) 『표준국어대사전』, 국립국어연구원, 1999. 314쪽 참조. 격물치지.
372) 박완식, 『대학』, 여강, 2005. 140쪽 참조.
373) 『栗谷全書』1, 452쪽 20:50a「聖學輯要」窮理章. 臣按 人之一心 萬理全具 堯舜之仁 湯武之義 孔孟之道 皆性分之所固有也

를 알게 된다는 것은 실제로 모든 이치를 일일이 다 알게 된다는 것이 아니라 만물의 본질을 직관直觀하게 된다는 의미이다.

이러한 인식은 만물이 하나의 본질을 갖고 있다는 것인데, 리일분수설理一分殊說374)(세계를 관철하는 절대적 원리·법칙이 구체적이고 개별적인 사물이나 현상 속에 내재하는 각각의 특수 원리·법칙의 일치성을 설명하는 이론375))이 그것이다.

율곡은 정이의 말을 인용하여 "대개 만물은 각각 한 가지 이치를 갖추었으나, 온갖 이치는 모두 하나의 근원에서 나왔기 때문에 미루어 통하지 못할 것이 없다."376)고 하였다. 현실의 사물은 다양한 모습으로 드러나지만 모두 하나의 근원에서 나왔다는 것인데, 이는 만물이 본질적으로 단일한 이치를 구현하고 있다는 의미이기도 하다. 사물마다 고유하게 드러나는 분수의 이치를 탐구하고 나아가 보편적 원리, 즉 천리天理를 인식하는 것이 격물치지라고 할 수 있다.377)

본론으로 돌아와, 망견자는 지知에 능숙함으로 논리적으로 생각을 잘하는 특징을 가진다. 그러므로 생각을 잘하는 기청질박자의 지식습득 방법으로 나는 잠사자득潛思自得을 떠올리게 된다.

이제 보내온 서간을 받고 그 뜻을 자세히 연구해 보니, 형의 견해가 잘못된 것이 아니라 표현이 잘못되었습니다. 지난번 보내드린 서신에서 (제가) 표현이 너무 지나치게 하여, 생각해보니 부끄럽기 짝

---

374) Ⅵ장 기질을 교정해야 하는 이유의 2. 실제 적용 2) 기질의 편향성에서 자세히 논하기로 한다.
375) 『유교대사전』, 박영사, 1990. 1225쪽 참조.
376) 『栗谷全書』 1, 436쪽 20:18a 「聖學輯要」 窮理章. 蓋萬物各具一理而萬理同出一原 此所以可推而無不通也
377) 한국사상사연구회(김용헌), 『조선유학의 개념들』 「격물치지」, 예문서원, 2011. 359-360쪽 참조.

이 없습니다. 보내주신 서신에서 이른바, "의견을 하나로 부합하는 데에만 급급해하니 어찌 억지로 될 수 있겠습니까? 또한 깊이 생각하고 완미해보기를 기다려야 한다."고 하였는데, 이 말씀이 지극히 옳습니다. 도리道理는 모름지기 '깊이 생각하여 스스로 터득'(잠사자득潛思自得)해야 합니다. 만약 오로지 다른 사람의 말만 믿는다면 오늘 웅변하는 사람을 만나 그가 이 말이 옳다고 주장하면 그 말을 좋아하여 따르고, 내일 또 웅변하는 사람을 만나 그가 저 말이 옳다고 주장하면 또한 그 말을 좋아하여 바꾸어 따를 것이니, 어느 때에 정견定見이 있겠습니까?378)

율곡은 성혼成渾(호원浩原, 1535 - 1598)과 여러 통의 편지로 성리학의 이론들에 대해 논쟁하였다. 위의 글은 그 중에 한 부분이다. 그 주장에 대해 여기에서 논하기에는 어색하지만 간단하게 소개하면, 성혼은 사단칠정설과 인심도심설(Ⅰ. 서론 3. 기질론에 앞서 알아둘 용어들 3) 사단칠정, 4) 인심도심 참고)을 연결시켜 인심과 도심의 가치가 대립하는 개념으로 보아야 한다는 입장379)

---

378) 『栗谷全書』1, 204쪽 10:16b-17a 「書」二 答成浩原. 今承來書 詳究其旨 則兄之所見 非誤也 發言乃誤也 前呈鄙書 太厲聲氣 追愧追愧 來書所謂汲汲歸一 何可強爲 亦待乎潛思玩索者 此言極是 道理 須是潛思自得 若專靠人言 則今日遇雄辯之人 以此爲是 則悅其言而從之 明日又遇雄辯之人 以彼爲是 則亦將悅其言而遷就之矣 何時有定見乎

379) 『栗谷全書』1, 193-194쪽 9:37a-38a 「書」一 附問書. 心之虛靈知覺一而已矣 而有人心道心之二名 何歟 以其或生於形氣之私 或原於性命之正 理氣之發不同 而危微之用各異 故名不能不二也 然則與所謂四端七情者 同耶 今以道心謂之四端可矣 而以人心謂之七情則不可矣 且夫四端七情 以發於性者而言也 人心道心 以發於心者而言也 其名目意味之間 有些不同焉 幸賜一言 發其直指 何如 人心道心之發 其所從來 固有主氣主理之不同 在唐虞無許多議論時 已有此說 聖賢宗旨 皆作兩下說 則今爲四端七情之圖 而曰發於理發於氣 有何不可乎 理與氣之互發 乃爲天下之定理 而退翁所見 亦自正當耶 然氣隨之理乘之之說 正自拖引太長 似失於名理也 愚意以爲四七對擧而言 則謂之四發於理 七發於

이며, 율곡은 인심도심은 고정불변적인 것이 아니라 도심으로 시작하여 인심으로 끝날 수도 있고 인심으로 시작하여 도심으로 끝날 수도 있는, 다 한 마음의 가변적 현상380)이라고 주장하였다.381)

氣可也 爲性情之圖 則不當分開 但以四七俱置情圈中 而曰 四端 指七情中理一邊發者而言也 七情不中節 是氣之過不及而流於惡 云云 則不混於理氣之發 而亦無分開二岐之患否耶 幷乞詳究示喩〔마음의 허령지각은 하나일 뿐인데 인심과 도심의 두 가지 명목이 있는 것은 무슨 까닭입니까. 그것은 혹 형기의 사사로운 것에서 생기기도 하고, 혹 성명의 바른 것에 근원되기도 하여, 리와 기의 발함이 같지 않고, 그 작용이 위태롭기도 하고 은미하기도 한 차이가 있기 때문에 명목을 둘로 하지 아니할 수 없는 것입니다. 그렇다면 이른바 사단칠정이란 것과 같습니까. 이제 도심을 사단이라 하는 것은 옳으나 인심을 칠정이라 한다면 옳지 못합니다. 또한 사단칠정은 성에서 발한 것을 말함이요, 인심도심은 심에서 발한 것을 말하니, 그 명목과 의미 사이에 조금 같지 않음이 있습니다. 바라건대 한 마디 말로 바른 뜻을 밝혀 주는 것이 어떻겠습니까. 인심과 도심의 발은 그 소종래가 본래 주기主氣와 주리主理의 같지 않음이 있습니다. 그래서 허다한 의론이 없던 당우시대에도 이미 이러한 설이 있어, 성현의 종지가 두 갈래로 말해졌던 것입니다. 그렇다면 사단칠정도를 만듦에 있어 '리에서 발하고, 기에서 발한다'고 하는 것이 어찌 옳지 않습니까. 리와 기의 호발설이 이에 천하의 정리가 되며 퇴계의 견해는 역시 정당한 것입니다. 그러나 '기가 따르고' '리가 탄다'는 설은 정말 너무 길게 끌어 대어 논리에 맞지 않은 듯합니다. 내 생각에는 사단과 칠정을 대거하여 말한다면 '사단은 리에서 발하고, 칠정은 기에서 발한다'고 하는 것이 옳다 하겠으나, 성정의 그림을 만들 때는 분개해서는 안되고 다만 사단칠정을 함께 정의 권내에 두고서 '사단은 칠정 가운데 리의 일변이 발한 것을 가리켜 말함이요, 칠정이 절도에 맞지 않는 것은 기가 지나치거나 미치지 못하여 악에 흐른 것이다'고 말한다면, 리와 기가 발하는 데 혼동되지 않고, 또한 두 갈래로 분개될 염려도 없을 것입니다. 그렇지 않습니까. 상세히 추구하여 알려주기를 아울러 빕니다.〕

380) 『栗谷全書』1, 192쪽 9:34b-35a「書」一 答成浩原 壬申. 人心道心相爲終始者 何謂也 今人之心 直出於性命之正 而或不能順而遂之 閒之以私意 則是始以道心 而終以人心也 或出於形氣 而不咈乎正理 則固不違於道心矣 或咈乎正理 而知非制伏 不從其欲 則是始以人心 而終以道心

이러한 이론을 바탕으로 나는 기청질박자(망견자)의 격물치지 방법으로 율곡이 말한 잠사자득을 지목指目하는 것이다. 율곡의 인심도심과 같은 '이론들'의 바른 이치를 구하기 위해서는 잠사자득을, 생각하는 능력이 있는 기청질박자의 지식습득 방법으로 적용해 보았다. 그렇다면 잠사자득이란 무엇인가?

　잠사자득潛思自得은 '사람이 마땅히 행해야 할 바른 길382)(도리道理)에 대해 깊이 생각하여 물질세계에 있는 모든 구체적이며 개별적인 존재383)에 대해 스스로 깨닫는 것'을 일컫는다.
　잠사자득의 효과는, 말 잘하는 사람(웅변지인雄辯之人)이 주장하는 말에 현혹되지 않는 것이라고 한다. 능지能知한 장점을 살려 잠사자득하면 '자신만의 일정한 견해384)(정견定見)가 생긴다고 보는 것이다.

也, 蓋人心道心 兼情意而言也, 不但指情也 (인심도심이 서로 종시終始가 된다는 것은 무엇을 말하는 것입니까? 시금 가령 사람의 마음이 성명의 바름에서 나왔으나 혹 그대로 좇아 이루지 못하고 사의가 끼어들게 되면, 이것은 시작은 도심으로 하였으나 인심으로 마치는 것입니다. 혹은 사람의 마음이 형기에서 나왔으나 바른 도리를 어기지 않는다면 진실로 도심을 어기지 않은 것입니다. 혹 바른 도리를 어겼더라도 잘못됨을 알아 제복하여 그 욕심을 따르지 않으면, 이것은 시작은 인심으로 하였으나 도심으로 마치는 것입니다. 대개 인심과 도심은 정情과 의意를 겸하여 말하는 것이지 정만을 가리키는 것은 아닙니다.)

381) 장숙필(고려대학교 민족문화연구원 한국사상연구소), 『자료와 해설 한국의 철학사상』 「이이와 인심도심 논쟁」, 예문서원, 2010. 504-511쪽 참조.
382) 『표준국어대사전』, 국립국어연구원, 1999. 1564쪽 참조. 도리道理.
383) 『표준국어대사전』, 국립국어연구원, 1999. 3119쪽 참조. 사물事物.
384) 『고려대한국어대사전』, 고려대 민족문화연구원, 2009. 5488쪽 참조, 정견定見.

앞에 내용들을 정리해보면, 망견자는 사물의 조리나 법칙과 도덕적 시비와 선악에 대해 분별하고 판단해서 잘 아는 능력이 있는 자로 기청질박자의 또 다른 이름이다. 그들은 능지能知하기 때문에 잠사潛思함으로써 사람이 마땅히 행해야 할 바른 길인 도리에 다다를 수 있다. 이들은 발달된 청각적 인식으로 도리에 대해 잠사자득하지만 덜 발달된 시각적 활동으로 망견자의 입장에 머물며 그 한계를 보인다. 다시 말해서 기청질박자와 망견자는 알 수는 있지만 잘 행동할 수는 없는〔능지불능행能知不能行〕 공통적 특징을 가진다.

2) 질수기탁자質粹氣濁者

다음은 질수기탁자에 대해 알아보자.

> '질은 순수한데 기가 맑지 않은 사람'〔질수기탁자質粹氣濁者〕은 행동할 수는 있지만 잘 알 수는 없는 것입니다.385)

율곡은 '질은 순수한데 기가 맑지 않은 사람'을 질수기탁자質粹氣濁者라고 하고, 행동할 수는 있지만 잘 알 수는 없는〔능행불능지能行不能知〕 특징이 있다고 설명하였다.

그리고 여기에서도 마찬가지로 앎〔지知〕과 행함〔행行〕을 연결하여 설명하고 있다. (앞에서 행行은 시각視覺과 관련된 활동으로 언

---

385) 『栗谷全書』 1, 468쪽 21:13b 「聖學輯要」 矯氣質章. 質粹而氣濁者 能行而不能知

급했던 것을 떠올려 볼 때) 질수기탁자의 특징은 발달된 시각으로 행동에 능숙하다.

나는 위와 같은 특징을 가지는 질수기탁자와 율곡이 말한 '남의 말만 듣고 좇는 사람'(문인언이종지자 聞人言而從之者)386)을 연결시켜

---

386) 율곡은 문인언이종지자는 '남의 말만 듣고 좇는 사람'이라고 말하고 있다. 여기서 '남의 말'은 진실여부를 판단할 수 없는 특징이 있다. 나는 그것에 대한 적절한 예로 『타인의 고통』을 든다. 문인언이종지자의 대한 대강의 윤곽을 그리면서 참고해 보기를 바란다. "전쟁으로 인한 이름 모를 희생자들의 죽음이 '누가, 언제, 어디에서'라는 정보를 알아야만 반전을 주장할 수 있는 것은 아니다. 독단적으로 무자비한 학살이 벌어졌다는 사실만으로도 충분하니까. 게다가 정의는 이쪽 편이며 억압과 부정은 저쪽 편이라고 확신하는 사람들, 싸움은 계속되어야 한다고 확신하는 사람들에게는 정확히 누가 누구를 죽였는가, 하는 것만이 문제가 된다. 예루살렘 도심에 있는 스바로 피자가게에서 공격받아 갈가리 찢겨나간 어느 어린 아이의 사진을 이스라엘의 유태인이 본다면, 우선 그 사람은 이 사진이 팔레스타인의 폭탄 자살조가 살해한 유태인 어린아이의 사진이라고 생각할 것이다. 가자지구 주변에서 탱크에 의해 갈가리 찢겨나간 어느 어린아이의 사진을 팔레스타인인이 본다면, 우선 그 사람은 이 사진이 이스라엘군이 살해한 어느 팔레스타인 어린아이의 사진이라고 생각할 것이다. 군인들에게는 신분이 모든 것을 말해준다. 그리고 그 아래 덧붙여질 글이 곧 이런 사진들을 설명하거나 곡해할 것이다. 발칸전쟁이 발발하기 전 세르비아와 크로아티아가 교전을 벌일 당시에는, 폭격을 당한 어느 마을에서 죽은 어린아이의 모습을 담은 동일한 사진이 양국의 선전전에 차례대로 사용되기까지 했다. 사진설명을 살짝 바꾸는 것만으로 이 어린아이의 죽임이 수차례 사용될 수 있었던 것이다. 2002년 4월 이스라엘군이 예닌의 난민수용소에 있던 난민들을 공격하여 2백여 명의 민간인들을 살해한 사건이 있었다. 신원이 확인된 50여 명의 사망자 중 절반이 어린아이와 노약자였는데, 이스라엘 정부는 유태인들의 최대명절인 유월절기간(3월 27일 - 4월 3일)에 자살테러를 감행한 팔레스타인인들에게 보복을 했을 뿐이라고 발표했다. 당시 카타르에 기지를 둔 아랍의 위성텔레비전 네트워크인 〈알자지라〉가 매시간 방송했던 것처럼, 죽은 민간인들이나 완전히 박살난 주택들의 모습을 담은 이미지는 적을 향한 증오를 신속히 자아내는 데 사용될 수도 있다. 〈알자지라〉를 시청하는 전 세계 사람

설명하려 한다. 즉 질수기탁자는 행동에는 강하지만 능지能知하지 못하므로 다른 사람의 말에 쉽게 현혹되는 단점을 가진다. 이런 사람들을 문인언이종지자라고도 부르는데, 이는 질수기탁자의 부정적 특징과 맥락을 같이 한다. 그렇다면 문인언이종지자란 어떤 사람을 말하는 것일까?

① **문인언이종지자**聞人言而從之者

율곡은 '행동할 수는 있지만 잘 알 수는 없는' 특징을 가지는 질수기탁자에 대해 다음과 같이 말하고 있다.

> 사람의 견해는 세 층으로 나눌 수 있습니다. 성현의 글을 읽어서 그 명목을 아는 것이 한 층입니다. …… 가장 낮은 한 층은 '남의 말만 듣고 좇는 사람'(문인언이종지자聞人言而從之者)입니다.387)

그는 위의 글에서 '문인언이종지자'(남의 말만 듣고 좇는 사람)는 성현의 글을 읽어서 그 명목만을 안다고 하였다. 설명하자면 질수기탁자의 특징은, 발달된 시각작용으로 액면만을 바라보기 때문에 옳고 그름의 능력이 떨어져 명확한 판단을 할 수 없는 이들을 말한다. 그렇기 때문에 문인언이종지자는 남의 말만 듣고 좇을 수밖에 없는(불능지不能知) 시각적 활동가의 모습을 가지게 되는데

들을 뒤흔들어 놓을 만큼 선동적이었지만, 이 방송은 시청자들이 잘 모르고 있는 이스라엘군에 대해서는 아무 말도 해 주지 않았다."(수전 손택, 『타인의 고통』, 이재원, 도서출판 이후, 2011. 26-28쪽 참조.)
387) 『栗谷全書』 1, 213쪽 10:34ab 「書」二 答成浩原. 人之所見有三層 有讀聖賢之書 曉其名目者 是一層也 …… 最下一層 聞人言而從之者也 (…… 생략된 부분은 기청질박자의 망견자에 해당하는 원문이 포함되어 있음. (앞의 망견자 부분에 원문이 실려 있음)〕

율곡은 이들이 산山을 인식하는 방법을 들어 질수기탁자의 특징을 설명하고 있다.

> 비유하건대, 여기에 정상의 경치가 이루 형언할 수 없을 정도로 절묘한 높은 산 하나가 있다고 합시다. 어떤 사람은 그 산이 어디에 있는지도 알지 못하면서 다만 사람들의 말만 듣고 믿어서, 다른 사람이 정상에 물이 있다고 하면 물이 있는 줄로 알고, 다른 사람이 정상에 돌이 있다 하면 또한 돌이 있는 줄로 압니다. 자기가 보지 못하고 오직 다른 사람의 말만 추종하기 때문에, 혹 다른 사람이 물도 돌도 없다고 하여도 그 진위를 파악하지 못할 것입니다. 사람의 말은 서로 다르고 나의 관점이 정립되어 있지 않다면 어떤 사람을 선택하여 그 말을 추종하지 않을 수 없습니다. 그 사람이 신뢰할 만한 사람이라면 그 말 또한 신뢰할 수 있습니다. 성현의 말씀은 반드시 신뢰할 수 있기 때문에 그 말씀에 추종할 뿐 어길 수 없습니다. 그러나 이미 그 말씀을 추종한다고 할지라도 그 뜻의 소재를 알지 못한다면 간혹 사람들이 신뢰할 만한 사람의 말을 잘못 해석하여 전하다고 할지라도 그 말을 추종하지 않을 수 없을 것입니다.388)

율곡은 위에 글에서 정상의 경치가 이루 형언할 수 없을 정도로 절묘한 높은 산 하나가 있다고 한다. 문인언이종지자는 그 산 정상의 경치를 알지 못하면서 다른 사람들의 말만 듣고 어떤 이가 정상에 물이 있다고 하면 물이 있는 줄로 알고, 또 다른 이가 정

---

388) 『栗谷全書』 1, 213쪽 10:34b-35a 「書」二 答成浩原. 譬如有一高山 於此 山頂之景勝 妙不可言 一人則未嘗識其山之所在 徒聞人言而信之 故人言山頂有水 則亦以爲有水 人言山頂有石 則亦以爲有石 旣不能自見 而惟人言是從 則他人或以爲無水無石 亦不能識其虛實也 人言不一 而我見無定 則不可不擇其人而從其言也 人若可信者 則其言亦可信也 聖賢之言 必可信 故依之而不違也 但旣從其言 而不能知其意之所在 故有人或誤傳可信者之言 亦不得不從也

상에 돌이 있다고 하면 또한 돌이 있는 줄로 믿게 된다. 즉, 자기 자신이 알지 못하고 오직 다른 사람의 말만 추종하기 때문에 혹 다른 사람이 물도 돌도 없다고 하여도 그 진위여부를 파악하지 못한다는 것이다.389)

  이들의 공통점 때문에 문인언이종지자를 질수기탁자의 또 다른 이름으로 보았는데, 나는 이들이 행동만 잘할 뿐 청각적 인식이 떨어지는 이유는, 첫째 사람의 말은 서로 다르고 나의 관점(아견我見)은 정립되어 있지 않아서, 둘째 성현의 말씀을 추종한다고 할지라도 그 뜻의 소재(이면裏面)를 알 지 못해서이다. 이 두 가지는 서로 연동되어 있어서 자신의 관점이 정립되어 있지 않으면 그 이면裏面을 알 수 없고, 그 뜻의 이면을 알지 못하면 자신의 관점이 정립되지 못하는 악순환이 계속된다. 이것은 다시 말해서 질수기탁자가 발달된 시각을 주로 사용해 한 쪽으로 치우쳐 액면만을 보고 의심없이 받아들인다면 다른 쪽(청각, 지知)이 상대적으로 기울어져 불균형해짐을 의미하는 것이다. 이것은 기청질박자의 경우와 마찬가지로, 질수기탁자도 장점이 경우에 따라서 단점으로 뒤바뀔 수 있음을 보여주는 예例라고 할 수 있다.

---

389) 문인언이종지자를 비유한 다른 예를 들어보면, (그 또는) 그녀는 스스로 생각한 적이 전혀 없다는 것이다. 다른 사람들과 함께 생각했다. 생각하지 않은 대가로 공동체로부터 안전을 제공받았다. 우리는 어떤 것이 진실이라고 믿을 때, 그 결론에 도달하는 과정도 명확하고 객관적이어서 혼자서 해 낼 수 있다고 여긴다. 그러나 누구나 살다 보면 때로 부실한 근거에서 올바른 믿음을, 탄탄한 근거에서 잘못된 믿음을 갖게 되는 경우가 있으며, 옳든 그르든 우리가 안다고 생각하는 모든 것은 다른 사람들과의 교류에서 생긴다는 점이다. 독립적으로, 고독하게, 스스로 생각하는 경우는 없다(앨런 제이콥스, 『당신이 생각만큼 생각을 잘하지 못하는 이유』, 김태훈, Korea.com, 2018. 48-60쪽 참조.).

우리는 위와 같은 이유로 질수기탁자의 능력은 시각과 긴밀한 연관성을 가진다는 것을 알게 되었다. 그렇다면 시각을 많이 사용하고 있는 이들인 만큼 청각은 덜 사용한다는 의미이다. 즉, 질수기탁자이면서 문인언이종지자는 실제적인 행동을 함에 있어서는 거침이 없지만, 자신의 상황에 맞는 식견(자견自見)이 부족함으로 남의 말만 듣고 우왕좌왕하는 경향이 있다. 그러므로 나는 이런 질수기탁자가 올바른 방향성을 가지기 위해서는 견물사도見物思道해야 한다고 보는 것이다. 왜냐하면 시각이 발달하여 잘 행동할 수 있기 때문에 질수기탁자는 보고 경험한 것을 바탕으로 나아가야 전체적으로 생각할 줄 아는 힘이 생기기 때문이다.

② **견물사도**見物思道

나는 기질을 교정하려는 질수기탁자가 지식을 습득[390]하기 위해서는, 견물사도見物思道해야 한다고 생각한다. 견물사도는 다른 말로 '격물치지의 질수기탁자 적용버전version'이라 볼 수 있다.[391]

'개울가에서 손으로 물을 치며 생각하였다'는 설명(유기격수지설柳

---

390) '잠사자득'에서 기질을 변화시키는 것과 학문의 관계는 기질론 이해의 중요한 요소임을 강조했다. 질수기탁자 = 문인언이종지자도 예외일 수 없다. 그에 대한 근거를 들자면, ①율곡은 학문을 하는 가장 큰 유익은 기질을 변화시킴에 있다고 하고, 기질을 변화시켜야 본성을 회복할 수 있다고 하였다. ②"배워서 성인에 이르는 것은 유학의 기본 강령이며 율곡이 가장 강력하게 지니고 권장하는 신념이다. 그의 『자경문』이나 『격몽요결』의 핵심적 내용이 바로 배워서 성인에 이르는 것, '기질변화론'이다."(곽신환, 『1583년의 율곡 이이』, 서광사, 2020. 170/223쪽 참조.).
391) 잠사자득에서 설명한 격물치지格物致知의 내용 참고.

磯激水之說)은 '사물을 보고 도리를 생각한 것'(견물사도見物思道)이라 할 수 있습니다.392)

견물사도란 무엇인가? 율곡이 그의 친구 성혼과의 편지에서 '개울가에서 손으로 물을 치며 생각하였다'는 유기격수지설柳磯激水之說은 견물사도의 예로 든 것인데『표준국어대사전』을 인용해 풀어보면, '물질세계에 있는 모든 구체적이며 개별적인 존재393)(사물事物)의 경우의 수를 다양하게 체험해 보고 사람이 마땅히 행해야 할 바른 길394)(도道)을 생각하는 것'이라고 할 수 있다.

물이 아래로 흘러가는 것은 이치이며, 물을 부딪치면 손 위로 튀어 오르는 것 역시 이치입니다. 물이 만약 처음부터 끝까지 아래로만 흘러가 아무리 부딪쳐도 튀어 오르지 않는다면, 그러한 이치는 없는 것입니다. 부딪쳐서 손 위로 튀어 오르게 하는 것은 비록 기운(기氣)이라고 하더라도, 충격을 가해 손 위로 튀어 오르게 하는 까닭은 이치(리理)이니, 어찌 기운만 홀로 작용한다고 말할 수 있겠습니까?395)

유기격수지설은 구체적인 물의 흐름을 손으로 직접 경험해 보고서 도리를 생각하는 것이라고 할 수 있다. 물이라는 것은 (원래 위

---

392)『栗谷全書』1, 204쪽 10:17a「書」二 答成浩原. 柳磯激水之說 可謂 見物思道矣
393)『표준국어대사전』, 국립국어연구원, 1999. 3119쪽 참조. 사물事物.
394)『표준국어대사전』, 국립국어연구원, 1999. 1547쪽 참조. 도道.
395)『栗谷全書』1, 204쪽 10:17ab「書」二 答成浩原. 夫水之就下 理也 激之則在手者 此亦理也 水若一於就下 雖激而不上 則爲無理也 激之而在手者雖氣 而所以激之而在手者 理也 烏可謂氣獨作用乎 水之就下 本然之理也 激而在手 乘氣之理也 求本然於乘氣之外 固不可 若以乘氣而反常者 謂之本然 亦不可 若見其反常 而遂以爲氣獨作用 而非理所在 亦不可也

에서 아래로 흐른다고만 생각할 수 있는) 하나의 존재이지만 '위에서 아래로 흘러가는 것'과 '손으로 물을 부딪치면 손 위로 튀어 오른 것'의 두 가지 속성을 함께 가진다는 것이다.396)

성혼은 유기격수지설을 설명하면서 물이 아래로 흘러가는 것은 이치가 맞지만 물이 손 위로 튀어 오르는 것은 이치가 아니라고 말한다. 이에 반해 율곡은, 물이 손위로 튀어 오르는 모습은 기운(氣)이라고 하더라도 충격을 가해 손 위로 튀어 오르게 하는 까닭은 이치(리理)이니 기운과 이치가 함께 한 것임을 설명하고 있다.397)

---

396) 맹자孟子와 고자告子(? - ?)의 인간의 본성에 대해 논쟁이 『맹자』에 전해진다. 본문의 유기격수지설과 연관된 부분이 있어 살펴보았다. 고자는 "성性은 여울물(강이나 바다 따위의 바닥이 얕거나 폭이 좁아 물살이 세게 흐르는 물. 『표준국어대사전』, 국립국어연구원, 1999. 4318쪽 참조.)과 같다. 그리하여 동방으로 터놓으면 동쪽으로 흐르고, 서방으로 터놓으면 서쪽으로 흐르니, 인성人性이 선善과 불선不善에 구분이 없음은 마치 물이 동·서의 분별이 없는 것과 같다."고 말하였다. 이에 맹자는 "물은 진실로 동·서의 분별이 없거니와, 상·하의 분별이 없단 말인가? 인성의 선함은 물이 아래로 내려기는 것과 같으니, 사람은 불선한 사람이 없으며, 물은 아래로 내려가지 않는 것이 없다. 지금 물을 쳐서 튀어 오르게 하면 이마를 지나게 할 수 있으며, 격激하여 흘러가게 하면 산山에 있게 할 수 있거니와, 이것이 어찌 물의 본성이겠는가? 그 세勢가 그렇게 만든 것이다. 사람이 불선을 하게 함은 그 성性이 또한 이와 같은 것이다."말했다(『孟子集註』「告子」上, 성백효, 전통문화연구회, 2003. 313-315쪽 참조.). 이에 대해 율곡은 평하기를 "맹자는 다만 본체만 거론하고, 기운에 타고 있은 것에 대해서는 논급하지 않아 고자告子를 설복하지 못한 것입니다. 그러므로 본성만 논하고 기운을 논하지 않으면 갖추지 못한 것이며, 기운만 논하고 본성을 논하지 않으면 명확하지 않습니다. 게다가 본성과 기운을 둘로 나누면 옳지 않습니다."라고 하였다(『栗谷全書』 1, 212쪽 10:33b 「書」二 答成浩原 참조.).
397) 율곡은 자연계의 존재 구조를 형이상자로서의 리理와 형이하자로서의 기氣가 오묘하게 결합된 것으로 이해하였다. 자연의 운동변화의 당

일상 속 예를 들어보면, 질수기탁자이면서 문인언이종지자인 사람들은 아름다운 육체에 아름다운 정신이 담겨있을 거라고 생각한다. 반면에 못생긴 사람을 보면 영혼이나 정신도 나쁠 것이라고 성급하게 미루어 짐작하는 것처럼, 보이는 것이 전부라고 착각하여 액면만을 믿는 특징이 있다.

위의 예에서도 알 수 있듯, 질수기탁자들은 겉으로 드러난 것만을 믿어서 쉽게 오류를 범하는 사람들이다. 이들은 시각적 능력이 발달한 탓에 보이는 것이 전부라고 생각하는 사람들로 단지 성현의 말씀만 추종할 뿐 그 진정한 뜻은 알지 못한다. 그들은 드러난 현상은 모두 원리가 함께 작용한 것인데 그 본뜻을 잃어 액면의 모습만으로 모든 것을 판단하고 행동한다. 위와 같은 이유로 '질수기탁자 = 문인언이종지자'는 스스로 볼 만한 식견(자견自見)을 가지기 못했기 때문에 악순환이 반복된다. 이런 이유로, 자견自見을 갖기 위해 힘써야 한다고 율곡은 말하고 있다.[398]

다시 말해 사람은 '자신만의 일정한 견해[399]'(정견定見=자견自見=아견我見=식견識見)를 가지기 위한 격물치지格物致知를 학문하는 방법으로 선택해야 하는데 기질에 따라 잠사자득이나 견물사도의 과

사자는 기로 보고 그 기 운동의 주재는 리로 보았다는 의미인데 이러한 자연의 존재구조와 자연 현상을 '기발리승氣發理乘' 즉 '발하는 기 위에 리가 올라타 있는' 구조로 설명하였다(황의동, 『율곡 사상의 체계적 이해』1, 서광사, 2001. 76-77쪽 참조.).

[398] 『栗谷全書』1, 213쪽 10:35a 「書」二 答成浩原. 今之學者於道 所見亦如此 徒逐聖賢之言 而不知其意 故或有失其本旨者 或有見其記錄之誤 而猶牽合從之者 既不能自見 則其勢不得不然也

[399] 『고려대한국어대사전』, 고려대 민족문화연구원, 2009. 5488쪽 참조. 정견定見.

정을 거쳐야 한다. 잠사자득은 이치를 깊이 생각함으로 스스로 터득하는 과정으로 이루어졌다면, 견물사도는 구체적 사물의 현상을 경험해 보고 그 가운데 있는 이치를 생각하는 방식으로 이루어져 있다. 그러므로 기질의 관점에서 지식습득(격물치지)을 할 때 '기청질박자(망견자)는 잠사자득'하는 방법으로, '질수기탁자(문인언이종지자)는 견물사도'로 나아가는 것이 알맞으며 이와 같이 했을 때 학문을 가능하게 하여 기질을 변화시킬 수 있게 된다는 것이다.

지금까지의 기청질박자와 질수기탁자에 관한 내용을 표로 정리해 보면,

명칭	기청질박자 氣淸質駁者 기는 맑은데 질이 순수하지 않은 사람	질수기탁자 質粹氣濁者 질은 순수한데 기가 맑지 않은 사람
특징	능지불능행 能知不能行 알 수는 있지만 잘 행동할 수는 없음	능행불능지 能行不能知 행동할 수는 있지만 잘 알 수는 없음
단점	망견자 望見者 바라만 보는 사람	문인언이종지자 聞人言而從之者 남의 말만 듣고 좇는 사람
습득 방법	잠사자득 潛思自得 이치를 깊이 생각함으로 스스로 터득함	견물사도 見物思道 구체적 사물의 현상을 보고 그 가운데 이치를 생각함
장점	청각 聽覺 + 지 知 →청각적인식가 聽覺的認識家	시각 視覺 + 행 行 →시각적활동가 視覺的活動家

지知는 듣다, 행行은 본다는 뜻을 가지고 있다. 능지能知한 기청질박자는 청각적 인식가이며, 능행能行한 질수기탁자는 시각적 활동가이다. 이런 이유로 기청질박자와 질수기탁자가 모두 기질적으로 완전한 상태라고는 볼 수 없다. 왜냐하면 능행能行한 질수기탁자는 앎이 능숙하지 못하고, 능지能知한 기청질박자는 행동이 능숙치 못한 특징을 가지므로 이런 부정적 상태를 다른 말로 '망견자'와 '문인언이종지자'라고 부르는 것이다. 이들의 기질적 불균형은 생각과 행동의 치우침을 가져오는데, 이것은 스스로 한계에 부딪쳐 적절하지 못한 결과를 초래한다.

그렇다면 그들은 부정적 기질의 측면을 어떻게 개선하고 극복해 나가야 할 것인가.

다음 장에서는 기질적 한계를 극복하여 어떻게 중용적 인간(기청질수자)으로 나가야 하는지 그 방법을 알아보고, 기질에 따라 왜 '기질 교정방법'이 달라져야 하는지도 살펴보기로 하자.

V. 교기질矯氣質과 교기질 방법

1. 교기질矯氣質

『표준국어대사전』에서는 변화기질變化氣質을 해설하고 있지만, 교기질矯氣質에 대한 해석은 나와 있지 않다. 하지만 우리에게 생소하게 느껴지는 '교기질'이란 단어는 율곡이 임금에게 올리는 「성학집요」 교기질장에서 '교기질'이라고 명명한 것에서 유래한다.400)

변화기질의 '변화變化'와 교기질의 '교정矯正'의 뜻을 각각 찾아보면, 변화는 '사물의 성질, 모양, 상태 따위가 바뀌어 달라짐'으로 풀어볼 수 있으며 그 예로 '정국政局(정치의 국면)의 변화, 온도의 변화' 등을 들 수 있다.401) 그리고 교정은 '틀어지거나 잘못된 것을 바로잡음'으로 정의하며, 그 예를 들면 '말더듬이 교정, 척추 교정'이라고 표현402)할 수 있다. '변화와 교정' 두 단어를 비교하니 어감차이가 분명 존재함을 알 수 있었다.

우리는 여기서 '기질이 다르면 그냥 다르게 살면 되지', '기질의 교정을 굳이 해야 하나' 하는 의문이 들 수도 있다. 하지만 나는 기질의 교정이야말로 거창하지만 소통의 문제이며, 더 나아가서는 화합의 단서라고 본다.

지금까지 율곡의 기질론을 정리하다보니 기청질박자는 능지能知

---

400) 『栗谷全書』 1, 465-469쪽 22:6b-14a 「聖學輯要」 矯氣質章 참조.
401) 『표준국어대사전』, 국립국어연구원, 1999. 2693쪽 참조. 변화變化./
　　『표준국어대사전』, 국립국어연구원, 1999. 5420쪽 참조. 정국政局.
402) 『표준국어대사전』, 국립국어연구원, 1999. 625쪽 참조. 교정.

함으로 더 잘 알기 위해 '왜'라는 질문을 스스로 던지며 고뇌하는 사람이고, 질수기탁자는 능행能行함으로 더 잘 행동하기 위해 '어떻게'라는 방법을 찾기 위해 애쓰는 사람이라는 생각이 든다.

가령 두 사람의 친구가 있다고 생각해 보자. (한 명은 기청질박자, 한 명은 질수기탁자이다) 기청질박자는 능지하기 때문에 모든 일이 '왜'(이유)라는 물음에서 출발하여 그것이 논리적으로 이해되어져야만 행동할 수 있고, 질수기탁자는 능행하기 때문에 자신에게 닥친 상황에 대해 행동하여 먼저 처리하려고 하기 때문에 '어떻게'(방법)에 집착하는 경향을 볼 수 있다.

이해되어져야 행동할 수 있는 기청질박자와 경험해야 알 수 있는 질수기탁자가 한 가지 상황에서 해석을 달리함으로 서로를 오해한다면, 굳이 일상의 예를 들지 않아도 어떤 비극이 올지는 상상에 맡기기로 한다. 이런 이유만으로도 기질간의 교정은, 서로를 사랑하는 일이며 넓게는 가족 간의 균열을 막고, 거국적으로는 국가 간의 전쟁을 막는 일이기도 하다. 그러므로 일괄적인 방식이 아닌 각각에 맞는 교정방법이 제시되어야 한다고 본다.

1) 기질과 지知 · 행行

앞 장에서도 언급했지만 율곡은 기질의 교정방법에 중요한 기준으로 지知와 행行을 든다(Ⅳ장 율곡 이이의 기질분류). 그렇다면 기질의 교정이 지행론과 어떤 연관성을 가지는지도 알아보아야 할 것이다.

① 지행론知行論

  지행론知行論은 지知와 행行에 관한 이론403)으로 지와 행을 어떻게 규정하는가에 따라 정의된다. 어떤 이들은 지와 행을 모두 도덕적 가치의 인식과 실천을 중심으로 해석했고 어떤 이들은 자연과 사회의 객관 법칙에 대한 지식과 경험으로 이해하기도 한다. 나아가 도덕과 관련해 이해하는 이들은 '행위와 결과를 위주로 행

---

403) 지知와 행行을 병립시키고 어느 것이 더 앞서는 것인가에 대한 질문이 유학자들에 의하여 흔히 제기되어 왔고, 지행론에는 '지知가 앞선다'는 선지후행설先知後行說과 '행行이 앞선다'는 선행후지설先行後知說 및 지知와 행行이 일치한다는 지행합일설知行合一說 등 여러 가지 입장이 있다. 공자는 『논어』「학이」에서 "제자들은 들어와서는 효도하고, 나가서는 우애롭고, 삼가고 신의롭게 굴며, 널리 뭇사람을 사랑하고, 어진 사람을 가까이 하여라. 그렇게 행하고 여력이 있으면 학문하여라."고 말하여 지知보다 행行을 중시하는 입장에 섰다. 맹자는 "어린 아이로서 자기 부모를 사랑할 줄 모르는 아이는 없고, 자라서는 연장자를 공경할 줄 모르는 사람이 없다."(『맹자孟子』 「진심상盡心上」)고 하여 지와 행이 일치해야한나는 지행합일知行合一의 입장에 섰다. 『중용中庸』은 '덕성을 높이고 학문을 말미암다'(존덕성이도문학尊德性而道問學)고 하면서도 '널리 배움'(박학博學)· '자세히 물음'(심문審問)· '신중히 생각함'(신사愼思)· '밝게 분변함'(명변明辨)· '독실히 행함'(독행篤行)을 말하여 '행이 앞선다'는 선행후지先行後知, '지가 앞선다'는 선지후행先知後行의 입장을 아울러 말하였다. 『대학大學』은 '그침을 안 뒤에 정定함이 있고 …… 생각한 뒤에 얻을 수 있다.'(지지이후유정知止而后有定 …… 려이후능득慮以后能得)라고 말하며, 격물치지格物致知를 팔조목의 제일 앞에 놓음으로써 '자신의 몸과 마음을 닦음'(수기修己)의 순서에 있어서는 분명한 '지가 앞선다'는 선지후행先知後行의 입장을 표명하고 있다. 지와 행의 문제에 대한 유학의 근본적인 입장은 지와 행이 서로 분리될 수 없다고 보는 것이 합리적일 것이다. 그것은 지와 행이 선후·경중을 논할 수 없으며 양자가 마치 수레의 두 바퀴나 새의 두 날개와 같이 서로가 근본이 되고 함께 나아가야 하기 때문이다(『유교대사전』, 박영사, 1990. 1492-1493쪽 참조. 지행론.).

에 접근하는 입장'과 '선천적 능력의 측면에서 지를 파악하는 입장'으로 나누고 있다. 특히 중국과 조선의 성리학자들은 각자의 문제의식에 따라 지와 행을 달리 규정하고, 설정했다.404) (지행론에 대해 각주 참고)

학문적으로 지·행을 말하기 전에, 나는 가볍게 지행을 시각과 청각에 대입해 (동물들에게) 적용해 보려 한다.
시각·청각 중 어떤 감각을 더 사용하는가에 따라 동물들을 주행성과 야행성 두 가지로 크게 나눠볼 수 있다.

낮(양陽)과 밤(음陰)의 세계로 구성된 생태계에서 동물들을 제어하는 제반 요인 중 대표적인 감각기관이라고 할 수 있는 것이 바로 시각과 청각이다. 낮에만 활동하는 성질(주행성晝行性)을 가지는 동물405)들은 낮에는 시야視野(시력視力이 미치는 범위)406)가 확보되기 때문에 시각을 주로 사용하고, 부가적으로 청각을 사용하며 야간에 활동하는 성질(야행성夜行性)을 가지는 동물407)들은 밤에는 청야聽野(소리가 귀에 들리는 범위)408)가 갖춰져 있기 때문에 청각을 주로 사용하고 덧붙여 시각을 사용한다.
낮에는 잘 볼 수 있지만 어두워지면 시력이 급격히 떨어져 주로 낮에 활동을 하는 주행성동물에게 밤은 휴식을 취하며 낮에 필요

---

404) 한국사상사연구회(강춘화), 『조선유학의 개념들』, 「지행 인식과 실천의 변증법」, 예문서원, 2011. 376쪽 참조
405) 『표준국어대사전』, 국립국어연구원, 1999. 5650쪽 참조. 주행성동물 晝行性動物.
406) 『표준국어대사전』, 국립국어연구원, 1999. 3786쪽 참조. 시야視野.
407) 『표준국어대사전』, 국립국어연구원, 1999. 4151쪽 참조. 야행성동물 夜行性動物.
408) 『표준국어대사전』, 국립국어연구원, 1999. 6051쪽 참조. 청야聽野.

한 에너지를 얻는 시간인데, 만약 이들에게 밤에 활동하라고 한다면 어둠 속에서 적응하지 못하고 도태淘汰(생물집단에서 환경이나 조건에 적응하지 못하는 개체군이 사라져 없어짐409))되고 말 것이다. 반면 야행성 동물들은 주로 해가 진 뒤에 활동하는 동물을 말한다. 이들은 시력이 좋지 않아 어둠 속에서 활동하기 위해서는 청각을 우선 이용해 밤에 예민하게 적응한다. 주행성동물과 마찬가지로 야행성동물이 낮에 활동한다면 그것은 포식자에게 무방비 상태로 노출된다는 것을 의미할 것이다.410)

위의 예는 지행의 논의와 동떨어진 것이라고 생각할 수도 있지만 낮(주행성)은 시각을 쓰기 때문에 行行으로, 밤(야행성)은 청각을 주로 씀에 따라 지知라고 좀 더 유연하게 생각해 보자. 귀로 듣는 것(지知)에 치중해 모든 걸 판단하는 사람과 눈으로 보는 것(행行)에 중점을 두고 행동하는 이가 있다고 하면, 그들의 판단과 선택이 과연 한쪽으로 치우치지 않았다고 장담할 수 있을까? 두 감각을 고루 쓰는 사람(기청질수자)보다 기청질박자와 질수기탁자가 더 균형적이라고 주장할 수 있을까? 나는 이런 단순한 이유로도 기질의 교정이 필요하다고 본다.

생각해 보면 한쪽 감각만을 사용하는 동물보다 양쪽 감각을 다 사용하는 동물들이 생존에 더 유리한 것처럼, 인간이 두 감각을 자유롭게 활용한다면 사회적으로도 유리한 입지立地를 가지게 될 것이 분명하기 때문이다.

다시 학문적 얘기로 돌아가 보자. 율곡은 지 · 행에 관하여,

---

409) 『표준국어대사전』, 국립국어연구원, 1999. 1587쪽 참조. 도태淘汰.
410) 곰돌이 co., 『나이트 사파리에서 살아남기1』, ㈜미래엔, 2019. 46-47쪽 참조.

신이 살피건대, 자신의 몸과 마음을 닦는 공부〔수기공부修己工夫〕에는 지知를 넓히는 것도 있고, 행行하는 것도 있사옵니다. 앎〔지知〕은 착한 것을 밝히는 것이요, 행함〔행行〕은 몸을 성실하게 하는 것이니, 지와 행을 합하여 말한 것을 취하여 첫머리에 드러내었습니다.411)

이경한은 그의 논문 「율곡 수기론의 철학적 구명究明」에서 일반적으로 (수기공부修己工夫의 두 측면을 대표하는) 지와 행에 관하여, 율곡은 '착한 것을 밝히는 것'〔명선明善〕과 '몸을 성실하게 하는 것'〔성신誠身〕으로 구체화 하였다. 명선明善은 현실적 인간 존재에서 인간의 본래성이나 본래성의 선천적 근거로서의 천리를 밝히는 일이며, 성신誠身은 본래성이나 천리에 의거하여 천리가 온전히 구현되는 인간 존재를 성취하는 일이라고 할 수 있다. 명선과 성신이 지 · 행과 근본적으로 그 의미가 다른 것은 아니며, 단순화하여 말하면 인식과 실천이라는 공부의 두 면으로 볼 수 있다412)는 것이다.

강춘화는 그의 논문 「인식과 실천의 변증법」에서 인식이 결여된 실천은 맹목적인 행동이 되고, 실천없는 인식은 참된 앎이 되지 못한다는 뜻으로 맹목적인 행동과 참지지 못한 앎을 통해서는 도리를 자득할 수 없다고 한다. 이러한 이유로 지와 행은 시작부터 끝까지 서로 돕고 의지하면서 번갈아 증진해야만 한다. 지와 행의

---

411) 『栗谷全書』 1, 428쪽 20:2a 「聖學輯要」 摠論修己章. 臣按 修己工夫 有知有行 知以明善 行以誠身 今取合知行而言者 著于首
412) 이경한, 「율곡 수기론의 철학적 구명究明-명선明善·성신론誠身論을 중심으로」, 성균관대 박사학위논문, 2005. 2쪽 참조.

문제는 단지 효도해야 되는 것을 알면 그것을 반드시 실천해야 한다는 차원의 문제만은 아니다. 인식과 실천의 문제는 우리가 세계를 어떤 입장에서 바라보는가의 문제도 포함하고 있는 것이다.413)

일반적인 입장에서 보아도 지(인식)와 행(실천) 중 어느 한쪽으로만 치우치는 것은 불완전한 모습으로 상징될 수 있다. 그렇다면 '지·행이 함께 갖추어짐'(지행겸비知行兼備)이 이상적 상태라는 결론에 다다르게 된다. 과연 지행겸비란 실천될 수 있는 것인가. 다음 장에서는 지행겸비에 관해서 좀 더 자세히 알아보기로 하자.

② 지행겸비知行兼備

율곡은 위와 같은 전통적인 성리학의 지행론知行論을 원칙적으로 받아들여 지知와 행行이 아울러 갖추어진 상태를 지행겸비知行兼備414)라고 말한다.

> 처음은 '잘 할 수 있는 일'(가욕지선可欲之善)로부터 시작하여 마침내 천지와 병립하고, 화육을 돕는 경지에 도달하는 것은 다만 지知 쌓고 행行을 거듭하며(적지누행積知累行), 그 인仁을 익숙하게 익히기에 있을 따름입니다.415)

> 신이 살펴보건대, 지知와 행行은 비록 선후가 나뉘었으나 실은 동시에 함께 진행되는 것입니다. 그런 까닭에 어떤 사람은 지를 거쳐서

---
413) 한국사상사연구회(강춘화), 『조선유학의 개념들』, 「인식과 실천의 변증법」, 예문서원, 2011. 383/393쪽 참조
414) 『栗谷全書』 1, 495쪽 22:21a 「聖學輯要」 修己功效章. 知行兼備
415) 『栗谷全書』 1, 499쪽 22:28b 「聖學輯要」 修己功效章. 始自可欲之善 終至於參天地贊化育者 只在積知累行 以熟其仁而已

행에 도달하고, 어떤 사람은 행을 거쳐서 지에 도달합니다.416)

그는 기질의 교정이 '잘 할 수 있는 일'417)(가욕지선可欲之善)로부터 시작하여 '앎을 쌓고 행동을 거듭하는'(적지누행積知累行) 쪽으로 가야 한다고 말한다. 아울러 지와 행은 비록 선후가 나뉘었으나 실제는 동시에 함께 진행되는 것이라고 「성학집요」에서 말하고 있다. 어떤 사람은 지를 거쳐서 행에 도달하는 경우가 있고, 어떤 사람은 행을 거쳐서 지에 도달한다418)고 한다. (율곡 지행론의 독창적인 부분이라고 보고 있으며, 기질에 따라 교정방법이 다르게 적용되어야 함을 일컫는 부분이기도 하다)419)

---

416) 『栗谷全書』 1, 496쪽 22:23ab 「聖學輯要」 修己功效章. 臣按 知行雖分先後 其實一時竝進 故或由知而達於行 或由行而達於知
417) 『漢語大詞典』 第3卷 上冊, 上海辭書出版社, 2008. 439쪽 참조. '선선善'을 '우점優点'(=장점長點)이라고 풀이한 것을 근거로 '잘 할 수 있는 일'이라고 해석하였다.
418) 『漢語大詞典』 第5卷 上冊, 上海辭書出版社, 2008. 213-214쪽 참조. '혹或'자를 '유사인有些人(몇 몇 사람)', '모인某人(어떤 사람)'이라고 말한다. 나는 '혹'자를 어떤 사람으로 해석하였다.
419) '어떤 사람은 지→행, 어떤 사람 행→지'에 도달한다는 율곡만의 독창적 이론이, 소옹의 사상에서 온 것이 아닌가 생각해 보았다. 강진석의 『체용철학』에서는 다음과 같이 말한다. "소옹의 체용무정體用無定은 체와 용이 모두 고정된 모습이 아니라 수시로 외부의 경계와 반응하면서 자연스럽게 조우하는 자체를 자신의 정체성으로 삼는 관계성에 기초하는 사상(『皇極經世書』, 「觀物內篇」 上. 體無定用 惟變是用 用無定體 惟化是體 體用交 而人物之道 於是乎備矣)이다. 그리고 체와 용은 서로 의지하고 또한 서로 근본으로 삼는 관계이니, 따라서 호위체용互爲體用 즉 서로 의지하여 체용을 이루는 관계(『皇極經世書』, 「觀物外篇」 上. 用以體爲基 故存一也, 體以用爲本 故去四也)라고 말할 수 있다. 소옹은 음양의 원리 속에서 양은 도의 용이고 음은 도의 체인데 이 둘은 서로를 작용으로 삼는 관계이다. '양은 도道의 용이고, 음은 도의 체이다. 양은 음을 작용으로 삼고, 음은 양을 작용으로 삼는다. 양을 작용으로 삼으면 음이 존귀해지고, 음을 작용으로 삼으면 양이

일상의 예를 하나 들어보자.

요즘에는 건강에 대한 관심으로 운동하는 사람들이 상당히 많아졌다. 강변을 걷거나 산에 오르는 사람도 있지만 기구가 갖추어져 있는 운동시설을 찾는 사람들도 있다.

기질의 입장에서 보자면, 어떤 사람은 직접 운동기구를 사용하여 여러 번의 시행착오를 겪고 나서 운동하는 방법을 알게 되는 (행동이 앞서는) 사람이 있고, 어떤 사람은 먼저 운동관련 서적을 통해 신체에 관한 일반적 상식과 함께 각 부위의 운동방법, 기구 사용법을 숙지한 후에 운동을 시작하는 (앎을 먼저 하는) 사람도 있다.[420] 실제 나의 경험이기도 하지만, 운동에 대해서도 사람들은 서로 다른 경향성을 가지고 있었다. 그들은 한 가지의 상황(운동기구를 사용할 때의 예)에서 조차 서로 다른 성향을 가지고 문제에 접근하고 있었다.

존귀해진다.'(『皇極經世書』,「觀物外篇」上. 陽者 道之用 陰者 道之體 陽用陰 陰用陽 以陽爲用則尊陰 以陰爲用則尊陽也) 양과 음은 도의 체와 용이다. 도의 입장에서 보면 양과 음의 체용관계는 변하지 않는다. 그러나 양과 음의 입장에서 보면 양은 음을 작용으로 삼고 음은 양을 작용으로 삼는 관계이다. 양과 음은 서로를 작용으로 삼는 관계, 즉 호상위용互相爲用의 관계이다. 이처럼 소옹의 체용론은 체와 용이 고정된 실체가 없다는 입장에서 체용무정의 사상을 말하였고, 상수학의 입장에서 체와 용의 관계는 서로 의지하고 서로 근본을 이룬다는 입장에서 호상체용의 사상을 말했으며, 음양이 서로를 작용으로 삼는다는 입장에서 호상위용의 사상을 말했다."(강진석, 『체용철학』, 도서출판 문사철, 2012. 116-118쪽 참조.)

420) 처음은 '잘 할 수 있는 일'(가욕지선可欲之善)로부터 시작하여야 한다는 의미는 앎을 먼저 하는 사람은 앎부터, 행동이 앞서는 사람은 행동부터 하는 것이 어떤 일을 할 때 더 효과적이라는 말이다.

앞에서 기청질박자는 '앎에 능숙함'(능지能知)으로 알 수는 있지만 '행동에 능숙하지 않음'(불능행不能行)으로 잘 행동할 수 없다는 특성이 있다고 밝혔다. 또한 청각적 인식가로서 더 발달된 청각을 소유하지만 반면에 덜 발달된 시각을 가지는 속성도 가지고 있다. 그들은 이론적 분별 판단은 능숙하지만, 실제적 인간 행위나 활동은 소극적인 모습(망견자望見者)을 가지고 있다. 병이 다르면 치료법이 다르듯이 기질이 다르면 교정방법도 달라져야 한다.

그렇다면 각기 다른 병에 각기 다른 약을 쓰듯 기청질박자에게 맞는 방법이 필요할 것이다. 그렇다면 이들에겐 어떤 교정방법이 더 효과적일 수 있을까?

나는 기청질박자에게 율곡이 말한 '지知를 거쳐서 행行에 도달하는 방법'(혹유지이달어행或由知而達於行)이 적당하다고 보고 이를 소개한다. 기청질박자는 지에 능숙함으로 청각적 인식(잠사자득潛思自得)에 접근하기 용이함으로 지를 거쳐 행에 도달(지 → 행)하는 것이 교기질에 유리한 순서라고 보는 것이다. '앎이 앞서는 사람'은 주어진 상황에서 이론적 지식의 습득을 먼저 하는 사람이다. 이들은 우선 앎을 통해 이해한 후에 행함으로 나아가는 것이 바람직하다. 왜냐하면 행동에 앞서 이론적 지식을 습득해야 편안해 하는 사람에게 생각하지 말고 무조건 행동부터 하라고 하면 압박으로 느낄 것이고, 해보기도 전에 포기해 버릴 것이기 때문이다.

나도 주입식 교육을 받은 세대이지만 기질을 고려하지 않은 무조건적인 '획일화 교육'이나 못하는 것만 훈련하거나 반복시키는 교육은 이제 변해야만 한다고 생각한다.

율곡의 이론을 통해 '앎이 앞서는 사람'인 기청질박자는 '지를 거쳐서 행에 도달하는 교정방법'이 적당하며, 그들은 이론적 지식을 먼저 습득하고, 그 후에 실제 행동을 응용하는 방식으로 나아가야 편안하게 기질의 교정을 할 수 있다. 그러므로 나는 인간 기질을 무시한 교육이야말로 죽은 교육일 수밖에 없다는 입장이다.

다음은 어떤 방법을 선택해야 질수기탁자의 기질교정에 더 적절한지 알아보자.

질수기탁자는 '행동에 능숙함'(능행能行)으로 행할 수는 있지만 '앎에 능숙하지 못함'(불능지不能知)으로 잘 알 수는 없다는 특성이 있다. 또한 시각적 활동가로서 발달된 시각을 소유하지만 반면에 덜 발달된 청각을 가지는 속성도 가지고 있다. 그들은 실제적 인간 행위나 활동능력은 적극적이지만 이론적 분별력과 판단력은 부족한 모습(문인언이종지자聞人言而從之者)을 보이고 있다.

질수기탁자에게 맞는 교정방법은 '행을 거쳐서 지에 도달하는 방법'(혹유행이달어지或由行而達於知)이 적합하다고 본다. 질수기탁자는 '행동에 능숙함'(능행能行)으로 시각적 활동에 먼저 접근해야 한다. 이러한 이유로, 행을 거쳐 지에 도달(행 → 지)하는 것이 교기질 순서라고 보는 것이다. 이 과정을 통해 '행동에 능숙한 활동'(능행能行)이 원숙하게 되면 그 이후에 '지에 능숙하지 못함'(불능지不能知)을 채워나갈 수 있는 것이다.

그러므로 전통적 입장에서의 지 · 행에 관한 해석도 중요하지만 나는 여기서 기질을 나누는 기준으로서의 지 · 행에 더욱 주목하게 된다. 왜냐하면, 지행의 능숙能熟한 정도에 따라 기청질박자와 질수기탁자로 나누어지고 그에 따른 기질의 교정방법도 달라지기 때문이다.

표로 정리해 보면,

기청질박자	질수기탁자
지행 수분선후 기실일시병진 知行 雖分先後 其實一時竝進	
혹유지이달어행 或由知而達於行	혹유행이달어지 或由行而達於知

율곡의 지행관에서는 원칙적으로는 지知와 행行은 비록 선후가 나뉘었으나 실제는 동시에 함께 진행되는 것인데 이를 기질에 적용해 보면, 기청질박자는 '지를 거쳐서 행에 도달하는 방법', 질수기탁자는 '행을 거쳐서 지에 도달하는 방법'이 더 효과적이다.

이 이론을 실생활 속 '편식 교정'에 적용해 보기로 하자. 우선 고기만 좋아하는 사람에게 야채를 먹게 하려면 '고기에 야채 조금'으로 시작해야 하고, 야채만 좋아하는 사람에게는 '야채에 고기 조금' 먹는 걸 먼저 시도해야 한다. 지나친 편식은 건강에 불균형을 가져온다는 것도, 반드시 고쳐야 하는 나쁜 습관인 것도 알지만, 고치기 어려운 것처럼 인간 기질도 편향되어서는 긍정적인 모습으로 발전될 가능성이 낮다. 그러므로 편식습관을 바로 잡으려함에 있어서도 좋아하는 것에서 싫어하는 것 조금으로 시작해야 효과적이며 성공 가능성이 높다는 것이다.[421]

---

[421] 교기질을 현대 과학의 성과에 비추어보면 뇌과학에서 이야기하는 '뇌 가소성可塑性'을 떠올리게 한다. 가소성이란 어떤 물체의 외부에 힘을 가하여 변형을 일으켰을 때 그 힘을 제거해도 본래 형태로 돌아가지 않고, 그 형태를 유지하는 성향을 말한다. 뇌의 신경계 연구에서도 경험, 기억, 학습에 의하여 뇌가 새롭게 재설계되는 현상을 '뇌 가소성'이라 표현한다. 현대 첨단 뇌과학이 밝힌 뇌 가소성은 율곡의 교기질론과 정확히 상통한다. 쉽게 말하면 학습을 통해서 뇌에 새로운 길을 만들 수 있다는 것이다. 다시 말해 노력으로 공부하는 뇌를 만들 수 있다는 것이 현대 뇌과학이 내린 결론이다. 이는 기질을 바꾼다는 율

지금까지 살펴본 율곡의 지행론은 특히 일반적 수양론修養論422) (지행론 포함 앞에서도 여러 번 언급했지만)과는 다른 특징이 있는데, 바로 이 부분 - 기질에 따른 교정방법이 다름 - 이라고 본다. 이러한 주장은 뒤에서 소개할, 율곡의 심성론에서도 뚜렷하게 나타나고 있다. 율곡만의 심성론적 특징은 마음이 움직여 감정(정情)으로 드러나는 과정이 세분화되어 의식(의意)·의지(지志)의 영역으로 확대된다는 데 있다. 바로 여기에서 기질에 따른 의·지의 선후문제가 제기되는 것이다.

2) 기질과 의意·지志423)

기질과 관련하여 발생하는 마음이 있다고 가정했을 때, 기청질박자는 '청각의 마음'이며 질수기탁자는 '시각의 마음'이라는 특징이 있다고 'Ⅳ장 율곡 이이의 기질분류 1. 기질분류의 두 요소 3) 듣는 것(시知)과 보는 것(행行)'에서 언급하였다. 이것은 다시 말해서, 기청질박자는 그 기질에 맞게 청각을 통한 마음의 정보를 토대로 생각을 하고, 질수기탁자는 시각을 통한 마음의 정보를 근거로 행동함을 말한다.

이와 같은 작용이 가능한 것은 인간에게 마음이 있어서인데, 이

곡의 교기질 학습법과 그대로 통한다(송석구/김장경, 『율곡의 공부』, 아템포, 2015. 89-92쪽 참조.).
422) 몸과 마음을 갈고닦아 품성이나 지식, 도덕 따위를 높은 경지로 끌어올리고자 하는 주장이나 논의(『표준국어대사전』, 국립국어연구원, 1999, 3652쪽 참조. 수양修養.).
423) 의意는 의식, 지志는 의지라고 풀어 말하기도 할 것이다.

마음의 작용을 의지(志)와 의식(의意)으로 구분하여 각각의 기질에 맞게 구성해 보고자 한다.

일반적으로 의지意志라고 사용하지만 이 책에서는 『율곡전서』의 구분에 따라 의지와 의식으로 구분하여 기청질박자와 질수기탁자의 기질의 발현과정을 논해보고자 한다. 참고로 의지(志)의 뜻에 대해 『표준국어대사전』에서는 '①어떠한 일을 이루고자 하는 마음. ②(심리) 선택이나 행위의 결정에 대한 내적이고 개인적인 역량. ③(철학) 어떠한 목적을 실현하기 위하여 자발적으로 의식적인 행동을 하게 하는 내적 욕구. 도덕적인 가치 평가의 원인도 된다.'424)고 정의하고 있으며, 의식(의意)은 '①깨어 있는 상태에서 자기 자신이나 사물에 대하여 인식하는 작용. ②사회적·역사적으로 형성되는 사물이나 일에 대한 개인적·집단적 감정이나 견해나 사상. ③(불교) 의근意根(온갖 마음의 작용을 이끌어 내는 근거425))에 기대어 대상을 인식·추리·추상追想하는 마음의 작용. ④(철학) 감각하거나 인식하는 모든 정신 작용'426)이라고 한다.

먼저 심성론心性論에 대해 전반적으로 살펴보기로 하자. (앞쪽에 언급해야 했지만 글의 흐름을 위해 부득이하게 끝으로 나열함에 이해를 구한다)

심성론은 성리학에서 마음(心)·본성(性)·감정(情)을 중심으로 인간존재의 양상을 다룬 이론이다. 연관 명제는 성즉리性卽理, 심성정心性情, 그리고 인심도심人心道心 등이 있다.

본성(性)은 성즉리性卽理로 설명한다. 성즉리라는 것은 천지자

---

424) 『표준국어대사전』, 국립국어연구원, 1999, 4895쪽 참조. 의지.
425) 『표준국어대사전』, 국립국어연구원, 1999, 4882쪽 참조. 의근.
426) 『표준국어대사전』, 국립국어연구원, 1999, 4889쪽 참조. 의식.

연과 인간존재의 통일적 해석이 가능하게 한다. 즉 성이란 천리 곧 태극이 인간이라는 개별적 존재에 내재하는 것을 가리킨다.

심心·성性·정情은 마음(심心)을 중심으로 본성의 이치를 가지고 감정의 움직임을 설명한 것이다. 마음에서 인간 본성(성性)의 이치를 규정한 사덕四德(인간본성의 4가지 마음. 인仁·의義·예禮·지智)이 마음의 움직임인 감정(정情)의 영역에서 사단四端(인간의 본성에서 우러나오는 4가지 마음씨. 측은지심惻隱之心, 수오지심羞惡之心, 사양지심辭讓之心, 시비지심是非之心)과 칠정七情(사람의 7가지 감정. 희喜·노怒·애哀·구懼·애愛·오惡·욕欲)으로 발현되는 과정에 대한 것이다. 간략하게 철학적 용어로 말하면 성性은 심心의 리理, 정情은 심心의 동動, 그리고 심心은 성性과 정情을 주재하여 총괄하는 작용을 가진 것이라 규정하고 있다.

감정(정情)을 중심으로 의지意志가 드러난 인심도심人心道心은 우리의 인식판단인 지각知覺을 주체로 삼아 성명性命(성즉리에 입각한 천리)의 바름에서 지각한 도심道心과 형기形氣(인간의 육체적 욕구)의 사사로움에서 지각한 인심人心으로 구분한다.

심성론을 논함에 퇴계와 율곡을 중심으로 살펴보면, 퇴계는 리의 능동적 성격을 강조하여 리는 귀貴함으로 사단과 도심을 순선純善의 범위로 묶고, 기는 천賤함으로 칠정과 인심을 유선악有善惡의 테두리로 봄으로써 이 양자를 대립적 관계 속에서 리理 우위의 가치관을 보여 주고 있으며, 율곡은 기氣 중심의 세계관을 단적으로 보여주는 기발리승氣發理乘(기운이 활동하는 가운데 이치가 포함되어 있다는 것)을 인정한다. 마음의 움직임인 감정(정情)의 영역에서 사단은 칠정에 포함되어(칠정포사단七情包四端) 나타나는 감정의 일부라고 주장한다. 그리고 의지가 드러난 인심과 도심은 각각의 개별적 마음씨로, 인간의 육체적 욕구(인심)가 인간의 의지여하에 의해 천리의 바름(도심)이 될 수 있다(인심도심상위종시人心道心相爲終始)고 강조한다.427)

퇴계의 리 중심의 심성론과 율곡의 기 중심의 심성론은 지금까지도 끊임없는 철학적 논쟁의 소재가 되고 있다.

① 심心 · 성性 · 정情 · 의意

성리학의 관점에서 교기질론(교정방법)이 타당한가 타당하지 않은가를 가늠할 기준으로 심성론心性論과 리기론理氣論을 든다. 심성론은 '지志 · 의意의 선후문제'에서 밝힐 것이고, 리기론은 'Ⅵ.기질을 교정해야 하는 이유 2.실제 적용 ②기질의 편향성'편에서 논할 것이다.

율곡의 기질론을 이해하기 위해서는 우선 마음(심心)의 문제를 어떻게 해석하는지가 중요하다.

유연석은 그의 논문 「율곡 이이의 인성론 연구」에서 '마음의 활동은 외부의 사물에 대한 반응과정으로, 인간의 마음은 세계에 존재하는 모든 사물들의 부분적인 측면을 반영할 수밖에 없는 국한성과 시간의 경과와 경험의 누적에 의해 새롭게 형성되고, 변모되는 유동성을 특징으로 하기 때문에, 마음은 외부의 상황과 무관하게 독립적으로 탐구될 수 없으며, 오직 외부 사물과의 연계 하에

---

427) 『한국민족문화대백과사전』 14, 한국정신문화연구원, 1995. 159-160쪽 참조. 심성론心性論. / 율곡의 인심도심상위종시人心道心相爲終始에 대한 언급은 『栗谷全書』 1, 192쪽 9:34b-35a 「書」― 答成浩原 壬申. 편 참조.

서 해명될 수 있을 따름이다'428)라고 한다.

이렇듯 외부 대상과의 연계를 통해 드러나는 마음의 활동을 성리학에서는 심통성정心統性情이라고 한다. 이것은 마음이 성性(본성)과 정情(감정)을 도맡아 처리한다는 의미인 것이다. 이때의 마음은 위(Ⅱ.기질이란 무엇인가의 동양의 허령지각 편)에서도 언급하였듯이 '텅 비어 신령하여 모든 이치를 갖추어 온갖 일에 반응하는 것'(허령지각虛靈知覺)이라고 할 수 있다. 마음 중에서 본성은 성리학적 이치인 리理를 가지고 있으며, 감정은 외부 사물과 반응하는 역할을 한다고 말할 수 있을 것이다. 그러므로 허령지각虛靈知覺한 마음은 관제탑에서 비행기의 뜨고 내림을 조정하듯 본성과 감정의 주인이 되어서 다스린다는 것이다.

여기서 율곡이 말하는 마음(심心)·본성(성性)·감정(정情)·의식(의意) 등의 기초적 개념을 짚고 넘어가기로 하자.

본성(성性)은 마음(심心)의 이치요 감정(정情)은 심의 움직임이다. 감정이 움직인 후에 감정에 비롯되어 계산하고 비교하는 것이 의식(의意)이다. 만약 마음과 본성을 둘이라 한다면 도道와 기器가 서로 떠날 수 있을 것이며, 감정과 의식이 둘이라면 사람의 마음에도 두 근원이 있을 것이니 어찌 크게 어긋나지 않겠는가? 모름지기 본성·마음·감정·의식이 단지 한 길인데, 각각 경계가 있음을 안 연후에야 그릇됨이 없다 할 것이다. 무엇을 한 길이라 하는가? 마음이 아직 발하지 않은 것은 본성이요, 이미 발한 것은 감정이며, 감정이 발한 후에 헤아리는 것이 의식으로서, 이것이 한 길이다. 무엇을 각각 경계가 있다고 하는가? 마음이 고요해서 움직임이 없을 때(적연부동시寂然不動時)가 본성의 경계요, 느끼어 마침내 통하는 때(감이수통시感

---

428) 유연석, 「율곡 이이의 인성론 연구 -『중용』 중화론에 입각한 『맹자』 성선설의 재정립」, 연세대 박사학위논문, 2004. 65-66쪽 참조.

而遂通時)가 감정의 경계이며, 느낀 바에 인해서 계산하고 비교하며 헤아리는 것(인소감이주역상량因所感而紬繹商量)이 의식의 경계이다. 단지 한 마음인데 각각 경계가 있을 뿐이다.429)

심성론은 오랫동안 철학함에 있어서 성리학의 기본구조를 이루어 왔다. 마음의 이치로서 본성(성性)이 자리 잡고 마음이 외부대상과의 반응으로 드러난 감정(정情)이 있으며 감정이 움직인 후에 계산하고 비교하는 의식(의意)으로 구성된다.430) 여기에서 의식은 다시 의식과 의지로 구분되는데 이 부분은 다음 장 '지志 · 의意의 선후문제'에서 다루기로 한다.

본성 · 감정 · 의식의 명칭은 마음을 중심으로 각각 움직임이 없을 때(본성), 느껴서 움직일 때(감정), 느낀 바에 인해서 계산하고 비교하며 헤아릴 때(의식)를 이르는 말이다. 이러한 작동원리는 본성 · 감정 · 의식이 마음의 한 근원에서 나오지만 각각의 경계를 가지고 있어 붙여진 이름이라고 볼 수 있다.

또한 한 길(일로一路)이라는 의미는 이 마음 · 본성 · 감정 · 의식이 단지 한마음의 작용으로서 한 방향으로 곧장 나가는 추세를 말하는데, 이러한 작용을 심성정의일로心性情意一路라고 한다.

---

429) 『栗谷全書』1, 297쪽 14:33b 「雜著」雜記. 性是心之理也 情是心之動也 情動後緣情言計較者爲意 若心性分二 則道器可相離也 情意分二 則人心有二本矣 豈不大差乎 須知性心情意 只是一路 而各有境界 然後可謂不差矣 何謂一路 心之未發爲性 已發爲情 發後商量爲意 此一路也 何謂各有境界 心之寂然不動時 是性境界 感而遂通時 是情境界 因所感而紬繹商量 爲意境界 只是一心各有境界

430) 프로이트(1856 - 1939)가 인간의 마음을 이드id, 에고ego, 슈퍼에고superego로 구분하여 본능적 욕구, 이성의 작용, 도덕성으로 설명하는 것과 같은 것(고영희 외 9인, 『심리학』, 양서원, 1990. 189-195쪽 참조)이라고 생각한다.

율곡은 마음과 본성, 감정과 의식의 관계를,

 다만 마음은 본성을 극진히 할 수 있으나(심능진성心能盡性), 본성은 마음을 단속할 수 없고, 의식(의意)은 감정을 적절하게 사용할 수 있으나(의능운정意能運情) 감정은 의식(의意)을 운용할 수 없습니다.431)

 의는 거짓으로 할 수 있지만, 정은 거짓으로 할 수 없습니다. 그러므로 성의誠意라는 말은 있지만, 성정誠情이라는 말은 없는 것입니다.432)

 마음은 본성에 대해 순수한 마음을 가질 수 있지만 본성은 마음을 단속할 수 없고, 의식은 감정을 적절하게 사용할 수 있으나 감정은 의식을 부릴 수 없다고 하였다. 또한 의식은 속일 수 있지만 감정은 속일 수 없다고 하며, 속일 수 있는 의식(의意)은 순수함을 가져야 한다고 하였다. 또한 성인이 아니면 그 감정의 발현을 알맞게 조절할 수 없다고 하는데, 그 의미는 '감정은 거짓으로 할 수 없지만 의식은 거짓으로 할 수 있다'고 표현한다.433) 감정은 여과

---

431) 『栗谷全書』 1, 455쪽 20:56a 「聖學輯要」 窮理章. 只是心能盡性 性不能檢心 意能運情 情不能運意
432) 『栗谷全書』 1, 456쪽 20:59a 「聖學輯要」 窮理章. 意可以偽爲 情不不可以偽爲 故有曰誠意而 無曰誠情
433) 『栗谷全書』 1, 296쪽 14:32a 「雜著」 論心性情. 聖人情無不中 君子情或不中而意無不中 常人或情中而意不中 或情不中而意中 若以情爲無不善 任情而行 則何嘗不敗事〔성인은 정情이 중절中節하지 않음이 없으며, 군자君子는 정은 혹 중절하지 못하나 의意는 중절하지 않음이 없고, 상인常人은 혹은 정은 중절하나 의는 중절하지 못하기도 하고, 혹은 정은 중절하지 못하나 의는 중절하기도 한다. 만약 정을 선하지 않음이 없는 것으로 여겨 정에 내맡겨서 행한다면 어찌 일이 실패하지 않겠는가.〕

없이 드러나기 때문에 성인이 아닌 이상 인간이 조절할 수 없다는 것이다. 여기에서 의식은, 직접적인 조작을 통하여 거짓을 진실하게 중절하여 성의誠意를 확보해 나갈 수 있다. 따라서 외부사물에 대한 반응의 영역에서 첫 번째 단계인 감정은, 공부의 대상에서 배제되고 두 번째 단계인 의식이 유일하게 공부의 대상으로 설정된다. 이러한 관점은 의식의 비중을 감정과 대등한 위치로 격상시켰음을 의미하기도 한다.[434]

위의 설명을 표로 만들어 정리해 보면,

심心		
성性	정情	의意
마음 속 이치 마음이 발하지 않은 것	마음의 움직임 마음이 이미 발한 것	정으로 말미암아 마음이 느낀 것을 계산하고 비교하고 헤아리는 것
심성정의일로心性情意一路		

마음은 인간의 생각과 행동의 전체 과정에서 중심적인 역할을 하는 곳이다. 율곡이 말하는 용어로는 심성정의일로心性情意一路이다. 말하자면 성性은 마음이 발하지 않은 상태의 마음 속 이치가 있는 곳이며, 정情은 마음이 이미 발한 상태의 '마음의 움직임'이라고 말할 수 있다. 또한 마음의 움직임을 구분하여, 의意는 정으로 말미암아 마음이 느낀 것을 계산하고, 비교하고 헤아리는 작용

---

[434] 유연석, 「율곡 이이의 인성론 연구 - 『중용』 중화론에 입각한 『맹자』 성선설의 재정립」, 연세대 박사학위논문, 2004. 80-81쪽 참조.

을 하는 것이다.

성리학에서는 일반적으로 마음을 구분할 때 ①마음, 본성, 감정, 의식으로 구분하는 위와 같은 경우와 ②(마음, 본성, 감정, 의식) + 의지(지志)를 더하여 설명하는 경우가 있다.

율곡이 말한 감정, 의지, 의식이 모두 한 마음의 작용[435]이라는 점을 근거로 다음 장에서는 의식과 의지에 대하여 알아보기로 하자.

② 지志 · 의意의 선후문제[436]

이번 장에서는 기질에 따라 교정방법이 달라야 하는 근거를 율곡의 심성론에서 찾아보고자 한다.

김형찬은 그의 논문 「기질변화, 욕망의 정화를 위한 성리학적 기획-율곡 이이의 심성수양론을 중심으로」에서 기질의 변화를 통한 천리의 회복은 바로 성리학의 전통 속에서 욕망의 문제에 대처하기 위해 제시된 방책 중 하나라고 보았다. 따라서, 기질변화를 통한 천리의 회복은 육체의 정화를 통해 정신의 순수함을 회복하는 방식, 즉 육체와 정신을 대비시키고 육체의 통제 혹은 배제를 통해 정신의 순수성을 확보하려는 방식과는 다소 다른 의미를 가

---

435) 『栗谷全書』 1, 456쪽 20:59ab 「聖學輯要」 窮理章. 情志意 皆是一心之用也
436) 황의동은 『율곡 사상의 체계적 이해』에서 율곡의 심성론 중 지志와 의意의 선후 관계의 설명은 진일보한 견해라고 말한다(황의동, 『율곡 사상의 체계적 이해』 1, 서광사, 2001. 219쪽 참조.).

지고 있다. 다시 말해서 육체와 정신을 포함한 인간 자체가 기질 변화를 통한 천리 회복의 과정을 거쳐야 한다는 것이다. 천리의 회복과정인 기질변화설은 청탁수박淸濁粹駁(맑고 맑지 않고, 순수하고 순수하지 않음)의 다양한 성질을 가진 기질을 정화시킴으로써 순선한 리가 온전히 발휘할 수 있도록 한다는 것이다. 이에 관하여 율곡은, 기질의 변화를 학문수양의 중심에 놓았는데, 기질의 변화가 성리학의 가치를 구현하는 일정한 방향성을 가지고 성실하게 수행되려면, 인간의 의식(의意)과 의지(지志)가 선행되어야 한다는 점에 주목하였다.437)

    어떤 사람이 묻기를, "마음은 하나인데 감정(정情)이라고도 하고, 의지(지志)라고도 하며, 의식(의意)이라고도 하고, (염念이라고도 하며, 려慮라고도 하고, 사思라고도 하니,) 어찌 그 이름이 번다하여 한결같지 않는가." 하여 신이 대답하기를, "정情이라는 것은 마음에 느끼는 바가 있어서 움직이는 것이다. 마음이 움직이면 바로 정情으로, 자유롭게 하지 못하는 것이 있다. 평상시에 함양涵養·성찰省察의 공이 지극하면, 정의 발하는 것이 자연히 리理에 맞고 절節에 맞지만 만일 마음을 다스리는 힘이 없으면 흔히 맞지 않는 것이 있다. 지志란 것은 '마음의 가는 바가 있는 것'(심유소지心有所之)을 이른 것이니, 정情이 이미 발하여 '그 마음이 쏠려 따라가 마음을 정한 것'(정기추향定其趨向)이다. 선善으로도 가고 악惡으로도 가는 것이 모두 지志이다. 의意라는 것은 '마음에 서로 견주어 살펴봄'(심지계교心之計較)이 있는 것을 말한다. 정情이 이미 발하여 '생각도 하고 운용도 하는 것'(상량운용자商量運用者)이다." 하였습니다.438)

---

437) 김형찬, 「기질변화, 욕망의 정화를 위한 성리학적 기획-율곡 이이의 심성수양론을 중심으로」, 철학연구 제38집, 고려대학교 철학연구소, 2009. 189(요약문)-208쪽 참조.
438) 『栗谷全書』 1, 456쪽 20:58b-59a 「聖學輯要」 窮理章. 或問 心一也

율곡은 마음은 하나인데, 이미 발한 이후를 크게 정情, 지志, 의意로 구별하여 볼 수 있다고 하였다.

정情은 마음에 느끼는 바가 있어서 움직이는 것으로 마음이 움직이면 바로 정이다. 그런데 정의 특징은 (다른 것에 구속을 받거나 무엇에 얽매이지 않아) 자기 마음대로 조절할 수 없다는 데 있다. 이것에 대략적인 의미는 속마음을 숨길 수 없어 그 얼굴에 감정의 민낯이 그대로 드러남을 말한다. 이 단계에서는 성인이 아니면 감정의 조절이 불가능하다고 이전 장(①심·성·정·의)에서 언급한 바 있다.

지志는 '마음의 가는 바가 있는 것'(심유소지心有所之)으로 정이 이미 발하여 '그 마음이 쏠려 따라가 마음을 정한 것'(정기추향定其趨向)이다. 선으로도 가고 악으로도 가는 것이 모두 지志라고 한다. 의意는 '마음에 서로 견주어 살펴봄'(심지계교心之計較)이 있는 것이다. 정이 이미 발하여 생각도 하고 사용하기도 한다.

위와 같은 설명(지志·의意)을 기실에 관점(지知·행行)에 비춰 주장하고자 하는 것은 ①지志의 특징은 지선지악之善之惡(선善으로도 가고 악惡으로도 가는 것)한다는 것으로 미루어 짐작할 때, 행行과 관련이 있다는 것이다. 또한 ②의意는 지知와 연관해서 생각해 보아야 한다. 그 이유는 심지계교心之計較 + 상량운용자商量運用者 즉 '서로 비교하여 견주어 보고 헤아려서 생각하는439)'(계교상량計

而或曰情 或曰志 或曰意 曰念 曰慮 曰思 何其名目紛紜不一耶 臣答曰 情者 心有所感而動者也 纔動便是情 有不得自由者 平居涵養省察之功 至 則情之發 自然中理中節 若無治心之力 則多有不中者矣 志者 心有所之之謂 情既發而定其趨向也 之善之惡 皆志也 意者 心有計較之謂也 情既發而商量運用者也

較商量) 마음의 운용이 의意의 작용임을 밝히고 있기 때문이다.

요약하면 지志는 행行과 관련된 마음의 작용으로 실제로 선善으로도 가고 악惡으로도 가는 마음의 경향성을 의미하며, 의意는 지知와 관련된 마음의 작용으로 계교상량計較商量하는 특성을 지닌다고 할 수 있다.

묻기를 "지志와 의意는 어느 것이 먼저이고 어느 것이 뒤인가." 이에 대답하기를, "지는 의가 정해진 것이요, 의란 것은 지가 아직 정해지지 않은 것이다. 그러니 지가 의에 뒤에 있는 것 같다. 하지만 어떤 사람은 지가 먼저 서면 의가 뒤따라 생각하는 것도 있고, 어떤 사람은 의가 먼저 가동되고 지가 따라 정해지는 것도 있으니, 일률적으로 논할 수 없다."440)

나는 위의 인용문(『율곡전서』 1, 456쪽 20:59a)에서 두 번 나오는 '혹或'자를 '어떤 사람'이라고 보았다.441) 이를 기청질박자와 질수기탁자로 연결하여 설명하려고 한다. 그러기 위해서는 율곡이 말한 지·의의 선후문제에 대해 먼저 알아보아야 할 것이다.

율곡은 어떤 사람은 지志가 먼저 서면 의意가 뒤따라 생각하는 경우도 있고 어떤 사람은 의意가 먼저 경영되고 지志가 따라 정해지는 것도 있다고 말한다.442) 사람의 기질에 따라 그 마음의 발현

---

439) 『표준국어대사전』, 국립국어연구원, 1999, 382쪽 참조. 계교計較. / 『표준국어대사전』, 국립국어연구원, 1999, 3275쪽 참조. 상량商量.
440) 『栗谷全書』 1, 456쪽 20:59a 「聖學輯要」 窮理章. 問曰 志與意 孰先孰後 答曰 志者 意之定者也 意者 志之未定者也 似乎志在意後 然或有志先立而意隨而思者 或有意先經營而志隨而定者 不可以一槪論也
441) 『漢語大詞典』 第5卷 上冊, 上海辭書出版社, 2008. 213-214쪽 참조. '혹或'자를 '유사인有些人', '모인某人'이라고 말한다.

순서(지志 → 의意 / 의意 → 지志)가 다를 수 있음을 시사하고 있다.443) (기존 율곡의 심성론 연구에서는 이 부분을 다루지 않거나 아니면 소개하는 정도로만 축소하는 경향이 있다. 이해가 전혀 되지 않는 것은 아니지만 이 책에서는 율곡 심성론의 해석을 기질에 따라 유연하게 보고 있다.)

기질의 관점에서 설명하면 어떤 사람은 행行과 관계된 지志가 먼저 서면 지知인 의意가 뒤따른다고 풀어볼 수 있을 것이고, 어떤 사람은 반대로 지知인 의意가 먼저 작용하면, 행行과 관계된 지志가 정해진다고 볼 수 있다는 것이다(지志와 지知자가 혼동되지 않도록 유의하여 해석하여야 함).

전통적인 성리학의 입장에서 지속되는 의·지의 문제를 떠나 이 책에서의 연구는 좀 더 인간기질에 초점이 맞춰져 있다. 그러므로 독자들이 지행론과 심성론에 관하여 더 알고 싶다면 참고문헌에 소개된 단행본과 학위논문, 일반논문 등 참고하길 바란다.

표를 만들어 제시해 보면,

---

442) (V장 교기질과 교기질방법 1. 교기질 ②지행겸비 부분의 지→행, 행→지 이론에서 언급하였던 소옹의 체용이론을 간략하게 정리하면) 소옹은 체와 용이 고정된 실체가 없다는 체용무정體用無定의 사상(『皇極經世書』,「觀物內篇」上. 體無定用 惟變是用 用無定體 惟化是體 體用交而人物之道 於是乎備矣)과 체와 용의 관계는 서로 의지하고 서로 근본을 이룬다는 호상체용互相體用의 사상(『皇極經世書』,「觀物外篇」上. 用以體爲基 故存一也 體以用爲本 故去四也)을 근거로, 음양이 서로 작용을 삼는다는 호상위용互相爲用의 사상(『皇極經世書』,「觀物外篇」上. 陽者 道之用 陰者 道之體 陽用陰 陰用陽 以陽爲用則尊陰 以陰爲用則尊陽也)을 말했는데(강진석,『체용철학』, 도서출판 문사철, 2012. 116-118쪽 참조.), 그 원리를 율곡이 말한 마음의 발현순서(지志→의意, 의意→지志)에도 적용할 수 있을 것이다.

443) 내가 학위논문을 쓰던 중에 지도교수와의 견해가 달랐던 부분이다.

기청질박자 氣淸質駁者	질수기탁자 質粹氣濁者
志者 心有所之之謂也 情旣發而定其趨向也 之善之惡皆志也 지자 심유소지지위야 정기발이정기추향야 지선지악개지야 (지는 마음이 가는 바가 있는 것을 이른 것이니, 정이 이미 발하여 그 마음이 쏠려 따라가 마음을 정한 것이다. 선으로도 가고 악으로도 가는 것이 모두 지이다.)	
意者 心有計較之謂也 情旣發而商量運用者也 의자 심유계교지위야 정기발이상량운용자야 (의는 마음에 서로 견주어 살펴봄이 있는 것을 말한다. 정이 이미 발하여 생각도 하고 운용도 하는 것이다.)	
或有意先經營而志隨而定者 혹유의선경영이지수이정자 (어떤 사람은 의가 먼저 가동되고 지가 따라 정해지는 것이다.)	或有志先立而意隨而思者 혹유지선립이의수이사자 (어떤 사람은 지가 먼저 서면 의가 뒤따라 생각하는 것이다.)

율곡이 지행知行의 관점에서 기청질박자는 '지知를 거쳐서 행行에 도달하는 방법'을, 질수기탁자는 '행行을 거쳐서 지知에 도달하는 방법'을 언급한 부분을 떠올려보면서 지금까지의 내용을 다시 한 번 정리해 보자.

율곡은 교기질론에 대한 근거를 심성론心性論 중에서도 특히 지志·의意의 영역에서 밝히고 있다.
어떤 사람은 지志가 먼저 서면 의意가 뒤따라오며 생각하는 유형(지志 → 의意)이 있고, 어떤 사람은 의意가 먼저 경영되고 지志가 따라 정해지는 유형(의意 → 지志)이 있다고 보는 것이다.
율곡이 기질에 따라 기청질박자와 질수기탁자로 구분하여 설명한 것과 관련하여 연결해 보면, 지志가 먼저 서면 의意가 뒤따라 생각하는 경우는 질수기탁자라고 볼 수 있고, 의意가 먼저 경영되고 지志가 따라 정해지는 것은 기청질박자라고 말할 수 있다. 그러므로 기질을 기청질박자와 질수기탁자로 분류하는 입장에서 볼 때 율곡 심성론은 중요한 근거를 제시하고 있다.

우리는 앞에서 사람마다 기질이 다르고, 기질마다 교정방법이 다르다는 것을 율곡의 글을 통해 알게 되었다. 다음 장에서는 기청질박자와 질수기탁자의 특징을 고려한 기질 교정방법에 대해 구체적으로 살펴보자.

2. 교기질 방법

이번 장은 율곡 교기질방법의 특징을 지행론과 심성론 입장에서 풀어 보기로 하자.

먼저, 지知·행行의 능숙하냐 능숙하지 않냐에 따른 기질분류와 지志·의意로 선후문제를 나누어 볼 수 있는데, 앞에서 언급했듯이 그가 분류한 기청질박자는 능지불능행能知不能行, 질수기탁자는 능행불능지能行不能知하는 특징이 있다. 그러므로 잘할 수 있는 일로부터 기질교정을 해야 함을 앞(Ⅴ장 교기질과 교기질 방법 1. 교기질 ②지행겸비)에서 밝혔듯이 기질에 맞게 교정방법이 달라져야 한다. 전자는 '지知 → 행行의 방법'과 후자는 '행行 → 지知의 방법'을 지닌다. 그리고 이를 뒷받침하는 근거로 심성론의 의意와 지志를 들 수 있다. 지·의의 선후문제로 기청질박자는 '의意 → 지志 유형'으로 보고, 질수기탁자는 '지志 → 의意 유형'으로 볼 수 있다.

이러한 기질의 특성을 전제로 먼저 기청질박자의 기질 교정방법에 대해 알아보자.

1) 기청질박자의 교기질

우선 교기질의 근거가 되는 이론을 율곡의 「성학집요」에서 살펴보면,

①기청질박자氣淸質駁者는 알 수는 있지만 잘 행할 수는 없는 것인데, 만일 궁행에 힘써서 반드시 성실하고(필성必誠) 반드시 독실하면(필독必篤), 행실이 가히 이루어지고 유약한 사람이라도 강하게 될 수 있습니다. 질수기탁자는 행동할 수는 있지만 잘 알 수는 없는 것인데, 만일 묻고 배우는 데 힘써서 반드시 성실하고(필성必誠) 반드시 정밀하게 하면(필정必精), 지식을 통달할 수 있으며 우매한 자라도 명석하여질 수 있습니다.444)

②신이 살펴보건대, 지知와 행行은 비록 선후가 나뉘었으나 내용은 동시에 함께 진행되는 것입니다. 그런 까닭에 어떤 사람은 지知를 거쳐서 행行에 도달하는 경우가 있고, 어떤 사람은 행行을 거쳐서 지知에 도달합니다.445)

③어떤 사람은 지志가 먼저 서면 의意가 뒤따라 생각하는 유형도

---

444) 『栗谷全書』 1, 468쪽 21:13b 「聖學輯要」 矯氣質章. 氣淸而質駁者 能知而不能行 若勉於躬行 必誠必篤 則行可立 而柔者強矣 質粹而氣濁者 能行而不能知 若勉於問學 必誠必精 則知可達 而愚者明矣
445) 『栗谷全書』 1, 496쪽 22:23ab 「聖學輯要」 修己功效章. 臣按 知行雖分先後 其實一時竝進 故或由知而達於行 或由行而達於知

있고, 어떤 사람은 의意가 먼저 경영되고 지志가 따라 정해지는 유형도 있으니 일률적으로 논할 수 없습니다.446)

위 세 개의 인용문(①, ②, ③)은 율곡이 실제적인 기질의 교정방법을 설명한 부분이다.

①은 기질을 구분하는 기준과 그에 맞는 기질을 이름 짓고 있으며, 아울러 기질에 따른 교정방법에 대해 설명하고 있다. 유의할 점은 율곡이 제시한 기질 교정방법, 다시 말하여 기청질박자의 능숙한 것(능지能知)이 질수기탁자의 미숙한 것(불능지不能知)의 (기질교정) 본보기가 되고, 질수기탁자도 마찬가지로 그 능숙한 것(능행能行)이 기청질박자의 미숙한 것(불능행不能行)의 (기질교정) 해법이므로 실제의 기청질박자와 질수기탁자의 기질 교정방법을 논할 때 기질교정의 덕목들을 혼용하기로 한다. ②는 지행知行의 원칙과 함께 기질에 따른 지행의 선후문제를 거론하고 있고, ③은 기질교정에 대한 심성론적 근거를 의意와 지志의 선후문제와 함께 제시하고 있는 것이다.

먼저 기청질박자의 교기질 방법에 대해 설명해 보기로 하자.

율곡이 알 수는 있어도 잘 행할 수는 없는 특징을 가지는 사람을 기청질박자라 칭함은 본문에서도 여러 번 언급해 왔다. 그러므로 기질 교정방법의 덕목은 지知 · 행行 / 의意 · 지志 두 측면에서 논할 수 있다.

우선 의意 · 지志의 관점에서 논한다면, '마음에 계교가 있는 것으로 정情이 이미 발하여 생각(상량商量)도 하고 운용運用도 하는

---

446)『栗谷全書』1, 456쪽 20:59a「聖學輯要」窮理章. 或有志先立 而意隨而思者 或有意先經營 而志隨而定者 不可以一槪論也

인식작용'인 의意와 '그 갈 바가 정해져 선으로 가고 악으로 가는 활동성'이 정해지는 지志가 있다.

　율곡이 말하는 의意에 해당하는 마음가짐은 정밀함(정精)이고 지志의 몸가짐은 도타움(독篤)이다. 해석하면 의意는 앎에 있어서 정밀해야 하고, 지志는 행함에 있어서 사랑이나 인정이 많아야 한다는 것이다. 위와 같은 원칙, 의意(정精)와 지志(독篤)에 대한 마음·몸가짐을 율곡의 기질론에 맞춰보면 의意에 마음자세는 필성必誠(반드시 성실함)과 필정必精(반드시 정밀함)이며, 지志의 몸자세는 필성必誠(반드시 성실함)과 필독必篤(반드시 독실함)이다.

　다음은 지知·행行의 입장에서 논하면, 지知는 들어서 앎으로 어떤 사물을 어떤 사물로 지각하고 인식하는 것, 도덕가치의 시비를 판단하는 것, 미추에 대한 구별과 예술을 향유하는 것447)이며, 행行은 보아서 행함으로 대부분의 인간 행위나 활동 나아가 도덕행위와 실행, 실천을 의미하는 것448)이다. 다시 말해서 율곡이 말하는 지知는 면어문학勉於問學(묻고 배우는데 힘씀)이고, 행行은 면어궁행勉於躬行(몸소 행함에 힘씀)이라고 볼 수 있다.

　실제 기질의 교정방법을 설명해 보면,
　기청질박자의 기질 교정 방법의 출발은, '묻고 배우는 데 힘씀'(면어문학勉於問學)에서 시작한다. 그 이유는 인식능력이 뛰어나기

---

447) 방입천, 『중국철학과 지행의 문제』, 김학재, 예문서원, 1998. 21쪽 참조./ 한국사상사연구회(강춘화), 『조선유학의 개념들』「인식과 실천의 변증법」, 예문서원, 2011. 374-375쪽 참조. (중복인용)
448) 방입천, 『중국철학과 지행의 문제』, 김학재, 예문서원, 1998. 21-22쪽 참조. /한국사상사연구회(강춘화), 『조선유학의 개념들』「인식과 실천의 변증법」, 예문서원, 2011. 375쪽 참조. (중복인용)

〔능지能知〕 때문에, 먼저 문학問學에 힘써야 한다는 것이다. 이러한 기질의 사람〔기청질박자〕은 이치에 대한 논리적 정합성을 추구해야 하며, 마음자세는 성誠과 정精으로 '반드시 성실하고'〔필성必誠〕, '반드시 정밀하면'〔필정必精〕 지식에 통달할 수 있다고 한다.

이들의 교기질 종착지는 '몸소 행함에 힘씀'〔면어궁행勉於躬行〕이다. 궁행躬行은 몸소 실천하는 것을 의미이다. 필요한 몸가짐은 성誠과 독독篤으로 '반드시 성실하고'〔필성必誠〕, '반드시 독실하면'〔필독必篤〕 행실이 확립될 수 있다는 것이다.

다시 말해서 기청질박자는 의意 → 지志, 지知 → 행行으로 기질을 교정을 했을 때 필성必誠과 필정必精의 마음가짐으로 면어문학勉於問學에 통달할 수 있고, 이를 기반으로 필성必誠과 필독必篤의 면어궁행勉於躬行하는 몸가짐이 확고히 서야 유약한 사람도 강하게 될 수 있다는 것이다.

2) 질수기탁자의 교기질

다음은 질수기탁자의 교기질 방법이다.

①기청질박자는 알 수는 있지만 잘 행동할 수는 없는 것인데, 만일 궁행에 힘써서 반드시 성실하고〔필성必誠〕 반드시 독실하면〔필독必篤〕, 행실이 가히 이루어지고 유약한 사람이라도 강하게 될 수 있습니다. 질수기탁자質粹氣濁者는 행동할 수는 있지만 잘 알 수는 없는 것인데, 만일 묻고 배우는 데 힘써서 반드시 성실하고〔필성必誠〕 반드시 정밀하게 하면〔필정必精〕, 지식을 통달할 수 있으며 우매한 자라도 명석하여질 수 있습니다.449)

---

449) 『栗谷全書』 1, 468쪽 21:13b 「聖學輯要」 矯氣質章. 氣淸而質駁者

②신이 살펴보건대, 지知와 행行은 비록 선후가 나뉘었으나 내용은 동시에 함께 진행되는 것입니다. 그런 까닭에 어떤 사람은 지知를 거쳐서 행行에 도달하는 경우가 있고, 어떤 사람은 행行을 거쳐서 지知에 도달합니다.450)

③어떤 사람은 지志가 먼저 서면 의意가 뒤따라 생각하는 유형도 있고, 어떤 사람은 의意가 먼저 경영되고 지志가 따라 정해지는 유형도 있으니 일률적으로 논할 수 없습니다.451)

위 세 개의 인용문은 (기청질박자와의 비교를 위해 공통으로 인용함) ①질수기탁자와 기청질박자는 서로의 해결방법의 모범답안을 가지고 있으므로 실제의 기질의 교정방법을 논할 때는 기질교정의 덕목들을 혼용하기로 함. ②질수기탁자의 행지行知의 선후문제, ③질수기탁자의 지志와 의意의 선후문제를 풀기위한 『율곡전서』의 원문들이다.

행동할 수는 있지만 잘 알 수는 없는 질수기탁자의 교기질방법도 행行・지知 / 지志・의意 두 측면에서 논할 수 있다.
먼저 지志・의意의 관점에서 논한다면, '마음이 그 갈 바가 정해져 선으로 가고 악으로 가는 활동성'인 지志가 먼저 서야 '서로 비교하여 견주어 보고 헤아려서 생각하는452)'(계교상량) 의意가 뒤따

能知而不能行 若勉於躬行 必誠必篤 則行可立 而柔者强矣 質粹而氣濁者 能行而不能知 若勉於問學 必誠必精 則知可達 而愚者明矣
450) 『栗谷全書』 1, 496쪽 22:23ab 「聖學輯要」 修己功效章. 臣按 知行雖分先後 其實一時竝進 故或由知而達於行 或由行而達於知
451) 『栗谷全書』 1, 456쪽 20:59a 「聖學輯要」 窮理章. 或有志先立 而意隨而思者 或有意先經營 而志隨而定者 不可以一概論也

라온다. 실제 기질교정 단계에서, 율곡이 말하는 지志의 몸가짐은 필성必誠(반드시 성실함)과 필독必篤(반드시 독실함)이며, 의意의 마음가짐은 필성必誠과 필정必精(반드시 정밀함)이다.

다음은 행行·지知의 관점에서, 행行은 보아서 행함으로 대부분의 인간 행위나 활동 나아가 도덕행위와 실행, 실천하는 것453)이고, 지知는 들어서 앎으로 어떤 사물을 어떤 사물로 지각하고 인식하는 것, 도덕가치의 시비를 판단하는 것, 미추에 대한 구별과 예술을 향유하는 것454)이다. 실제 기질교정 단계에서, 율곡이 말하는 행行은 면어궁행勉於躬行(몸소 행함에 힘씀)이고, 지知는 면어문학勉於問學(묻고 배우는데 힘씀)이라고 할 수 있다.

질수기탁자의 실제 기질 교정 방법에 대해 설명해 보면,
이들의 기질 교정 방법의 시작은 '궁행躬行에 힘씀'(면어궁행勉於躬行)이다. 궁행躬行이라는 함은 몸소 실천하는 것이다. 그 과정상에서 필요한 몸가짐은 성誠과 독篤으로 '반드시 성실하고'(필성必誠), '반드시 독실하면'(필독必篤) 행실이 확립될 수 있다는 것이다.
종착지는 '묻고 배우는 데 힘씀'(면어문학勉於問學)이다. 이것은 분별하고 판단하는 인식능력을 키우기 위해 힘써야 한다는 의미이

---

452) 『표준국어대사전』, 국립국어연구원, 1999, 382쪽 참조. 계교計較. / 『표준국어대사전』, 국립국어연구원, 1999, 3275쪽 참조. 상량商量.
453) 방입천, 『중국철학과 지행의 문제』, 김학재, 예문서원, 1998. 21-22쪽 참조. /한국사상사연구회(강춘화), 『조선유학의 개념들』 「인식과 실천의 변증법」, 예문서원, 2011. 375쪽 참조. [중복인용]
454) 방입천, 『중국철학과 지행의 문제』, 김학재, 예문서원, 1998. 21쪽 참조./ 한국사상사연구회(강춘화), 『조선유학의 개념들』 「인식과 실천의 변증법」, 예문서원, 2011. 374-375쪽 참조. [중복인용]

기도 하다. 마음자세는 성誠과 정精으로 '반드시 성실하고'(필성必誠), '반드시 정밀하면'(필정必精) 지식에 통달할 수 있다고 한다.

다시 말해 질수기탁자는 지志 → 의意, 행行 → 지知로 기질을 교정했을 때 효과적이라는 것이다. 필성必誠·필독必篤의 몸가짐으로 면어궁행勉於躬行을 세워, 필성必誠·필정必精의 면어문학勉於問學하는 마음가짐으로 지식에 통달할 수 있으면 우매한 자라도 명석하게 될 수 있다.

위의 내용을 표로 만들어 보면,

기청질박자		질수기탁자	
선	후	선	후
면어문학 勉於問學	면어궁행 勉於躬行	면어궁행	면어문학
필성必誠			
필정必精	필독必篤	필독	필정
지달知達	행가립行可立	행립行立	지가달知可達
유자강의柔者强矣		우자명의愚者明矣	

표를 해석하여 정리해 보면, 기청질박자의 교기질 방법은 능숙한 앎으로써 면어문학勉於問學을 바탕으로 면어궁행勉於躬行으로 나아가야 한다. 마음가짐은 필성必誠과 필정必精하며, 몸가짐은 필성必誠과 필독必篤해야 함을 말하고 있다. 질수기탁자의 교기질 방법은

행行에 능숙함으로써 면어궁행勉於躬行을 기본으로 면어문학勉於問學으로 나아가야 한다. 몸가짐은 필성必誠과 필독必篤하며, 마음가짐은 필성必誠과 필정必精이다.

기청질박자에게 주어진 방법으로 기질의 교정을 했을 때, 지知에 통달함을 기반으로 행行이 이루어져 유약한 사람도 강하게 될 수 있다. 마찬가지로 질수기탁자에게 주어진 방법으로 기질을 교정을 했을 때, 행行을 세움으로 지知에 통달할 수 있으며 우매한 자라도 명석하게 될 수 있다는 것이다.

여기서 우리는 율곡의 기청질박자와 질수기탁자가 기질을 변화시키기 위한 각각의 방법을 알아보았는데, 그 중에 '반드시 성실함'(필성必誠)이라는 공통 덕목이 몸·마음가짐에 있음을 알 수 있었다. 다른 말로 이것을 성誠이라고도 한다.[455]

곽신환은 그의 책 『1583년의 율곡 이이』에서 다음과 같이 말한다. "율곡의 철학은 마음의 진실성을 기초로 한다. 학문이 지향하는 것, 그리고 그 결과가 실리實理여야 하며, 한갓 세상의 귀와 눈을 속이는 것이 아닐 뿐 아니라(무기인無欺人) 사신의 마음을 속임 없는 상태로 유지한다(무자기無自欺)는 점에서 실심實心의 철학이다. 율곡이 말하는 실리와 실심은 결국 성誠이다."[456]

---

[455] 『유교대사전』에서는 지행知行을 관통하여 그 통일의 근거로 주어지는 것이 성誠이다. 인간의 자기 존재와 그의 모든 행위는 성에 근원함으로써 진실성을 확보할 수 있으며, 사물의 존재도 성을 떠나서는 실재할 수 없다고 한다. "성은 모든 존재의 끝과 시작이니, 성실하지 못하면 존재하지 않는 것이다. 그러므로 군자는 성실히 함을 귀하여 여기는 것이다."(중용25장)라고 한 것과 같이 성의 근원에서 전인격성을 통해 지와 행이 통일되고 있다고 한다(『유교대사전』, 박영사. 1990. 1493쪽 참조.).

[456] 곽신환, 『1583년의 율곡 이이』, 서광사, 2020. 152-153쪽 참조./ 『

만일 의지(志)가 성실하지 않으면 확립되지 못하고, 이치(理)에 성실하지 않으면 사물의 이치를 깊이 연구하여 밝혀내지 못하며, 기질이 성실하지 않으면 변화할 수 없으니 다른 것도 미루어 알 수 있습니다.457)

율곡이 왕에게 올린 「성학집요」에는 '성실장'을 따로 두어 기질이 성실하지 않으면 변화할 수 없음을 강조한 것도 이를 증명하는 일이라고 볼 수 있을 것이다.458)

나는 여기서 잠시 쉬어가는 의미로 재미있는 예를 들어보려 한다. '우리가 도토리묵을 먹을 수 있는 건 다람쥐가 도토리를 숨겨 놓은 곳을 까먹어 상수리나무가 자라서라고 하던데', 그 숨긴 곳을 잊어버리더라도 계속되는 다람쥐의 성실함은 기질의 교정 중에 그 결과에 연연하지 않고 포기하지 않는 '정성을 다함'과 '과정의 성실함'과 같은 단어를 떠올리게 한다. 성실함의 표본으로 다람쥐 얘

栗谷全書』2, 570쪽, 拾遺6:15a 「雜著」 誠策. (天以實理 而有化育之功 人以實心 而致感通之效 所謂實理實心者 不過曰誠而已矣) 참조. 참고로 誠策은 율곡 이이 한성시 장원한 책문임(그 때의 나이가 誠策 원문 22세(丁巳. 漢城試居魁) /年譜 21세(丙辰. 春還京第 對策魁漢城試)라고 함).

457) 『栗谷全書』1, 465쪽, 21:6ab 「聖學輯要」 誠實章. 如志無誠則不立 理無誠則不格 氣質無誠則不能變化 他可推見也

458) 곽신환은 그의 책 『조선유학과 소강절철학』에서 삼재三才적 인간을 논한다. 『중용』에서 구체적으로 삼재적 인간을 규정하고 있다고 말한다. '오직 세상에서 가장 지극한 성실을 지닌 사람만이 능히 자기의 본성과 타인의 본성과 만물의 본성을 다할 수 있다.' 그런 사람은 천지만물에 대하여 훤히 알고 그 실천하는 것이 마땅하지 않음이 없으며 그와 천지는 이미 일체가 되어 있다고 말한다(곽신환, 『조선유학과 소강절 철학』, 예문서원, 2015. 231쪽 참조.).

기를 했지만, 다시 본문으로 돌아가 보자.

 이 책의 서론에서 했던 말을 다시 한 번 떠올리려 보면, 세상에서의 인간은 길吉·복福을 원하고 흉凶·화禍를 싫어한다. 현실에서 좀 더 좋은 길·복을 받고, 더 나쁜 흉·화를 피하고 싶지 않은 사람이 어디 있을까 하지만 그러기 위해서는 그에 상응하는 준비가 필요한데, 이 책에서는 그런 준비를 기질 교정이라고 본 것이다. 다시 말해, 기청질박자와 질수기탁자가 교기질을 통해 '그 때에 알맞음'(시중時中)을 알고, 시중時中에 맞게 행동하는 것을 이상적 인간(기청질수자)으로 '다시 완성되어지는 것'을 의미한다. 하지만 그것은 말처럼 쉬운 일은 아니다. 우선 본인의 기질을 알아야 할 것이고, 그 다음에 자신의 기질에 맞는 방법을 선택해 기질을 교정해야 가능한 일이기 때문이다.

 여러 가지 예를 통해 살펴보았듯이, 타고난 기질로 인해 생기는 인간 사이의 오해와 갈등을 해결하기란 그리 쉬운 문제만은 아니다. 나는 율곡의 기질론을 통해 기질에 차이를 설명하고, 그 이론에 따른 기질의 교정방법을 율곡의 이론을 중심으로 제시하였다. 개인적으로 생각해 보면 어깨나 허리 골반이 삐뚤어졌을 때 온 몸에 균형이 무너짐을 쉽게 경험하곤 하는데, 기질의 불균형으로 생기는 오해들은 인간관계성의 불화를 가져오기 때문에 결국에는 삶이 틀어지는 결과로 이어지게 된다. 그럼 균형잡힌 인간, 완전한 인간이란 과연 존재하는 것일까? 이상적 인간은 현실에서는 불가능해 보이지만 자신의 기질을 알아볼 수만 있다면, 그리고 그에 맞는 교정방법을 찾아내고 노력할 수만 있다면, 삶을 살아가는데 어느 만큼은 업그레이드upgrade(하드웨어나 소프트웨어의 성능을 기존 제품보다 뛰어난 새것으로 변경하는 일459))가 가능하지 않을까. 마치 병을 알고 제대로 된 약을 쓰는 것과 같이 인간관계에서 낭패를 보는 일도 그만큼 줄어들지 않을까 생각해 본다.

이 책에서는 따로 결론 부분을 두지 않았다. 대신 주제별로 각 장이 끝날 때 앞의 내용을 정리하고 표를 첨가하였다. 논문처럼 한 가지 주제로 과녁을 좁게 쓰기보다, 광범위한 관심주제와 일상생활 속 여러 가지 예를 통해 율곡의 기질론에 다가가 보았다.

부족한 부분을 인식하고도 전혀 노력하지 않는 사람은 아마 없을 것이다. 하지만 나도 운전을 하다가도 이유 불문하고 화가 날 때가 있다. 생각해 보면, 여러 가지 이유로 나를 이해할 수 없을 때가 많다. 하지만 인간의 기질이 모두 똑같지 않다는 율곡 기질론에 따르면, 사람들과의 관계성에 어려움은 기질이 서로 구별되는 것에서부터 비롯된다는 것이다. 그러므로 나의 기질을 알고 교정해 나가다 보면 들쑥날쑥 변덕스러운 사람도 평온하고 고요한 성정에 다다를 수 있을지 모른다. 이런 마음으로 책을 펴고, 율곡의 가르침을 쫓아 여기까지 오게 된 것 같다. 타고난 기질을 숙명으로 인정하고 평생을 살아가야 한다면, 인간은 변화할 수 있는 많은 기회들을 스스로 포기하게 될 것이다. '어차피 달라질 수 없다'는 생각은 삶을 부정적으로 만들고, 단념해 버리는 요소가 되지만 살아있는 동안에 최선을 다하고 노력한다면 적어도 자신의 삶에 후회는 없을 것이다. 그러므로 노력도 자신의 기질을 알고 그에 맞게 적절히 해야 할 것이다.

다음 장은 미처 못다 한 이야기들을 모아 'Ⅵ. 기질을 교정해야

---

459) 『표준국어대사전』, 국립국어연구원, 1999. 4265쪽 참조.

하는 이유'라고 제목을 붙여 보았다.

Ⅵ. 기질을 교정해야 하는 이유

 우리는 인간이 사회적 동물이란 말에 고개를 끄덕일 것이다. 또한 사람과 사람간의 관계성이야말로 사회생활의 승패를 결정짓는 중요한 요소라는 것에도 동의할 것이다.
 관인觀人은 '사람을 알아보는 안목'이라고 해석할 수 있지만 지금까지 열거한 기질론 연구에 비추어 볼 때, 자신의 기질과 상대방 기질의 경향성까지도 포함하여 파악하고 교정하는 일을 통틀어 말한다.
 Ⅵ장에서는 본문에 전개상 방해될 것 같던 부분들을 빼내어 묶어보았다. 일반적으로 기질교정이 모두 성공적인 것은 아니기에, 문헌(『율곡전서』)에 나타난 기질교정이 실패한 사례로 '모씨某氏'를 찾아내어 그 예로써 제시하고 기질교정이 성공한 사례를 찾아 '공동창조성'이라 하였다.

1. 율곡 이이의 관인觀人

1) 지인知人

 『논어』「학이」에서 공자께서 말씀하시길, "남이 자신을 알아주지 못함을 걱정하지 말고, 내가 남을 알지 못함을 걱정해야 한다." 이를 주석하기를 "내가 남을 알지 못하면 그의 옳고 그름과 간사하고 정직함을 혹 분변할 수 없으므로 그것을 걱정으로 삼는 것이다."460)라고 하였다.
 또 『논어』「안연」에서는 번지가 인仁을 묻자 공자께서 "사람을 사랑하는 것이다." 하셨다. 지知를 묻자, 공자께서 "사람을 아는 것(지인知人)이다." 하셨다. 번지가 그 내용을 통달하지 못하자, 공자께서 "정직한 사람을 들어 쓰고 모든 부정한 사람을 버리면 부정한 자로 하여금 곧게 할 수 있는 것이다." 말씀하셨다.461)

번지가 통달하지 못한 이유는, '사랑(인仁)은 그 두루 하고자 하는데 지혜(지知)는 선택함이 있다고 여겼으므로 두 가지가 서로 모순되는가 하고 의심한 것'이다. 이런 번지의 의심에 대해 『논어집주』에서 아래와 같이 충고한다. '정직한 사람을 들어 쓰고 부정한 사람을 버리는 것은 지知이며 부정한 자로 하여금 곧게 하면 이것은 인仁인 것이다. 이와 같이 하면 이 두 가지는 서로 모순되지 않을 뿐만 아니라 도리어 서로 쓰임이 되는 것'462)이라고 말한다.

과연 남의 마음을 그때그때 상황으로 미루어 알아내는 능력을 얻는다는 것은 무엇을 의미하는가?

'눈치가 빠르면 절에서도 새우젖을 얻어먹는다.'라는 속담이 있듯, 사람을 알아보고 상황에 대한 빠른 판단을 하는 능력이 있다면 인간이 사회생활을 해 나가는데 분명 유리한 조건이 될 것이다.

---

460) 『論語集註』「學而」, 성백효, 전통문화연구회, 2004. 31쪽 참조. 子曰 不患人之不己知 患不知人也/ 尹氏曰 …… 不知人 則是非邪正 或不能辨 故 以爲患也
461) 『論語集註』「顔淵」, 성백효, 전통문화연구회, 2004. 248-249쪽 참조. 樊遲問仁 子曰 愛人 問知(智) 子曰 知人 樊遲未達 子曰 擧直錯諸枉 能使枉者直
462) 『論語集註』「顔淵」, 성백효, 전통문화연구회, 2004. 248-249쪽 참조. 曾氏曰 遲之意 蓋以愛欲其周而知有所擇 故 疑二者之相悖耳/ 擧直錯枉者 知也 使枉者直 則仁矣 如此 則二者不惟不相悖 而反相爲用矣

관인은 다른 말로 지인知人이라고도 할 수 있다. 지인知人의 교과서적인 책으로 나는 사마천의 『사기史記』와 유소의 『인물지人物志』를 꼽고 싶다.
　각계각층, 여러 유형, 다양한 직업에 종사하였던 수많은 사람들의 발자취를 전기 형식으로 엮은 책463)인 사마천司馬遷(B.C. 145? - B.C. 86?)의 『사기』는 인간탐구 – 역대의 황제, 왕, 제후를 제외한 – 의 기록이다. 특히 「열전」464)은 역사를 빌어서 사람이란

---

463) 사마천, 『사기열전』, 정범진 외, 까치, 2007. 3쪽 참조.
464) 이승신은 그의 논문(「『사기』 열전 인물형상 연구」, 이화여대 석사학위논문, 1994. 21-23쪽 참조.)에서 다음과 같이 말한다. "『사기』 「열전」은 크게 서정抒情적 인물, 비판적 인물, 의의人義적 인물로 구성된다. 먼저 서정적 인물이란 사마천 자신의 불우한 생애에 대한 울분의 감정을 인물들의 형상에 투영시킨 것으로 작가의 감정적 요소가 풍부하게 내포된 인물들을 말한다. 왕에게 유세를 잘못하여 곤경에 처하는 한비韓非(B.C. 280? - B.C. 233)와 소진蘇秦(? - ?)을 비롯하여, 지혜를 지녔음에도 지기知己를 만나지 못하여 슬픔 속에 지내다가 죽은 백이伯夷(? - ?) 숙제叔齊(? - ?)와 굴원屈原(B.C. 343? - B.C. 278?), 비천한 처지에서 출세한 사마양저司馬穰苴(? - ?)와 감무甘茂(B.C. 315 - B.C. 366?), 좌절과 절망의 상황 속에서도 불굴의 의지로 극복해내는 우경虞卿(? - ?), 계포季布(? - ?) 등을 들 수 있다. 사마천은 이릉李陵(? - B.C. 74)의 사건으로 궁형宮刑을 당한 후 자신의 정치적인 불우함을 비장한 각오로 극복하고 『사기』를 저술할 당시의 심정을 이러한 인물들을 통해서 충분히 토로하고 있다. 다음은 비판적 인물로서 이는 사마천이 비판적 시각으로 평가하는 인물들을 말한다. 사마천은 한나라 초기 사회의 심각한 모순과 정치적 부패상을 깊이 인식하고 절실히 통감하고 있었다. 그는 이러한 모순과 부패의 가장 큰 근본 원인을 '혹독하고 무자비한 관리'(혹리酷吏)로 보고 '법을 잘 지키며 열심히 근무하는 관리'(순리循吏)와 비교하여 비판을 가하고 있다. 또한 각 인물들의 결점을 낱낱이 지적하고 비판함으로써 당대當代와 한문제漢武帝(B.C. 156 - B.C. 87)를 비판하고 있다. 자신의 잘못으로 죽임을 당하거나 자살한 손무孫武(? - ?)와 상앙商鞅(? - B.C. 338), 백기

어떤 존재인가를 설명하였고, 시간과 공간을 초월한 인간의 여러 모습이 생생하게 그려져 있다. 이미 오래 전에 쓰여진 책이 오늘날까지도 인간사人間事를 들여다 볼 수 있는 거울 역할을 한다.465)
(사마천의 『사기』「열전」에 관해서는 각주 참고)

중국의 고대 지식인들은 인물을 품평品評하는 것을 중요하게 생각하였는데 진수陳壽(233 - 297)의 『삼국지三國志』를 읽어보면, 그 본문 중에서 인용한 바 동한명사東漢名士에 관한 기록이 있다. 매번 어떤 사람은 인물을 감별鑑別할 줄 알았다고 하였는데 이러한 기풍의 형성은 당시 천거薦擧(어떤 일을 맡아 할 수 있는 사람을 그 자리에 쓰도록 소개하거나 추천함466))제도와 관계가 있었다. 예컨대 허소許劭(150 - 195)467)는 사람을 평한 것이 철저하여 당시 천거제도의 표준이 되었다고 한다. 인물을 품평하는 가운데 일종의 지

白起(? - B.C. 257) 등을 들 수 있다. 마지막으로 인의人義적 인물이란 사마천이 인간으로서 마땅히 지켜야 하거나 당연한 일로 받아들여야 할 도덕적인 가치관을 크게 반영한 인물을 말한다. 변함없는 영원한 우정과 신의를 죽음으로써 지키는 섭정聶政(?   ?)과 예양豫讓(? - ?)을 비롯하여 의를 위해 죽음을 선택하는 전단田單(? - ?)과 이광李廣(? - B.C. 119), 백성들에 대한 깊은 애정을 지닌 오기吳起(B.C. 440? - B.C. 381) 등을 들 수 있다. 또한 목숨을 걸고 복수를 하다가 비참한 말로를 겪는 오자서伍子胥(? - B.C. 484)에 대한 긍정적인 평가를 함으로써 복수의 의미를 긍정하기도 한다. 뿐만 아니라 급암汲黯(? - B.C. 112?)과 맹상군孟嘗君(? - B.C. 279?)과 같은 인물들을 통하여 세력이 높으면 세상 사람들이 모여들고 세력이 떨어져 곤궁한 처지가 되면 아무도 찾아오지 않는 세상의 이치를 한탄하면서도 인지상정으로 이해하는 폭 넓은 인생관을 엿볼 수 있다. 남성위주의 사회에서 여인의 역할을 소략하게나마 언급해가는 부분은 사마천의 인간애적이고 진보적인 일면을 보여주기도 한다."

465) 사마천, 『사기열전』, 최대림, 홍신문화사, 2003. 8쪽 참조.
466) 『표준국어대사전』, 국립국어연구원, 1999. 5992쪽 참조. 천거薦擧.
467) 진수, 『정사 삼국지』, 「촉서」, 김원중, 민음사, 2007. 189쪽 참조.

혜를 드러내는 것은 이 시대 지식인들의 정신경향으로 보았다468) 고 노사광勞思光(1927 - 2012)은 말한다.

조조曹操(155 - 220) 정권 아래서 법률체계와 인사행정 분야에서 탁월한 재능을 발휘하였던 것으로 보이는 유소劉卲(189 - 244)의 『인물지』469)는 '사람 알아보는 일'(지인知人)과 '적재적소에 배치하는 일'(선임善任)에 관한 체계적인 책470)으로 그 중요성을 느

---

468) 노사광, 『중국철학사』(漢 唐篇), 정인재, 탐구당, 1997. 184쪽 참조.
469) 유소, 『인물지』, 이승환, 홍익출판사, 1999. 47-50쪽 참조. 『인물지』에 나오는 사람의 유형을 소개하면, '옳고 그름만을 매몰차게 따지려 드는 꼬장꼬장한 사람'이라면, 그릇된 것을 바로잡을 만한 재질을 지니고 있는 반면에, 남의 잘잘못을 지나치게 들춰내는 결함을 지니고 있다. '유순하면서 남의 처지를 잘 헤아려 주는 사람'이라면, 남을 너그럽게 포용하는 착한 마음씨를 지니고 있는 반면에 과단성이 부족한 약점을 지니고 있다. '남달리 씩씩하고 기가 드센 사람'이라면, 담력이 필요한 일을 맡길만한 반면에 시기심이 많은 결점을 지니고 있다. '세심하고 겁이 많아 조심스러운 사람'이라면, 공손하고 신중한 장점을 지니고 있는 반면에 의심이 많은 단점을 지니고 있다. '굴하지 않고 줏대가 꿋꿋한 사람'이라면, 나라의 동량이 될 만한 자질을 지니고 있는 반면에 독단적이고 고집스러운 결함을 지니고 있다. '말을 그럴싸하게 잘하는 사람'이라면, 의혹을 해소시켜 줄 수 있는 능력을 지닌 반면에 말로만 떠들어 대는 결점을 갖고 있다. '폭넓게 사귀면서 두루 베푸는 사람'이라면, 남을 감싸주는 넉넉함을 지니고 있는 반면에 두루뭉술하고 때가 묻을 흠을 지니고 있다. '청렴결백하고 꼿꼿한 사람'이라면, 검소하게 지내면서 곤궁한 처지를 견뎌낼 수 있는 절개를 지니고 있는 반면에 좀스러운 흠을 지니고 있다. '활동적이며 거침이 없는 사람'이라면, 진취적으로 일을 추진할 수 있는 반면에 덤벙거리는 약점을 지니고 있다. '침착하고 조용하며 꼼꼼한 사람'이라면, 사려가 깊고 빈틈없는 섬세함을 지니고 있는 반면에 굼뜨고 더딘 흠을 지니고 있다. '천진하여 곧이곧대로 죄다 털어놓는 사람'이라면, 진실한 마음 바탕을 지니고 있는 반면에 은밀하지 못한 결점을 지니고 있다. '지략이 풍부하면서 속내를 감추는 사람'이라면, 꾀와 속임수를 발휘하여 임기응변할 수 있는 반면에 말을 뒤집어 이랬다 저랬다 하는 약점을 지니고 있다고 한다.

끼게 한다.

지인知人으로 인물을 평가하는 형태는 수많은 표본과 시행착오를 거쳐 인간을 평가하는 기준이 되고 있다. 이것은 다시 말해 패권을 놓고 경쟁하는 자들 뿐 만 아니라 현실에서 막 영업을 시작하는 가게나, 미래의 배우자를 찾을 때조차도 모두에게 중요하다. 자신의 기질과 잘 맞는 조화로운 기질의 선택은 지인知人에서부터 출발한다.

또한 시대를 막론하고 적재적소에 맞는 인재를 등용한다는 것은 나라의 흥망성쇠와 궤를 같이 한다. 만약 사람들 사이에 만남이 오해없이 조화롭게 지속된다면 그 관계성이 이득으로 이어질 확률이 높아질 것이다. 하지만 그 역시 간단치 않다. 한쪽이 일방적으로 이익을 보려 할 경우엔 더욱 민감한 상황으로 전개되기도 한다. 그러므로 지인知人이야말로 기질론의 시작이며 기초일 수밖에 없다.

2) 관인觀人

장파張法는 그의 책 『중국미학사』에서, 글자의 형태로 보건대 '관觀'은 '새'(조鳥)와 '보다'(견見)의 결합체라고 말한다. 따라서 '관'에서 '보다'는 일반적인 의미의 '보다'가 아니라 '새'(신神)가 본다는 뜻으로, 본질적인 '보다'를 의미한다고 한다.

그는 더 나아가 구체적인 관인에 대해 세 가지로 분류하고 있다. ①위로 아래로 멀리, 또 가까이 눈길을 돌리며 시공간의 동태적 체계를 파악하여 사물의 본질을 깨닫기 위한 것. ②본질적인

---

470) 유소,『인물지』, 이승환, 홍익출판사, 1999. 15/25쪽 참조.

통찰을 위해서는 '관觀'할 수 있는 능력과 그 결과를 간취看取(보아서 내용을 알아차림471))할 수 있는 능력이 있어야 한다며 형식적인 관인(①)과 내용적인 관인(②)을 아울러 말하고 있다. 또한 구체적으로 '관'은 전체를 보는 것을 전제로 하여 행해지며 '이것을 통해 저것을 아는' 본질적인 성격의 인식으로, 예컨대 한의학에서 진맥을 통해 병태를 파악하고, 예술에서 글씨나 그림을 보고 그 사람의 됨됨이를 파악하는 일과 일맥상통一脈相通하는 것이라고 한다. ③사람의 경우 '관'은 외모나 말에서 그 사람의 내면을 파악하는 것이라며, 공자와 맹자의 예를 들고 있다.

먼저 맹자는 "사람에게 보존되어 있는 것은 눈동자보다 더 좋은 것이 없으니, 눈동자는 그의 악惡을 가리지 못한다. 가슴속이 바르면 눈동자가 밝고, 가슴속이 바르지 못하면 눈동자가 흐리다. 그의 말을 들어보고 그의 눈동자를 관찰하면 사람들이 어떻게 (자신을) 숨기겠는가."472)라는 것은 '말과 눈동자'를 통해 사람의 됨됨이를 파악한 것이라고 한다.

다른 예를 더 들어보면, (공자와 제자들과의 대화는 긴 글이지만 중요한 만큼 그 전문全文을 옮김)
자로子路, 증석曾晳, 염유冉有, 공서화公西華가 (공자를) 모시고 앉아있었는데, 공자께서 말씀하셨다. "내 (나이가) 다소 너희보다 많다하여 어렵게 여기지 말아라. 너희들이 평소에 말하기를 '나를 알아주지 못한다.' 하는데, 만일 혹시라도 너희들을 알아준다면 어찌

---
471) 『표준국어대사전』, 국립국어연구원, 1999. 108쪽 참조. 간취看取.
472) 孟子曰 在乎人者 莫良於眸子 眸子不能掩其惡 胸中正 則眸子瞭焉 胸中不正 則眸子眊焉 聽其言也 觀其眸子 人焉廋哉 (『孟子集註』 「離婁」上, 성백효, 전통문화연구회, 2003. 216-217쪽 참조.)

하겠느냐?" 자로가 경솔히 대답하였다. "천승지국千乘之國〔병거兵車 천 대를 갖출 힘이 있는 나라473)〕이 대국大國의 사이에서 속박을 받아 전쟁이 더해지고 기근이 들어도, 제가 다스릴 경우 3년이 지나면 백성들을 용맹하게 할 수 있고 또 의리義理로 향할 줄 알게 할 수 있습니다." 공자께서 빙그레 웃으셨다. "구求〔염유〕야! 너는 어떻게 하겠느냐?" 하시자, 다음과 같이 대답하였다. "사방 60 - 70리, 혹은 50 - 60리 쯤 되는 (작은) 나라를 제가 다스릴 경우, 3년이 지나면 백성들을 풍족하게 할 수 있거니와, 그 예악禮樂으로 말하면 군자君子를 기다리겠습니다." "적赤〔공서화〕아! 너는 어떻게 하겠느냐?" 하시자, 다음과 같이 대답하였다. "제가 능숙하다는 말이 아니오라, 배우기를 원합니다. 종묘宗廟의 일〔제사祭祀〕과 또는 제후들이 회동할 때에 예복을 갖추어 입고 작은 집례자執禮者가 되기를 원합니다." "점點〔증석〕아! 너는 어떻게 하겠느냐?" 하시자, 그는 비파를 타기를 드문드문 하더니, 쨍그랑 하고 비파를 놓으며 일어나 대답하였다. "세 사람의 생각과는 다릅니다." 공자께서 말씀하시기를 "무슨 상관이 있겠느냐? 또한 각기 자기의 뜻〔포부〕을 말하는 것이다." 하시자, 다음과 같이 대답하였다. "늦봄에 봄옷이 이미 이루어지면 관冠을 쓴 어른 5 - 6명과 사내아이 6 - 7명과 함께 기수沂水에서 목욕하고 무우舞雩에서 바람 쐬고 노래하면서 돌아오겠습니다." 공자께서 감탄하시며, "나는 점點과 함께 한다." 하셨다. 공자가 함께 하고 싶다고 한 점點의 견해에 대해 주석〔『논어집주』〕하기를 증점이 그 뜻을 말함에는 현재 자기가 처한 위치에 나아가 그 일상생활의 떳떳함을 즐기는 데에 있었다는 점에서 공자가 감탄하시고 깊이 마음속으로 허락하신 것474)이라고 한다.

---

473) 『표준국어대사전』, 국립국어연구원, 1999. 6004쪽 참조. 천승지국千乘之國.
474) 『論語集註』「先進」, 성백효, 전통문화연구회, 2004. 221-225쪽 참

공자와 그의 제자 자로, 증석, 염유, 공서화 사이의 대화에 대해 장파는, 공자가 제자들의 발언을 통해 그들 내면의 의지를 본 것은 모두 관인의 방식이라고 말한다. 이처럼 액면을 통해 내면을 파악하는 논리의 토대는 '말은 그 사람과 같다'(언여기인言如其人) 라는 명제라고 하면서 '관'의 세 가지 방식, ①위로 아래로 멀리, 또 가까이 보기, ②이것을 통해 저것을 보기, ③액면을 통해 내면을 파악하기는 모두 시공간의 움직이거나 변화하는 구조를 토대로 하며, 인간을 포함하여 사물과 우주의 본질에 대한 인식을 얻기 위한 것475)이라고 한다.

율곡도 관인觀人에 대해 『율곡전서』에서 말하고 있다.

   대저 사람을 관찰하는 것(관인觀人)은 매우 어려우니, 한 번 억누르고 한 번 추켜세우는 것은 경솔히 할 수 없는 것입니다. 벗이 전날에 저를 너무 높이 보았기 때문에 의심 또한 지나치니, 모두 중용의 도가 아닙니다. 마음속의 아무 사심이 없게 하여 이치를 살펴 사물의 마땅함을 헤아린다면, 사람을 관찰하는 데도 실수하지 않을 것입니다. 격물치지의 공부(격치지공格致之功)476) 또한 여기에 있을 것입니

조. 子路曾晳冉有公西華侍坐 子曰 以吾一日長乎爾 毋吾以也 居則曰不吾知也 如或知爾 則何以哉 子路率爾而對曰 千乘之國 攝乎大國之間 加之以師旅 因之以饑饉 由也爲之 比及三年 可使有勇 且知方也 夫子哂之 求 爾 何如 對曰 方六七十 如五六十 求也爲之 比及三年 可使足民 如其禮樂 以俟君子 赤 爾 何如 對曰 非曰能之 願學焉 宗廟之事 如會同 端章甫 願爲小相焉 點 爾 何如 鼓瑟希 鏗爾舍瑟而作 對曰 異乎三子者之撰 子曰 何傷乎 亦各言其志也 曰 莫春者 春服既成 冠者五六人 童子六七人 浴乎沂 風乎舞雩 詠而歸 夫子 喟然嘆曰 吾與點也 / (集註)其言志則又不過即其所居之位 樂其日用之常 …… 故 夫子歎息而深許之
475) 장파, 『중국미학사』, 백승도, 푸른숲, 2012. 90-97쪽 참조.
476) 'IV장 율곡 이이의 기질분류 2. 율곡 이이이 기질론'에서 말한 격물

다.477)

　율곡이 말하는 관인의 전제조건은 자신의 기질을 아는 것이라고 할 수 있다. 이렇듯 자신의 기질을 아는 것은 이상적인 인간형이 된다는 것을 의미한다. 자신의 기질을 먼저 알아서 기질의 교정을 통해 좀 더 중용적인 인간이 되어야, 상대 기질을 파악하기 쉬워지므로 이것을 관인의 첫 번째 단계라고 보았다. 그리고 더 나아가 '사람을 관찰하는 것'으로 정의되는 관인에 대해 (율곡의 말대로) 서로(기청질박자, 질수기탁자478))를 알아보는데 실수하지 않기 위해서는 '실제 사물의 이치를 연구하여 지식을 완전하게 함479)'〔격물치지格物致知〕의 공부가 필요하다고 한다. 이러한 격물치지의 공부〔격치지공格致之功〕는 '마음속의 아무 사심이 없이 하여 이치를 살펴 사물의 마땅함을 헤아릴 수 있다면'480) 누가 보아도 치우침 없이 어느 곳에도 쓰일 수 있게 하는 역할을 한다.
　세간에 떠도는 말에 의하면 어느 대기업 입사시험에서는 관상을 보는 이가 시험장에 동석한다고 한다. 풍문이라 해도 가능성이 아주 없는 말 같지는 않다. 내가 고용주라고 하더라도 그 사람 됨됨이를 보고 뽑을 것 같다.

치지의 교기질 버전인 기청질박자의 잠사자득과 질수기탁자의 견물사도라는 나의 주장이 시작된 지점이기도 하다.
477) 『栗谷全書』1, 192쪽 9:34ab 「書」─ 答成浩原 庚午. 大抵觀人甚不易 一抑一揚 不可率爾 吾友曩日 觀珥太高 故疑之亦太過 皆非中道也 虛心察理 以權事物之宜 則觀人亦不失 而格致之功 在是矣
478) 나는 이 책에서 기청질박자와 질수기탁자를 관인의 기초단위로 보고 있다.
479) 『표준국어대사전』, 국립국어연구원, 1999. 314쪽 참조. 격물치지格物致知.
480) 『栗谷全書』1, 192쪽 9:34b 「書」─ 答成浩原 庚午. 虛心察理 以權事物之宜 則觀人亦不失

2. 실제 적용

1) 나쁜 예[481]

① 모씨某氏

지금까지는 이상적 기질의 교정을 설명했지만 교기질이 실패한 예도 있다. 나는 그 예를 율곡의 글에서 찾아 모씨某氏[482]라고 칭

---

[481] 기질의 교정이 실패한 (나쁜) 예를 들자면, 앨런 제이콥스는 그의 책 『당신이 생각만큼 생각을 잘하지 못하는 이유』에서 다른 사람이 품은 열정적 확신에 대한 성실한 존중을 '민주정신'이라고 말한다. "민주정신은 엄격함과 겸손함을 결합한다. 자신이 품은 열정적 확신에 다른 사람들이 품은 열정적 확신에 대한 성실한 존중을 더한다." 하지만 현실적으로는 학습을 하지 못함으로 하대下待를 당하게 된다고 하면서 사회를 헤쳐 가는데 필요한 '코드 전환'능력, 초등학생을 예를 들어, 친구들에게 벌을 받는 아이도 있고, 교실에서 벌을 받는 아이도 있고, 운동장에서 벌을 받는 아이도 있지만 이들은 모두 똑같이 언어능력이 결핍된 경우, 바로 다양한 또래말과 적절성의 수준을 오가는 능력이 부족한 탓이라고 하면서 (코드전환 능력이란) 친구들과는 이런 방식으로 소통하고, 교사들과는 다른 방식으로 소통하며, 운동부 감독과는 또 다른 방식으로 소통하는 능력을 말한다고 하면서 이 실패는 근본적으로 윤리적 실패다. 존중해야 할 가치를 지닌 다른 표현, 다른 맥락, 다른 사람을 인식하지 못한 실패로 규정한다. 특히 당신의 표현과 맥락을 친구와 가족에게 존중받고 싶다면 상대의 표현과 맥락, 친구와 가족이 지닌 가치를 더욱 존중해야 한다고 주장한다. 그러면서 실로 중요한 것은 코드 전환을 하지 못하는 무능함이 사회적 결속에 입히는 피해로, 이 무능함은 사회적 결속을 약화시킨다고 한다(앨런 제이콥스, 『당신이 생각만큼 생각을 잘하지 못하는 이유』, 김태훈, Korea.com, 2018. 205-214쪽 참조.).
[482] 나는 모야지노某也之老(『栗谷全書』 1, 204쪽 10:17b 「書」 二 答成浩原.)의 '모某'를 모씨某氏라고 칭하였다.

하여 보았다. 세상에는 기청질박자와 질수기탁자만 살고 있지 않다. 서로 다른 기질의 복합적 소유자들이 수없이 많은 '경우의 수'로 존재한다.

율곡은 현실을 무시한 이상을 별도로 찾는 것은 바람직하지 않다고 말한다. 그러므로 현실과 이상은 떨어질 수도 그렇다고 합하여 하나가 될 수도 없는 관계에 있다고 한다. 다시 말해 정상적이지 않은 현실을 보고 이상적理想的이라고 말하는 것도 옳지 않으며 정상적이지 않은 현실에는 이상理想이 없다고 말하는 것도 옳지 않다483)는 것이다. 이것은 양비론兩非論〔맞서서 내세우는 두 말이 모두 틀렸다는 주장이나 이론484)〕을 말하려는 것이 아니라 인간은 현실과 이상, 이상과 현실 그 중간 어디쯤에 위치할 수밖에 없음을 고려할 때, 절대선絕對善과 절대악絕對惡이 극명하게 나누어져 있지 않다는 주장이다. 이것은 또한 나와 관계 맺는 상황과 대상이 시중時中에 따라 수시로 선악이 바뀔 수 있음을 시사하는 것이기도 하다.

"아무개〔모某〕가 창문 아래서 늙어 죽는 것은 그야말로 정상이 아니지만, 다만 나라를 다스리는 도리가 공평하지 않아 상벌에 법도가 없게 되면 악인이 득세하고 선인이 곤궁한 것 또한 진실로 이치입니다. 맹자는 '작은 것이 큰 것에게 부림을 당하고, 약한 것이 강한 것에게 부림을 당하는 것은 하늘〔의 이치〕이다.'라고 말했습니다. 대저 덕의 크고 작음을 논하지 않고 오직 대소·강약으로 승부를 겨루는

---

483) 『栗谷全書』 1, 204쪽 10:17ab 「書」二 答成浩原. 若以乘氣而反常者謂之本然 亦不可 若見其反常 而遂以爲氣獨作用 而非理所在 亦不可也
484) 『표준국어대사전』, 국립국어연구원, 1999. 4175쪽 참조. 양비론兩非論.

것이 어찌 하늘의 본연이겠습니까? 다만 형세로써 말했을 뿐이니, 형세가 이미 그러하다면 이치(리理) 역시 그러하기 때문에, 이것을 하늘이라고 말한 것입니다. 그렇다면 아주 악한 어떤 이(모인某人)가 목숨을 보전한 것을 본연의 이치가 아니라고 하는 것은 옳지만, 기운(기氣)이 홀로 그렇게 하고 이치(리理)는 없다고 말하는 것은 옳지 않습니다. 천하에 어찌 이치(리理) 밖에 기운(기氣)이 있겠습니까? 이 구절은 가장 깊이 연구해야 하니, 이 점을 이해하면 이치(리理)와 기운(기氣)이 서로 떠나지 않는 묘리를 알 수 있을 것입니다."485)

여기에 나오는 모씨某氏는 '아주 악한 어떤 이로 형벌이나 천벌을 받지 않고 편안히 죽는 사람'을 말한다.486) 악한 이들은 권선징악勸善懲惡에 따라 벌을 받고 일찍 죽어야 하지만 그렇지 않고 오래 살아남아 천수天壽를 누리는 것은 정상적인 상황이 아니라고 보지만, 나라를 다스리는 도리가 공평하지 않아 상벌에 법도가 없게 되면 악인이 득세하고 선한 사람이 곤궁해 지는 것도 사실이라는 점을 말하고 있다.487)

---

485) 『栗谷全書』1, 204쪽 10:17b 「書」二 答成浩原. 某也之老死牖下 固是反常 但治道不升 賞罰無章 則惡人得志 善人困窮 固其理也 孟子曰 小役 大弱役强者 天也 夫不論德之大小 而惟以小大强弱爲勝負者 此豈天之本然哉 特以勢言之耳 勢旣如此 則理亦如此 故謂之天也 然則某人之得保首領 謂之非理之本然則可 謂之氣獨爲之而無理則不可也 天下安有理外之氣耶 (此段最可深究 於此有得 則可見理氣不相離之妙矣)
486) 이이, 『답성호원』, 임헌규, 책세상, 2013. 216쪽 참조.
487) 모씨가 득세하는 세상에 대한 예를 책에서 찾아 나열해 보면, ①(시간저축은행의 영업사원 회색신사들이 말하는) 자신의 일을 기쁜 마음을 갖고 또는 애정을 갖고 하는 것은 중요하지 않고 오히려 그런 것은 방해가 됨. 가능한 한 짧은 시간 안에 가능한 한 많은 일을 하는 것, 그것만이 중요한 세상. 하지만 시간을 아끼는 사이에 실제로는 전혀 다른 것을 아끼고 있다는 사실을 눈치 챈 사람은 아무도 없는 것 같았다. 아무도 자신의 삶이 점점 빈곤해지고, 획일화되고, 차가워지고 있다는 것을 알아차리지 못했다(미하엘 엔데, 『모모』, 한미희, 비룡소,

『맹자』에서는 '작은 것이 큰 것에게 부림을 당하고, 약한 것이 강한 것에게 부림을 당하는 것'488)이 현실임을 언급하였는데, 이는 모씨某氏의 본보기가 된다고 생각된다. 맹자의 말을 율곡이 말한 모씨에 적용하면, 모씨는 큰 것이고 강한 것으로 볼 수 있다. 현실에서 큰 것과 강한 것에 대해 생각해 보면 재력가이거나 옛날로 치면 고관대작高官大爵일 것이며, 군사력이 강한 나라 경제대국을 일컫는 것이다.

착한 일을 하면 복을 받고 악한 일을 하면 벌을 받는 것이 아니라 어떻게 모씨가 자신의 천수를 누리고 편안히 죽는다는 것인가! 형벌을 받거나 천벌을 받아야 할 사람이 말이다. 하지만 우리 주변에서 흔하게 볼 수 있는 이런 경우의 모씨를 율곡의 이론에 의하면 '리理(이치)와 기氣(기운)가 떠나지 않는 묘리489)'(리기불상리지묘理氣不相離之妙)라고 볼 수 있는데 리기불상리지묘를 가능하게 하는 리기론에 대해 알아보자.

원론적인 입장에서 율곡의 리기론을 설명하면,
①이치(리理)라는 것은 기운(기氣)의 주재主宰(어떤 일을 중심이

2010. 96-98쪽 참조.). ②독재자의 집권을 도와주는 사람들은 첫째, 독재자의 정체를 잘 모르는 사람들. 둘째, 독재자가 도덕을 위반해도 국가는 그런대로 굴러가리라고 보는 사람들, 셋째, 독재자를 이용하여 자신의 지위를 높이려는 사람들이 있다고 한다(스티븐 그린블랫,『폭군』, 이종인, 로크미디어, 2020. 95-98쪽/역자후기 256쪽 참조.).
488)『孟子集註』「離婁」上, 성백효, 전통문화연구회, 2003. 204-205쪽 참조. 孟子曰 天下無道 小役大 弱役强 斯二者 天也
489)『栗谷全書』1, 204쪽 10:17b「書」二 答成浩原. 此段最可深究 於此有得 則可見理氣不相離之妙矣

되어 맡아 처리함490))이다.
　②기라는 것은 리가 타는 것이다.
　③리가 아니면 기가 근거할 데가 없고, 기가 아니면 리가 의지할 데가 없다.
　④(리와 기가) 한 물건이 아니기 때문에 하나이면서 둘이고, 두 물건이 아니기 때문에 둘이면서 하나이다.491)

　율곡은 실제로 존재하는 것으로서의 기氣와 그렇게 된 까닭으로서의 리理를 모두 인정하면서 그 양자는 분리되어 있지 않고 불가분의 관계를 가진다고 보았다. 그의 리기론은 인간의 윤리성만을 추구하는 리 우위적 경향이나 우주의 실재성에 치중하는 기 일원적 경향을 종합・지양하는 철학적 특성을 지닌다.492)

　이를 좀 더 자세히 설명하면 "이치(리理)는 하나일 뿐이기 때문에 본래 치우침과 바름, 통함과 막힘, 맑음과 흐림, 순수함과 잡박함과 같은 구분이 없다. 그러나 이치가 타고 있는 기운(소승지기所乘之氣)은 오르락내리락하면서 쉬는 일이 없고, 뒤섞여서 고르지 못하게 된다. 이에 천지와 만물이 생겨남에 어떤 것은 바르고 어떤 것은 치우치며 어떤 것은 통하고 어떤 것은 막히며 어떤 것은 맑고 어떤 것은 흐리며 어떤 것은 순수하고 어떤 것은 잡박하게 되는 것이다."493)라고 말한다. 이를 요약하면 "이치(리理)는 비록

---

490) 『표준국어대사전』, 국립국어연구원, 1999. 5640쪽 참조. 주재主宰.
491) 『栗谷全書』1, 197쪽 10:2ab 「書」二 答成浩原 壬申. 夫理者 氣之主宰也, 氣者 理之所乘也. 非理則氣無所根柢 非氣則理無所依著 旣非二物 又非一物 非一物 故一而二 非二物 故二而一也.
492) 『유교대사전』, 박영사, 1990. 1183-1186쪽 참조. 리기론理氣論.
493) 『栗谷全書』1, 197쪽 10:2b 「書」二 答成浩原 壬申. 夫理 一而已矣 本無偏正通塞淸濁粹駁之異 而所乘之氣 升降飛揚 未嘗止息 雜糅參差

하나이지만 이미 기운(기氣)에 타고 있기 때문에 그 나타남은 만 가지로 다르다."494)는 것이다.

성리학에서는 이를 리일분수理一分殊라고 명명한다. 이에 대해 유성선은 그의 논문 「율곡 심론 연구」에서 리일理一이란 무엇인가? 이것은 문자 그대로 보편普遍이란 의미이다. 즉 일一이란 단순히 다多에 상반되는 개별적인 하나라는 의미가 아니라, 개별적인 한정을 초월하는 절대絶對라는 의미이다. 그리고 분수分殊란 개별적인 사람 혹은 사물에 품부된 보편, 즉 개별자가 품수받은 보편을 의미한다. 그리고 율곡은 리와 기의 관계(리일분수)를 리통기국理通氣局이라는 말로 표현한다. 리理는 그 어떠한 존재 안에서도 그 본연의 묘를 잃지 않기 때문에 리통理通인 반면에, 기氣는 각각의 개별자에 따라 서로 다르다. 이런 의미에서 기는 개별자에 국한되는 한계가 있다. 기의 국한성, 이것이 바로 기국氣局이다. 결국 리통理通은 리 본연의 묘妙가 없는 곳이 없음을 의미하고, 기국氣局이란 모든 현상의 개체 사물은 기에 의해 이루어진다는 뜻이다. 이러한 기氣는 가변적이기 때문에, 우리는 수양修養을 통해 불완전한 상태의 기를 본래의 상태로 회복할 수 있다. 따라서 율곡의 기본 입장은, 편벽된 기질氣質을 다스려 본연本然의 선善을 실현하여 모두가 성인이 될 수 있다는 것이다.495)

정리하자면 위에서 리와 기의 관계를 설명한 리일분수와 리통기국은 리기불상리지묘理氣不相離之妙(이치와 기운이 떠나지 않는 묘

是生天地萬物 而或正或偏 或通或塞 或淸或濁 或粹或駁焉
494) 『栗谷全書』 1, 197쪽 10:2b 「書」二 答成浩原 壬申. 理雖一 而旣乘於氣 則其分萬殊
495) 유성선, 「율곡 심론 연구」, 중앙대 박사학위논문, 2001. 20-27쪽 참조.

리)⁴⁹⁶⁾에 대한 설명이다.

② 기질의 편향성偏向性⁴⁹⁷⁾

　기청질박자와 질수기탁자는 왜 서로를 오해하는가? 기질이 다르다는 것은 세계관이나 가치관이 다름을 의미함은 물론이고 작은 습관[498]조차 똑같지 않음을 드러내는 것이다.
　이것은 이치가 타고 있는 기운의 운동에 변화무쌍함으로 인해 사람들은 누구나 기질적 불균형을 가지고 태어나게 되고, 그것으로 인해 여러 가지 문제가 발생된다는 것을 의미한다.

　우리는 앞에서 기질은 청각이 발달된 기청질박자와 시각이 발달된 질수기탁자로 나뉜다는 것을 알게 되었고 그들은 지知와 행行의 능숙한 정도에 따라 구분되기도 하는데, 어느 쪽이든 감각기관에 치우쳐 지와 행을 다 쓰지 못한다는 점도 알게 되었다. 한 쪽으로 치우쳐 있다는 것은 균형감각을 잃은 상태이므로 '그 때에 적절함'

---

[496] 황의동은 그의 논문에서 리기지묘를 리기불상리(리와 기는 서로 떠나지 않음)와 리기불상잡(리와 기는 서로 섞일 수 없음)으로 설명하는데, 기질론을 논함에 있어 나는 리기불상리의 측면을 더 치중하여 바라보았다(황의동,「율곡의 철학사상에 관한 연구 : 리기지묘를 중심으로」, 충남대 박사학위논문, 1987. 66/76-81쪽 참조.).
[497] 이번 장은 기질의 관점에서 리기론을 적용시켜 설명한다. 리기론은 성리학의 구조를 형성하는 개념이므로 그것을 한정된 지면에 싣는다는 것은 상당히 어려운 일이다. 이 책에서는 기질론과 관련있는 리기론 부분에 초점을 맞추려고 한다.
[498] 어느 길로 가든지 목적지에 도달할 수 있지만 좌회전을 선호하는 사람은 교통체증이 있어도 좌회전을 하려고 하며, 우회전을 선호하는 사람에게도 동일한 성향을 보임.

을 유지하기에 힘이 부족하다. 앞에서도 예로 들었지만 기질의 불균형이란, 야채를 좋아하는 사람과 고기를 좋아하는 사람이 편식한다면 온전히 힘을 쓸 수 없을 뿐만 아니라 건강한 생활을 유지하기도 힘들 것이다. 균형잡힌 식단이 건강한 생활에 필수라는 것을 모르는 이는 없지만 그럼에도 불구하고 우리는 종종 나쁜 선택을 하곤 한다.

이와 같이 기청질박자와 질수기탁자는 각자가 서로 다른 감각을 얼마나 더 사용하느냐 덜 사용하느냐에 따라 균형이 맞지 않게 된다는 것을 보여준다. 결국 건강은 야채와 고기를 적절하게 섭취하는 생활습관 속에서 나오듯, 기질의 균형은 인간의 삶에서도 중요할 수밖에 없다. 하지만 고기를 좋아하는 이가 야채도 함께 좋아하기 힘들고 야채를 좋아하는 이가 고기를 좋아하기란 쉽지 않다. 그러므로 기질의 교정이란 이론과 실천이 함께 이루어져야 이상적인 것이기에 현실적으로 간단한 문제는 아니다.

본론으로 돌아와 기질의 편향성에 관점에서 리기론을 적용해 보면,

> '한 물건이 아니다'(비일물자非一物者 (=두 물건이다))라는 것은 무슨 뜻이겠습니까? 이치(리理)와 기운(기氣)은 비록 서로 떨어지지는 않지만 오묘하게 합해 있는 가운데, 이치는 본래 이치이고 기운은 본래 기운이어서, 서로 뒤섞이지 않으므로 한 물건이 아니라고 말합니다. '두 물건이 아니다'(비이물자非二物者 (=한 물건이다))라는 것은 무슨 뜻이겠습니까? 비록 이치는 본래 이치이고 기운은 본래 기운이라고 하더라도, 뒤섞여 간극이 없고, 선후와 이합이 없어 두 물건이 되는 것을 볼 수 없기 때문에 두 물건이 아니라고 합니다.[499]

위 문장에서 율곡은 리理와 기氣를 물物(비일물자, 비이물자)로 설명하고 있다. '物物'에 대한 정의를 『표준국어대사전』에서 찾아보면, '인간의 감각으로 느낄 수 있는 실재적 사물'(물①) 또는 '느낄 수 없어도 그 존재를 사유할 수 있는 일체의 것'(물②)이라고 한다.500)

物物이 율곡의 말처럼 사전에서도 두 가지 뜻으로 쓰고 있는 것에 감탄하며, 이 정의를 율곡의 말에 적용(비일물자 – 물① / 비이물자 – 물②)501)하여 보겠다.

'한 물건이 아니라는 것'(비일물자非一物者)은 '인간의 감각으로 느낄 수 있는 실재적 사물'(물①)이 이치와 기운이 오묘하게 합해 있는 가운데 이치는 본래 이치이고 기운은 본래 기운이어서 서로 뒤섞이지 않으므로 한 물건이 아니라고 말하는 것이다.

반면에 '두 물건이 아니라는 것'(비이물자非二物者)은 '느낄 수 없어도 그 존재를 사유할 수 있는 일체의 것'(물②)이 비록 이치

---

499) 『栗谷全書』1, 197쪽 10:2ab 「書」二 答成浩原 壬申. 非一物者 何謂也 理氣雖相離不得 而妙合之中 理自理 氣自氣 不相挾雜 故非一物也 非二物者 何謂也 雖口理自理氣自氣 而渾淪無閒 無先後無離合 不見其爲二物 故非二物也

500) 『표준국어대사전』, 국립국어연구원, 1999. 2299쪽 참조. 物物.

501) 격물치지의 질수기탁자 버전인 견물사도는, 실재적 현상을 직접 경험함으로 도리를 생각한다는 의미를 담고 있음으로 물①에 적용하며, 질수기탁자의 단점으로 지적된 문인언이종지자가 스스로의 견해가 없음으로 명목상의 현상(기운)에 치중하여 그 이면의 원리(이치)가 함께 있음을 깨닫지 못하기 때문에 비일물자非一物者라고 해석하였다. / 격물치지의 기청질박자 버전인 잠사자득은, 논리적 사고를 통해 존재를 깨닫는다는 의미를 담고 있음으로 물②에 적용하며, 기청질박자의 단점으로 지적된 망견자의 더딘 행동과 생각의 비대함으로 현실(기운) 가운데 있는 이치가 본연의 이치라고 생각하기 때문에 비이물자非二物者라고 해석하였다.

는 본래 이치이고 기운은 본래 기운이라 하더라도, 뒤섞여 간극이 없고, 선후와 이합이 없어 두 물건이 되는 것을 볼 수 없기 때문에 두 물건이 아니라고 하는 것이다.

위에 열거한 이론들은 율곡 기질론을 뒷받침해 주는 중요한 이론인 만큼 이해를 돕기 위해 맹자孟子(B.C. 372 ? - B.C.289 ?)가 언급한 양주楊朱(B.C. 440 ? - B.C. 360 ?)와 묵적墨翟(B.C. 480 ? - B.C. 390 ?)의 이야기에 대입해 설명해 보기로 하자.

맹자께서 말씀하셨다. "내가 어찌 변론을 좋아하겠는가? 나는 부득이하여 하였을 뿐이다. …… 성군이 출현하지 않아 제후들이 맘 내키는 대로 행동하며, 처사處士(벼슬을 하지 아니하고 초야에 묻혀 살던 선비502))들이 어떤 사안에 대하여 제멋대로 각자의 의견을 제기하였다. 그리하여 양주와 묵적의 주장들이 천하에 가득 차게 되었다. 천하의 공론(사회 대중의 공통된 의견503))은 양주 쪽으로 돌아가지 않으면 묵적으로 돌아갔다. 양주는 위아설爲我說을 주장하였는데, 이것은 군주를 무시한 것이다. 묵적은 겸애설兼愛說을 주장하였는데, 이것은 아버지를 무시한 것이다. …… 양주, 묵적의 도가 쉬지 않고 생겨나니, 공자의 도는 드러나지 않는다. 이것은 사특한 학설이 백성들을 속이는 것이고, 인의를 꽉 막아 버리는 것이다."504)라고 하였다.

---

502) 『표준국어대사전』, 국립국어연구원, 1999. 5985쪽 참조. 처사.
503) 『표준국어대사전』, 국립국어연구원, 1999. 4309쪽 참조. 공론=여론.
504) 『孟子集註』「滕文公」下, 성백효, 전통문화연구회, 2003. 184-190쪽 참조. 孟子曰 予豈好辯哉 予不得已也 …… 聖王不作 諸侯放恣 處士橫議 楊朱墨翟之言 盈天下 天下之言 不歸楊則歸墨 楊氏 爲我 是無君也 墨氏 兼愛 是無父也 無父無君 是禽獸也 …… 楊墨之道不息 孔子之道不著 是 邪說誣民 充塞仁義也

맹자는 양주와 묵적을 물리치는 것을 임무505)로 삼았다. 그들 사상의 핵심은 위아설爲我說과 겸애설兼愛說인데, 먼저 위아설을 소개하면, '양주는 위아爲我주의를 취하여 털 한 올을 뽑아 천하를 이롭게 한다 하더라도 하지 않았다'506)고 하였다. 다시 말해 위아설은 '양주의 극단적인 개인주의 학설로 남을 위하거나 해침이 없이, 오직 자기 자신의 욕망을 만족시키는 것이 옳다는 주장이다. 당시 위아설은 부국강병의 통제주의에 강하게 반발하였다는 것에 그 사상적 의의가 있다'507)고 볼 수 있다.

위아설爲我說을 비일물자와 연결해 보면, 비일물자非一物者라는 것은 인간이 감각으로 실재의 사물을 느낄 때 겉으로 드러난 현상〔기氣〕과 공통의 원리인 이치〔리理〕가 공존共存한다는 사실을 알지 못하고, 현상은 현상대로 이치는 이치대로 별개로 존재함을 말한다. 즉 비일물자는 양주의 위아설과 닿아 있어, 한 배를 타고 있다는 공동체의식보다는 극단적 개인주의로 흘러 각자의 욕망만을 추구하는 결과를 초래하게 될 가능성이 있다.

겸애설은, '혼란이 어디에서부터 일어나는가를 살펴보니, 서로 사랑하지 않는 데서 생겨난다. …… 그러므로 천하 사람들이 겸하여 서로 사랑하면 안정될 것이다'508)고 하였다. 자세히 말해 '신神이 모든 사람을 똑같이 사랑하듯이 사람들도 서로 사랑하고 이롭게 하여야 한다는 사상'509)으로 정리해 볼 수 있다.

---

505) 노사광, 『중국철학사』(古代篇), 정인재, 탐구당, 1997. 177쪽 참조.
506) 『孟子集註』「盡心」上, 성백효, 전통문화연구회, 2003. 394쪽 참조.
    孟子曰 楊子 取爲我 拔一毛而利天下 不爲也
507) 『표준국어대사전』, 국립국어연구원, 1999. 4749쪽 참조. 위아설爲我說.
508) 『墨子閒詁』권4 「兼愛」上 제14. 當(嘗)察亂何自起 起不相愛 …… 故天下兼相愛則治 交相惡則亂

나는 비이물자와 겸애설을 관련시켜 설명하고자 한다. 비이물자 非二物者라는 것은 느낄 수 없어도 그 존재를 사유思惟할 수 있는 이면의 영역임으로 이치와 기운을 동일한 것으로 혼동할 가능성이 있는 상태라고 할 수 있다. 이것은 묵적의 겸애설처럼 모든 사람을 차등없이 사랑해서 이롭게 하지만 결국엔 자신은 잃어버리는 결과를 가져온다. 그러므로 현실에서 볼 때 인간은 겸애설(비이물자非二物者)과 위아설(비일물자非一物者) 그 중간 어디쯤에 위치할 수밖에 없다. 인간은 어떤 상황에서는 이기주의적 성향을 보이다가 어떤 상황에서는 인류애를 발휘하기도 하는데, 그 때에 맞는 알맞음을 찾는 일은 바로 우리의 숙제라고 할 것이다.510)

위와 같은 율곡의 비일물자와 비이물자의 설명을 기질(기청질박자와 질수기탁자)의 편향성의 관점에서 다시 적용해 보면,

본연이란 이치가 하나인 것(리지일야理之一也)을 말하며, 흘러 움직임이란 나타남에 있어 다른 것(분지수야分之殊也)을 말합니다. '흘리 움직임의 이치를 버리고 따로 본연의 이치를 구하는 것'(사유행지

---

509) 『표준국어대사전』, 국립국어연구원, 1999. 337쪽 참조. 겸애설兼愛說.
510) 비일물자와 비이물자에 대해 양주의 위아설과 묵적의 겸애설을 예로 든 것은, 황의동의 논문(「율곡의 철학사상에 관한 연구 : 리기지묘를 중심으로」, 충남대 박사학위논문, 1987. 80쪽 참조.)에서 실마리를 찾았다. 그 내용을 소개하면, "율곡의 리기지묘理氣之妙는 존재적 의미만 갖는 게 아니라 가치적 측면에서 중요한 함의를 지닌다. 우리는 저마다 자기중심의 가치만을 고집하는 데서 상호대립과 갈등이 초래된다. 율곡의 리기지묘는 이러한 가치적인 대립을 대립 아닌 화해와 참된 합일의 길로 갈 수 있는 가능성을 제시해 준다. 리기지묘는 리理의 가치와 기氣의 가치가 각기 자기 고유성을 잃지 않으면서 리가 기를 용납하고 기가 리를 용납하는 이론이다."라고 말한다.

리捨流行之理, 이별구본연지리而別求本然之理)도 진실로 옳지 않습니다만, '만약 이치에 선과 악이 있는 것을 이치의 본연이라고 한다'(약이리지유선악자若以理之有善惡者 위리지본연爲理之本然)면 이 역시 옳지 않습니다. 리일분수리一分殊 네 글자를 가장 잘 체득하여 깨닫고 연구해야 할 것입니다.511)

능행불능지能行不能知한 특징을 가지는 질수기탁자는, 발달된 시각을 활용해서 액면그대로의 표준만을 추종할 뿐 실제의 자신의 상황에 맞는 식견識見(사물을 분별할 수 있는 능력512))이 부족함으로 문인언이종지자聞人言而從之者(남의 말만 듣고 좇는 사람)의 특징을 가진다. 그렇기 때문에 질수기탁자는 '흘러 움직임의 이치를 버리고 따로 본연의 이치를 구함'(사유행지리捨流行之理, 이별구본연지리而別求本然之理)으로 '이치와 기운이 오묘하게 합해 있는 가운데 이치는 본래 이치이고 기운은 본래 기운이어서 서로 뒤섞이지 않으므로 한 물건이 아니라고 말하는 특성'(비일물자)을 지닌다는 것이다.

여기에 앞 장의 모야지노사유하某也之老死牖下('아주 악한 이가 형벌이나 천벌을 받지 않고 편안히 죽는'513))를 대입해 보면, 질수기탁자는 '아주 악한 이가 형벌이나 천벌을 받지 않고 편안히 죽는'514)(모야지노사유하某也之老死牖下) 현실에 분노하지만 원리적으로 이 사실을 이해하지 못하여 '그런가 보다'하고 그냥 넘어가는

---

511) 『栗谷全書』 1, 194쪽 9:39a 「書」— 答成浩原. 夫本然者 理之一也 流行者 分之殊也 捨流行之理, 而別求本然之理 固不可 若以理之有善惡者 爲理之本然則亦不可 理一分殊四字 最宜體究
512) 『표준국어대사전』, 국립국어연구원, 1999. 3807쪽 참조. 식견識見.
513) 이이, 『답성호원』, 임헌규, 책세상, 2013. 216쪽 참조.
514) 이이, 『답성호원』, 임헌규, 책세상, 2013. 216쪽 참조.

습성이 있다. 그러므로 '나쁜 현상이 계속 되풀이 되는' 기질이다. 이런 기질의 사람은 견물사도와 같이 이치(리理)와 기운(기氣)이 맞물려있는 현실 가운데 액면과 이면을 함께 생각하는 능력을 키워 본연의 이치를 구해야 악순환을 막을 수 있다.

한편 능지불능행能知不能行한 특징의 기청질박자는 '현실에 실재實在로 있는 모든 것'(물物)과 '존재하는 것끼리의 관계에서 생긴 일'(사事)515)에 대해 분별하고 판단해서 아는 능력이 있지만 더딘 행동으로 망견자望見者(바라만 보는 사람)의 특징을 가진다. 그러므로 기청질박자가 현실에서 '이치에 선과 악이 있는 것을 이치의 본연이라고 판단함'(이리지유선악자以理之有善惡者 위리지본연爲理之本然)으로 '이치와 기운이 뒤섞여 간극이 없고 선후와 이합이 없어 두 물건이 되는 것을 볼 수 없기 때문에 두 물건이 아니라고 하는 특성'(비이물자)을 가진다.

앞 장의 모야지노사유하某也之老死牖下('아주 악한 이가 형벌이나 천벌을 받지 않고 편안히 죽는'516)) 현상은, 기청질박자에게는 실제 세계 즉 '아주 악한 이가 형벌이나 천벌을 받지 않고 편안히 죽는'517)(모야지노사유하某也之老死牖下) 현실이 누구에게나 다 해당되는 보편적 원칙이라고 뭉쳐서 생각하는 습성으로 절망에 빠져 자신을 포기하고 돌아보지 않는(자포자기自暴自棄) 마음을 갖게 한다.

이런 기질의 사람은 잠사자득하여 이치와 기운에 선후先後와 이합離合을 구분하듯이 선과 악을 구별하여 현실 속에서 시시비비是是

---

515) 류인희,『주자철학과 중국철학』, 범학사, 1980. 149쪽 참조.
516) 이이,『답성호원』, 임헌규, 책세상, 2013. 216쪽 참조.
517) 이이,『답성호원』, 임헌규, 책세상, 2013. 216쪽 참조.

非非를 가려서 기질의 부정적인 면이 범하기 쉬운 실수를 방지해야 하는 것이다.

다소 복잡할 수 있는 기질의 편향성에 대해 간단하게 표를 만들어 보았다.

기청질박자	질수기탁자
비이물자 非 二 物 者	비일물자 非 一 物 者
약이리지유선악자 위리지본연 若 以 理 之 有 善 惡 者 爲 理 之 本 然	사유행지리 이별구본연지리 捨 流 行 之 理 而 別 求 本 然 之 理

기청질박자 · 질수기탁자는 기질의 부정적 측면도 포함한 말이다. 그러므로 기질교정에 있어서, 현실에 선악이 있는 것을 이치가 본래 그런 것이라고 섣불리 판단하여 자포자기하는 기청질박자에게는 구획정리하듯 선 · 악을 구분하여 '옳고 그름을 판단하는 선명함'이 필요하다.

반면 질수기탁자는 삶 가운데 있는 이치를 놔두고 별도로 이치의 본연을 구하려고 행동이 앞서는 부류이다. 이들이 악순환을 끊어 버리려면, 현실 가운데 본연의 이치를 구하려는 '물과 같은 통합적 사고의 유연함'이 필요하다는 것이다.

균형을 잃어버린다는 것은 다시 말해 어느 한쪽으로든 기울어져 있다는 의미이므로 기청질박자와 질수기탁자는 기질의 치우침을 가질 수밖에 없다. 지금까지의 설명으로 독자들도 이제 본인이 어느 기질에 가까운지 알게 되었을 것이다. 기질의 편향성이 타고난 어쩔 수 없는 것이고, 숙명적인 것이라면 기질의 교정은 안타깝지만 불가능할 것이다. 하지만 우리는 지금까지 '율곡의 기질론'을 통해 변화시킬 수 있는 가능성을 발견하였다. 나는 여기서 다시 한 번 반문하게 된다.

그렇다면 과연 완전한 인간유형518)이란 존재할까?

2) 좋은 예

① 전인全人

율곡의 이론에서 한 발 떨어져 서양 학자들에게도 눈을 돌려보기로 하자. 그들은 이상적 인간상에 관해 어떻게 정의하고 있을까.

프랑스 철학자 모리스 메를로퐁티Maurice Merleau-Ponty(1908 - 1961)519)는 사람들이 어떻게 보고, 듣고, 말하고, 느껴야 하는지를

---

518) 율곡은 완전한 인간유형에 대해 다음과 같이 말한다. "이미 명목의 이치를 깨달아 요연하게 심목心目의 사이에 있고, 또 능히 실천하고 역행力行하여 그 아는 바를 채우고, 그 지극한데 이르러서는 친히 그 경지를 밟고 몸소 그 일을 하여, 다만 눈으로 보는 것뿐만이 아닌 것이 있으니, 이와 같이 한 뒤에라야 바야흐로 진지眞知라고 이를 수 있습니다. (최하의 한 층은 남의 말만 듣고 좇는 이요, 중中의 한 층은 바라만 보는 이요,) 상上의 한 층은 '그 경지를 밟아서 친히 본 사람'(리기지이친견자履其地而親見者)입니다."(『栗谷全書』 1, 213쪽 10:34ab 「書」 二 答成浩原. 有旣悟名目之理 瞭然在心目之間 而又能眞踐力行 實其所知 及其至也 則親履其境 身親其事 不徒目見而已也 如此然後 方可謂之眞知也 最下一層 聞人言而從之者也 中一層 望見者也 上一層 履其地而親見者也)
519) 프랑스 현상학의 대표자인 메를로 퐁티는 에드문트 후설Edmund Husserl(1859 - 1938)에게 많은 영향을 받았지만 신체행위와 지각에 대한 자신의 이론을 바탕으로 혼자만의 특유한 이론을 전개하였다. 주

배우지 않는다는 사실에 분노하면서, '통합적 지각은 법칙과 같아야 한다'고 쓰고 있다. '생각하기'가 본질적으로 공감각共感覺520)적이라면, 연습을 통해 연상적인 공감각능력을 유지·발전시키는 일이 가능해야 하며, '색, 소리, 맛, 향, 감촉, 온도감각 등 모든 감각들이 섞이면서 느낌의 연속체로 융합된다'는 이론을 펼쳤다. 그리고 '통합'이라는 말에는 감각적이거나 미학적인 것 이상의 큰 의미가 담겨 있다고 하였다.521)

블라디미르 나보코프Vladimir Nabokov(1899 - 1977)522)와 제임

어진 일련의 자극에 뒤이어 무엇이 일어날지를 알기 위해서는 유기체를 하나의 전체로 생각할 필요가 있다고 주장했다. 그는 지각이 인식의 원천이므로 보통의 과학에 앞서 연구해야 한다고 보았다. 전문 철학서로는 『행위의 구조』(1942), 『지각 현상학』(1945) 등이 매우 중요하다(『브리태니커 세계 대백과사전』 7, 한국브리태니커주식회사, 1997. 402쪽 참조.).
520) 어떤 하나의 감각이 다른 영역의 감각을 일으키는 일. 또는 그렇게 일으켜진 감각. 소리를 들으면 빛깔이 느껴지는 것 따위이다(『표준국어대사전』, 국립국어연구원, 1999. 504쪽 참조.).
521) 로버트 루트번스타인·미셸 루트번스타인, 『생각의 탄생』, 박종성, 에코의 서재, 2009. 418-422쪽 참조.
522) 나보코프는 러시아 태생의 미국 소설가·비평가로 1917년 이후 망명한 대표적 작가이다. 러시아어와 영어로 작품을 썼으며, 『롤리타 Lolita』(1955. 진실된 사랑과 반대되는 호색好色의 측면에서 사랑이 점검되는 소설)를 비롯한 걸작들에서는 독특한 문체와 정교한 문학적 효과가 돋보인다. 그의 소설의 중요한 기법은 다양한 비유를 통해 제시되는 패러디parody(특정 작품의 소재나 작가의 문제를 흉내 내어 익살스럽게 표현하는 수법)를 진지하게 구사하는 것이다. 나보코프에 대한 평가는 나라마다 매우 다르다. 1986년까지 소련에서는 반동적 망명자(1945년 미국 귀화)이며 문학적 속물주의에 물든 인물로 규정하여 출판이 금지되었다. 서구의 비평가들은 그를 낮게 평가했다. 그러나 1919 - 1939년에 파리와 베를린에 거주한 망명 지식인들 가운데 V. 시린(그 당시 나보코프가 사용한 가명)은 "당대 유럽 문인들 중 정상

스 라이트힐James Lighthill(1924 - 1998)523) 모두 공감각은 사물을 한 가지의 지각양식으로 받아들이는 것보다 훨씬 높은 수준에서의 경험과 이해를 가능하게 하는 열쇠와 같다고 말하고 있다. '이해'라는 말을 사용하면서 우리는 소설가 올더스 헉슬리Aldous Huxley (1894 - 1963)524)의 정의를 차용할 수 있다. 그는 '아는 것은 수

의 수준이며 러시아 문학가로는 처음으로 최고의 위치를 확보했다."는 인정을 받았다. 1940년 미국으로 이주하여 러시아어를 버리고 영어로 작품을 쓰면서 1970년대까지 꾸준히 인기를 누렸다. 이 무렵 한 유명한 비평가는 그를 "현대소설이라 불리는 일그러진 대중사회를 지배하는 왕"이라고 격찬했다(『브리태니커 세계 대백과사전』 3, 한국브리태니커주식회사, 1997. 403쪽 참조.).
523) 과학자들은 감각과 이성이 통합된 방식으로 세계를 경험한다. 응용수학자이자 런던의 유니버시티 칼리지 학장이었던 라이트힐은 이에 대한 훌륭한 사례가 된다. 그의 말에 따르면 그는 60여 가지의 분야를 섭렵했다고 한다. 물리학과 공학, 역사학, 심리학과 수많은 언어들이 그의 학문적 영역에 들어 있었다고 한다. 그는 특히 '유체(움직이는 물체)'에 대해 각별한 호감(바다의 파도, 해류, 조수 등에 커다란 관심)을 가지고 있었다고 한다. 그가 수영을 즐기는 이유는 자연을 직접 체험하고 바다표범이나 물고기들과 교감하는 목적 외에도 스스로 유체물리학과 수학을 이해하고 있음을 증명하고 싶었기 때문이라고 한다. 실제로 라이트힐이 가장 좋아하는 취미인 수영이야말로 자신이 항공역학과 유체역학을 얼마나 잘 알고 있는지 몸소 시험하는 일이라고 믿었다. 그에게 있어 바다에서 육체적인 경험과 감각적인 관찰, 다른 해양동물과 나누었던 교감, 이 모든 것들이 '우주적 동시성'속으로 융합되어 들어갔던 것이다(로버트 루트번스타인·미셸 루트번스타인, 『생각의 탄생』, 박종성, 에코의 서재, 2009. 410-412쪽 참조.).
524) 헉슬리는 영국의 소설가 · 비평가로 다방면에 해박한 지식과 번뜩이는 재치로 유명하다. 그의 작품은 우아한 문체, 위트, 신랄한 풍자가 두드러진다. 그가 작가로서의 위치를 확립했던 2권의 소설로는 『크롬 옐로Crome Yellow』(1921), 『어릿광대 춤Antic Hay』가 있는데 이 소설에서는 당시 영국의 문인과 지식인층의 허식을 신랄하고도 재치 있게 비꼬고 있다. 『멋진 신세계 Brave New World』(1932)에서는 과학문명에 대한 맹목적인 신뢰에 바탕을 둔 변하지 않는 신분제도를 지닌 악몽같

동적인 것이며, 이해한다는 것은 앎에 따라 행동할 수 있는 것이다'라고 쓰고 있다. '이해'에 도달하기 위해서 우리는 지적으로 알고 있는 것과 감각적으로 경험한 것을 능동적으로 통합統合해야 한다고 말한다. 다시 말해서 사람들이 의식적으로 감각융합능력을 개발하는 것은 감각과 지식 사이에 만들어지는 결합에 의존하고 있다는 뜻이다. 우리는 감각기관들이 따로따로 지각작용을 수행하고 있다고 생각하지만 실제로 그것들은 합리적으로 생각하고 행동할 수 있도록 통합하고 조정되어야 한다525)고 말한다.

듣고 보는 것은 수동적인 경험이 아니다. 그것들은 능동적인 지성을 요구한다. 공감각共感覺이 미적 감수성의 가장 고급한 형태라면 종합지綜合知는 궁극적인 이해의 형태(통합적 이해)를 만들어내기 위해 다양한 방식의 앎과 느낌을 가장 높은 수준에서 통합하는 것이 필요하다.526)

로버트 루트번스타인과 미셸 루트번스타인은 그들의 책 『생각의 탄생』에서 전인全人을 자신의 전 감각과 정신적 능력과 지적 장비로 무장한 사람들이라고 지칭한다.

그러면서 그들은 많은 예술가들을 예로 들어 설명하였는데, 그

은 미래 사회의 모습이 표현되어 있다. 소설 『가자에서 눈이 멀어 Eyeless in Gaza』(1936)에서도 여전히 당시 사회의 공허함과 무목적성을 신랄하게 비판하고 있으나 이 작품에서는 살아남기 위한 방편으로 선택한 힌두철학과 신비주의에 대한 그의 관심을 보여준다(『브리태니커 세계 대백과사전』 25, 한국브리태니커주식회사, 1997. 56쪽 참조.).
525) 로버트 루트번스타인·미셸 루트번스타인, 『생각의 탄생』, 박종성, 에코의 서재, 2009. 422-424쪽 참조.
526) 로버트 루트번스타인·미셸 루트번스타인, 『생각의 탄생』, 박종성, 에코의 서재, 2009. 426쪽 참조.

중에 음악가 이고르 스트라빈스키Igor Stravinsky(1882 - 1971)[527] 에 대해, 그는 심지어 녹음된 음악도 듣지 않았는데, 음악이 운동 감각적으로 연주되는 것을 보는 것이야말로 듣는 것만큼 중요하다고 생각했다고 한다. 또한 화가인 오토 피에네Otto Piene(1928 - 2014 / 옵아티스트op artist. 옵아트는 광학光學(빛의 성질과 현상을 연구하는 학문)적 미술로 착시錯視효과를 이용하는 추상미술의 한 흐름[528]) 역시 그와 비슷한 확신을 가지고 말했다. "마음은 몸이고, 몸은 마음속에 존재하는 것이므로 이 둘을 별개로 취급해서는 안 된다. 마음을 담기 위해 몸을 사용하고 몸을 고양하기 위해 마음을 사용하는 사람은 시간을 초월해서 살아가게 된다. 그러면 일종의 '천상적 현실'을 갖게 되며 공간을 자유롭게 활보하게 된다. 그렇게 함으로써 내면에 천국을 지니게 되는 것이다." 창조성이 뛰어난 예술이나 과학에서 이뤄낸 최고의 성과는 이러한 생각을 발전시킨 결과라고 할 수 있다.

  특히, 하루가 다르게 변화하고 복잡해지는 현대를 살아가고 있는 우리에게는 '통합적인 마인드'가 절실하게 요구된다. 오늘날 세계가 안고 있는 문제들 중 학문분야에만 단일하게 국한되는 것은 아무것도 없다. 그것이 분석적이건 정서적이건 아니면 전통적이라

---

527) 스트라빈스키는 러시아 태생 미국의 작곡가로 특히 『불새 The Firebird』(1910 초연) · 『페트루슈카 Petrushka』(1911) · 『봄의 제전 The Rite of Spring』(1913) · 『오르페우스 Orpheus』(1947) 등의 발레 음악으로 유명하다. 스트라빈스키는 음악에 건강한 느낌(음향의 명료도와 강세의 정도에 대해서 섬세한 처리)을 주는 흔들리지 않는 확고한 맥박을 들려주었으며, 이는 그토록 많은 그의 작품들이 춤추는 데 적합한 이유가 된다(『브리태니커 세계 대백과사전』 13, 한국브리태니커 주식회사, 1997. 172쪽 참조. 스트라빈스키.).
528) 『표준국어대사전』, 국립국어연구원, 1999. 601-602/4533쪽 참조. 광학/광학적 미술/옵아트.

해도 한 가지 접근법으로 해결될 수 있는 것은 그리 많지 않다. 혁신의 기법이란 항상 모든 분야에 걸쳐 있으며 다양한 방법론을 제시하곤 한다. 따라서 미래는 우리가 앎의 방법 모두를 통합해서 통합적 이해를 창출할 수 있느냐에 달려 있다.[529]

서양 학자들의 말을 인용하면서 전인全人을 설명하려는 것은 전인이야말로 선천적 결정과 함께 후천적 노력의 결과도 (어떤 문화권에서든) 중요하다는 의미를 말함이다. 이 둘의 총체적 협력없이는 성취될 수 있는 것이 별로 없다.

나는 이 책에서 인간의 기질을 논함으로써 서로 차이가 있는 기질간에 생기는 충돌과 대립만 언급한 것이 아니라 조화롭게 공존하는 길 또한 언급하고 싶었다. 그리고 그 문제 해결 방법으로 율곡의 교기질을 제시하였다. 그것은 성취하는 방법이 일방적이고 일률적인 것이어서는 안 되며 쌍방적이고 다율적이어야 한다는 것을 증명하고자 한 것이다. 완전한 인간(전인)이란 그 단어에서 풍기는 느낌조차 환상처럼 생각되어진다. 하지만 전인이 될 수 있는 방법은 중국의 문헌에서도 찾아볼 수 있다.

춘추시대의 기록인 『국어國語』[530]에는,

악樂(음악)이란 귀로 듣는 것을 넘어서지 않고 미美(미술)란 눈으로 보는 것을 벗어나지 못한다. 만일 음악을 듣고서 놀라며 아름다움을 보고서 현혹케 된다면, 근심이 이보다 심한 것이 없다. 눈과 귀는

---

[529] 로버트 루트번스타인·미셸 루트번스타인, 『생각의 탄생』, 박종성, 에코의 서재, 2009. 429-433쪽 참조.
[530] 『國語』1, 전통문화연구회, 2006. 12쪽 참조. 춘추시대에 있었던 제후국의 주요 인물들이 역사적인 사건에 대해 대화를 통해 서로 공박한 논거를 모아 기록한 책이다.

마음의 중추기관이다. 따라서 반드시 조화로운 소리를 듣고 올바른 것을 봐야만 한다. 조화를 들으면 귀가 밝아지고 올바른 것을 보면 눈이 밝아진다. 귀가 밝으면 말이 잘 들리고 눈이 밝아지면 덕이 밝아진다. 말이 들리고 덕이 밝아지면 마음속으로 분별할 수 있고, 순수하고 견고할 수 있다.531)

『국어國語』「주어周語」에서는 인간의 눈이 보는 것과 귀가 듣는 것은 '마음의 중추가 되는 기관'(심지추기心之樞機)이라고 한다. 그렇기 때문에 '그 때에 적절함'을 유지하기 위해서는, 귀는 조화로운 소리를 들어야 하고, 눈은 올바른 것을 봐야만 한다는 것이다. 그 결과로 조화를 들으면 귀가 밝아지고(총聰), 올바른 것을 보면 눈이 밝아진다(명明). 그러므로 귀가 총聰하면 말이 들려 상대방의 진심을 분별할 수 있고, 눈이 명明하면 덕이 밝아져 인간으로서 해야 할 도리를 순수하고 견고하게 지킬 수 있다고 말한다. 그렇다면 과연 어떤 사람이 그런 상태에 놓일 수 있다는 것일까 반문하게 된다.

우리는 기청질박자 · 질수기탁자의 기질 연구를 통해서 인간의 청각과 시각이 기질에 중요한 영향을 미친다는 사실을 알게 되었다. (지행知行 즉 지에는 '듣다'는 의미가 있고, 행은 '보다'는 뜻이 있음) 또한 기질을 기청질박자와 질수기탁자로 구분하여 각각 그 특징을 '알 수는 있지만 잘 행동할 수 없는 자'와 '행동할 수는 있지만 잘 알 수 없는 자'라고 하여 기질(율곡의 기질론)이 나뉜다

---

531) 『國語』 1, 전통문화연구회, 2006. 140-147쪽 참조. 夫樂 不過以聽耳 而美 不過以視目 若聽樂而震 觀美而眩 患莫甚焉 夫耳目 心之樞機也 故 必聽和而視正 聽和則聰 視正則明 聰則言聽 明則德昭 聽言昭德則能思慮純固

는 것을 알게 되었다. 물론 율곡의 기질론에 관점에서 전인(全人)이 되기 위한 방법은 일방적이지 않고 상호보완적인 특징이 있다. 그것은 다시 한 번 강조하자면, 기질에 따라 교기질 방법이 다르게 적용되어야 함을 의미하는 것이기도 하다.

아래 표를 기억해 두자.

기청질박자		질수기탁자	
청각(知) → 시각(行)		시각(行) → 청각(知)	
음악	미술	미술	음악
독서토론	체육	체육	독서토론

기청질박자는 청각을 주로 사용하고 시각을 부차적으로 사용하는 사람이고, 질수기탁자는 시각을 주로 사용하고 청각을 부가적으로 사용하는 사람이다. 그러므로 기질에 따라 기청질박자는 청각적 훈련 → 시각적 연습을 해야 하며, 질수기탁자는 시각적 훈련 → 청각적 연습의 순서를 각각 다르게 해야 한다.

현대의 관점에서는 귀로 듣는 교육 프로그램은 음악이고 눈으로 보는 것 중 대표적 과목은 미술이라고 설정해, 교육을 위한 프로그램을 만든다고 가정해 보자. 또한 일상적으로 지(知)를 충족시키는 것은 독서토론이고 행(行)을 만족시키는 것은 체육이라고도 적용해 볼 수 있다. 이 프로그램들에 율곡의 교기질론을 실제로 적용할 때에는 기청질박자는 음악공부 → 미술공부로, 질수기탁자는 미술공부 → 음악공부로 나아가야 더 효과적인 교육이 이루어진다고 적용할 수 있다.

기청질박자는 독서토론 → 체육활동으로, 질수기탁자는 체육활동 → 독서토론으로 교육프로그램을 진행하면 효과적으로 교육이 실행된다고 보는 것이다. 이런 실제 적용사례에서도 알 수 있듯 율곡의 교기질은 기질이 가진 장점을 극대화하여 부족한 쪽으로 나아가야 기질의 교정이 이뤄질 가능성이 높아짐을 시사하는 것이라고 볼 수 있다.

② **공동창조성**532)

로저 에임스Roger Ames는 그의 책『동양철학, 그 삶과 창조성』에서 소통의 과정에 성誠이라는 공통덕목이 있다고 말한다. 한마디로 성실(성誠)을 '공동창조성'이라 정의한다. 자세히 알아보면, 만물의 존재 가치가 동등하게 실현되며, 독특한 개별자와 그 환경이 서로를 만들어가면서 '창조적'으로 의미있게 구성될 수 있는 것은 바로 '공동창조성'의 과정을 통해서만 가능하다고 하며 창조성은 언제나 일방적이지 않고 상호교섭적이며 결과적이지 않으며 과정적이며 독자적 노력이 아니라 협동적 노력을 의미하는 것533)이라고 말한다.534) 그렇다면 율곡의 교기질론에서는 기청질박자와 질수기탁자

---

532) 'V. 교기질과 교기질 방법, 2. 교기질 방법, 1) 기청질박자의 교기질 2) 질수기탁자의 교기질'편에서 기청질박자와 질수기탁자의 기질교정의 공통 덕목을 필성必誠이라 말했다. 필성必誠으로서의 성誠과 공동창조성으로서의 성誠은 같은 맥락에서 이해할 수 있는 것이다. 여기서 기질 교정의 좋은 예로 다시 한 번 강조하고자 한다.
533) 로저 에임스,『동양철학, 그 삶과 창조성』, 장원석, 성균관대학교 출판부, 2005. 120-126쪽 참조.
534) 부버에 의하면 인간의 세계에는 두 가지의 근본적으로 다른 질서가 있다. 그 하나는 '나-너'의 근원어에 바탕을 둔 참다운 대화가 이루어

의 가장 이상적인 상태를 기청질수자(공동창조성)라고 대입시켜 볼 때, 기청질박자와 질수기탁자는 반드시 공동창조성의 노력과정을 통해서 소통하며 존재 가치를 동등하게 실현되며 각자의 능력이 백분 발휘될 수 있다는 것이다.

　나는 그 기질의 교정단계로부터 관인觀人을 거치며, 공동창조성의 과정으로 나아가는 것을 율곡이 말한 '그 길을 따라 걸어간 발자국을 밟으면서, 그 울타리를 지나서, 문지방 안의 깊숙한 곳에 들어감'535)이라는 글과 연결시켜 보았다.

　『기청질박자 질수기탁자』 정리의 막바지에서 자기 자신의 기질을 아는 것이 교기질의 첫 번째 관문이라면, 자신과 맞는 기질을

지는 인격 공동체이며, 다른 하나는 다른 사람을 자기의 욕망을 충족시키기 위한 수단 곧 '그것'으로 밖에는 보지 않는 '나-그것'의 근원어에 바탕을 둔, 오직 독백만이 이루어지는 집단적 사회다. 사실 '나-너'의 세계와 '나-그것'의 세계는 따로 떨어져 존재하는 별개의 것이 아니며 하나의 세계의 전체를, 모든 사람, 모든 인간 활동을 꿰뚫고 있는 이중성이며 상호적인 것이다. 우리는 기술문명의 비약적인 발전과 그에 따르는 대중 사회적 상황과 평준화의 진행 속에서 아무런 내적 연관도 없이 살아가며, 스스로 인격의 가치와 존엄을 송두리째 잃어가는 인간소외와 원자화의 심각한 위기에 직면해 있다. 이것은 더 이상 인간이 자기 자신의 손으로 만들어낸 세계를 지배할 수 없게 되었다는 사실을 의미한다. 그러나 부버는 고도의 기술 혁신에 의한 기계화가 인간의 비인간화와 자기 상실을 가져오는 것이 아님을 지적하고, 위기의 핵심은 오히려 이러한 현대를 살아가는 인간이 그의 이른바 근원어 '나-그것'의 지배 아래 스스로를 매몰시켜버리는 데 있으며, 이미 사람이 근원어 '나-너'를 말하는 기쁨을 잃어버린 데 있다고 말한다. 깨진 세계, 인간의 자기 상실과 원자화를 인간과 인간 사이의 관계가 깨진 데서 비롯되었다고 보는 부버는 인격으로서 공존하는 '나-너'의 만남과 대화를 통해서 이를 회복해야 한다고 피력하고 있다(마르틴 부버, 『나와 너』, 표재명, 문예출판사, 2019. 212-214쪽 참조.).

535) 『栗谷全書』 1, 499쪽 22:28a 「聖學輯要」 修己功效章. 遵其路 躡其步 歷其藩籬 入其閫奧

찾을 때는 관인觀人하는 것이 두 번째 관문으로 '울타리를 지난 것'이라면, 자신과 맞는 기질의 소유자들과의 공동창조성을 이루어 성취하는 것이 세 번째 관문이라 나름대로 해석해 보았다. 이것은 율곡식으로 말하면 '문지방 안에 깊숙한 곳에 들어감'과 맥락을 같이 한다.

두서없는 글의 마지막을 율곡의 말을 인용하여 끝맺으려 한다.

세상의 모든 기예技藝는 나면서부터 지식을 얻어 가지고 나오는 사람이 있겠습니까. 시험 삼아 음악을 배우는 한 가지 일을 가지고 말하겠습니다. 남자아이나 여자아이가 처음에 거문고와 비파를 배워 손가락을 놀리며 처음으로 소리를 낼 때는 듣는 사람이 귀를 가리고 듣지 않으려 할 것이지만 노력을 쉬지 않고 쏟으면 점점 그 아름다운 음률을 이루며 그 지극한 경지에 도달하게 되어 그 소리는 청화淸和하고 원활한 흐름을 이루어 정묘한 것을 말로서는 다 표현할 수 없게 될 수 있습니다. 저 남자아이나 여자아이가 어찌 음악을 나면서부터 잘 할 수 있었겠습니까. 오직 실지로 그 공력을 다하여 학습이 쌓여서 그와 같이 익숙하여졌을 뿐이요, 온갖 기예가 그렇지 않은 것이 없습니다. (학문하는 이가) 기질을 변화시키는 것도 어찌 이와 다르겠습니까!536)

이 글은 살아있는 날에 대한 그의 애정이 가득 담겨 있는 부분으로, 필부匹夫가 성인이 될 수 있고 도道를 전할 수 있게 된다는

---

536)『栗谷全書』1, 468-469쪽 21:13b-14a「聖學輯要」矯氣質章. 世間衆技 孰有生知者哉 試以習樂一事言之 人家童男穉女 初業琴瑟 運指發聲 令人欲掩耳不聽 用功不已 漸至成音 及其至也 或有淸和圓轉 妙不可言者 彼童男 穉女 豈性於樂者乎 惟其實用其功 積習純熟而已 凡百伎藝 莫不皆然 學問之能變化氣質者 何異於此哉

이론(필부성인론匹夫聖人論537))과 맞닿아 있다고 학자들은 말한다. 나 역시도 그의 인생관과 교육관 나아가 그의 철학이 녹아있는 부분으로 느껴져 개인적으로도 아끼는 문장이다. 지금은 눈에 보이는 신분제는 없어졌다고 하지만 당시 신분제가 엄격하던 시대에 인간이 자신의 기질을 알고 부족한 부분을 교정하여 성인聖人을 기약할 수 있다는 말538)은 인간에 대한 율곡의 평등사상平等思想과 애민정신愛民精神이 가득 담긴 부분이라고 볼 수 있다.

사실, 율곡의 기질론과 교기질 연구는 인간에 대한 나의 탐구이기도 하다. 사람마다 다 같지 않은 기질을 가진다는 것, 정답이 하

---

537) 이이가 말하는 성인은 제왕이 아니다. 전통적인 대신도 아니다. 이미 공자가 누항陋巷(좁고 지저분하며 더러운 거리(『표준국어대사전』, 국립국어연구원, 1999. 1286쪽 참조.)에서 성인이 되었고 주희가 사대부로서 성인의 대열에 올랐듯이 필부필부匹夫匹婦(평범한 남녀(『표준국어대사전』, 국립국어연구원, 1999. 6695쪽 참조.))들도 얼마든지 성인의 위치에 오를 수 있으며 그의 학당에서 배우는 사람, 아니 어느 학당에서든지 배우는 사람이라면 다 도달할 수 있는 경지이다. 오염된 것을 제거하고 자기 본연의 성품으로 돌아가서 본성을 다 구현하고 그것으로써 남의 본성 구현을 도와주고 나아가 만물의 본성 구현을 이루어주며 궁극적으로 천지의 조화를 돕고 그리하여 천지와 더불어 삼재의 위치에 오르는 것이 성인인 것이다(심해출, 「율곡 이이의 인심도심 상위종시설 연구」, 숭실대 박사학위논문, 2019. 113쪽 참조/ 필부성인론이라는 말은 심해출의 박사학위논문 117쪽에 나옴.). 율곡은 선명한 필치로 필부가 성인이 될 수 있고 도를 전할 수 있게 된다는 주장(「자경문自警文」/「학교모범學校模範」)을 펼침으로 세속왕권과 달리 또 하나의 권위체계가 필부에게 주어졌다고 말한다(곽신환, 『1583년의 율곡 이이』, 서광사, 2020. 145-152쪽 참조.).

538) 오직 사람은 비록 청탁淸濁과 수박粹駁의 같지 않은 것이 있다 하더라도 마음이 허명虛明하여 가히 변화시킬 수 있습니다. 그러므로 맹자孟子는, "사람마다 모두 요순堯舜이 될 수 있다." 하였는데, 이것이 어찌 허언虛言이겠습니까『栗谷全書』1, 468쪽 21:13b「聖學輯要」矯氣質章. 惟人則雖有淸濁粹駁之不同 而方寸虛明 可以變化 故孟子曰 人皆可以爲堯舜 豈虛語哉).

나가 아니라는 것만으로도 위로가 된다. 그러므로 처신을 어떻게 해야 올바른 인간관계성을 형성할까하는 고민에서 벗어나 다양한 인간 기질을 이해하고, 기질에 맞도록 적절하게 해야 함을 알게 된다. 두서없는 글에 굳이 결론을 단정지어 쓰기보다는 그동안의 연구를 망라해 보았다. 독자들의 프리즘을 통해 재해석되어지기를 소망하며, 아쉬운 마음은 부록 '기청질박자 질수기탁자 해례본'으로 따로 실었다. 이는 『기청질박자 질수기탁자』에 대한 실제 예를 일상 속의 시와 그림으로 엮어 본 것이다.

참고문헌

<원서류>

『栗谷全書』, 성균관대학교 대동문화연구원, 1978.
『退溪全書』, 성균관대학교 대동문화연구원, 1978.
『論語集註』, 전통문화연구회, 2004.
『孟子集註』, 전통문화연구회, 2003.
『大學 · 中庸集註』, 전통문화연구회, 2004.
『詩經集傳』, 전통문화연구회, 2002.
『周易傳義』, 전통문화연구회, 2004.
『書經集傳』, 전통문화연구회, 2003.
『朱子語類』, 中華書局, 2007.
『朱熹集』, 四川教育出版社, 1996.
『性理大全』, 山東友誼書社, 1989.
『四書或問』, 上海古籍出版社/安徽教育出版社, 2001.
『國語』, 전통문화연구회, 2006.
『二程集』, 中華書局, 2016.
『說文解字今釋』, 岳麓書社, 2014.
『朝鮮王朝實錄』(http://sillok.history.go.kr)
『列子』
『禮記』, 권오돈, 홍신문화사, 1996.
『13經注疏』, 北京大學出版社, 2000.
『墨子閒詁』, 中華書局, 2019.

<단행본>

강광식, 『신유학사상과 조선조 유교정치 체제』, 백산서당, 2012.

강진석,『체용철학』, 도서출판 문사철, 2012.
고려대학교 민족문화연구원 한국사상연구소,『자료와 해설 한국의 철학사상』, 예문서원, 2010.
곽신환,『1583년의 율곡 이이』, 서광사, 2020.
곽신환,『조선유학과 소강절철학』, 예문서원, 2015.
고영희 외 9인,『심리학』, 양서원, 1990.
곰돌이 co.,『나이트 사파리에서 살아남기』, ㈜미래엔, 2019.
김경탁,『율곡의 연구』, 한국연구도서관, 1960.
김경호,『인격 성숙의 새로운 지평 - 율곡의 인간론』, 정보와사람, 2008.
김인숙,『조선의 4대 사화』, 느낌이 있는 책, 2009.
김종성,『당쟁의 한국사』, 을유문화사, 2017.
김학목,『율곡 이이의 노자』, 예문서원, 2001.
노사광,『중국철학사』, 정인재, 탐구당, 1997.
대니얼 카너먼,『생각에 관한 생각』, 이창신, 김영사, 2020.
로버트 루트번스타인/미셸 루트번스타인,『생각의 탄생』, 박종성, 에코의 서재, 2009.
로저 에임스,『동양철학, 그 삶과 창조성』, 장원석, 성균관대학교 출판부, 2005.
류인희,『주자철학과 중국철학』, 범학사, 1980.
리빙하이,『동아시아 미학』, 신정근, 도서출판 동아시아, 2011.
리처드 니스벳,『생각의 지도』, 최인철, 김영사, 2019.
마르틴 부버,『나와 너』, 표재명, 문예출판사, 2019.
마이클 가자니가,『뇌, 인간의 지도』, 박인균, 추수밭, 2016.
미하엘 엔데,『모모』, 한미희, 비룡소, 2010.
박병련 · 김학수 외,『조선 중기 훈구 · 사림정치와 광주이씨』, 지식산업사, 2011.
박완식,『대학』, 여강, 2005.
박은숙/김창희,『송현방 암살사건』, 스푼북, 2013.
박지영,『생활 속의 심리학』, 신영사, 2019.
방입천,『중국철학과 지행의 문제』, 김학재, 예문서원, 1998.
배종호,『한국유학사』, 연세대학교 출판부, 1974.
사마천,『사기열전』, 정범진 외, 까치, 2007.
사마천,『사기열전』, 최대림, 홍신문화사, 2003.
수전 손택,『타인의 고통』, 이재원, 도서출판 이후, 2011.
송석구/김장경,『율곡의 공부』, 아템포, 2015.
스티븐 그린블랫,『폭군』, 이종인, 로크미디어, 2020.
스티븐 핑커,『빈 서판』, 김한영, ㈜사이언스북스, 2012.
신민섭/박선영,『여덟살 심리학』, 원앤원북스, 2007.
양성봉,『알기 쉬운 알고리즘』, 생능출판, 2020.
앨런 제이콥스,『당신이 생각만큼 생각을 잘하지 못하는 이유』, 김태훈, Korea.com, 2018.
유발 하라리,『호모 데우스』, 김명주, 김영사, 2019.
유소,『인물지』, 이승환, 홍익출판사. 1999.
윤영해,『주자의 선불교 비판 연구』, 민족사, 2002.
요세푸스,『요세푸스 Ⅲ』, 김지찬, 생명의말씀사, 2020.
요세푸스,『요세푸스 Ⅳ』, 김지찬, 생명의말씀사, 1998.
요세푸스,『유대 전쟁사』1. 2, 박정수, 박찬웅, 나남, 2018.
이덕일/권태균,『정도전과 그의 시대』, 도서출판 옥당, 2015.
이병도,『율곡의 생애와 사상』, 서문당, 1973.
이이,『답성호원』, 임헌규, 책세상, 2013.
임헌규,『소유의 욕망, 이체란 무엇인가』, 글항아리, 2013.

장덕린, 『정명도의 철학』, 박상리, 이경남, 정성희, 예문서원, 2004.
장입문,『기의 철학』, 김교빈 외, 예문서원, 2012.
장재,『정몽』, 장윤수, 책세상, 2002.
장파,『중국미학사』, 백승도, 푸른숲, 2012.
정도전,『삼봉집』, 심경호, 한국고전번역원, 2013.
정성식,『정몽주』, 성균관대학교 출판부, 2009.
재레드 다이아몬드,『총, 균, 쇠』, 김진준, 문학사상사, 2014.
중국철학연구회,『논쟁으로 보는 중국철학』, 예문서원, 1994.
진래,『주희의 철학』, 이종란 외, 예문서원, 2013.
진래,『송명성리학』, 안재호, 예문서원, 2006.
진수,『정사 삼국지』, 김원중, 민음사, 2007.
최준식,『한국문화 교과서』, 소나무, 2014.
최창모,『이스라엘 사』, 대한교과서주식회사, 1995.
폴 존슨,『유대인의 역사 1』, 김한성, 살림, 2009.
한국사상사연구회,『조선유학의 개념들』, 예문서원, 2011.
황의동,『율곡 사상의 체계적 이해』1, 2, 서광사, 2001.
황지원 외 19인,『공부론』, 예문서원, 2011.
홍익희,『유대인 이야기』, 행성B, 2020.

<사전류>

『고려대한국어대사전』, 고려대 민족문화연구원, 2009.
『교육심리학용어사전』, 한국교육심리학회, 학지사, 2000.
『교육평가용어사전』, 한국교육평가학회, 학지사, 2004.
『두산세계대백과사전』, 두산동아, 1996.
『동물학백과』, 한국통합생물학회제공(네이버).

『불교대사전』, 홍법원, 2011.
『브리태니커 세계 대백과사전』, 한국브리태니커주식회사, 1997.
『생명과학대사전』, 도서출판 여초, 2014.
『유교대사전』, 박영사, 1990.
『중한사전』, 고려대학교 민족문화연구원, 2004.
『종교학대사전』, 한국사전연구사, 2004.
『천재학습백과』(koc.chunjae.co.kr)(네이버).
『표준국어대사전』, 국립국어연구원, 1999.
『한국민족문화대백과사전』, 한국정신문화연구원, 1995.
『한국고전용어사전』, 세종대왕기념사업회, 2001.
『漢語大詞典』, 上海辭書出版社, 2008.
『漢韓大字典』, 민중서림, 1997.

<석·박사학위논문>

공혜진, 「공자의 예술정신에 관한 연구」, 연세대 석사학위논문, 2006.
김경호, 「율곡 이이의 심성론에 관한 연구」, 고려대 박사학위논문, 2001.
김대홍, 「율곡 이이의 실천윤리적 법제개혁론 연구」, 강원대 박사학위논문, 2018.
김미영, 「주자의 불교비판과 공부론 연구」, 고려대 박사학위논문, 1998.
김우영, 「주희의 지각론 연구」, 연세대 박사학위논문, 2003.
송석구, 「율곡의 철학사상 연구 : 성의정심誠意正心을 중심으로」, 동국대 박사학위논문, 1981.
심해출, 「율곡 이이의 인신도심 상위종시설 연구」, 숭실대 박사학위논문, 2019.
양방주, 「율곡 이이의 의意 · 지志 사상 연구」, 동아대 박사학위논문, 2017.
유성선, 「율곡 심론 연구」, 중앙대 박사학위논문, 2001.
유연석, 「율곡 이이의 인성론 연구 -『중용』중화론에 입각한『맹자』성선설의 재정립」, 연세대 박사학위논문, 2004.
이경한, 「율곡 수기론의 철학적 구명究明 - 명선明善 · 성신론誠身論을 중심으로」, 성균관대 박사학위논문, 2005.
이성전, 「율곡 인성론의 연구」, 원광대 박사학위논문, 1993.
이승신, 「『사기』「열전」인물형상 연구」, 이화여대 석사학위논문, 1994.
이원태, 「왕필과 이천의 의리역 비교 연구」, 연세대 박사학위논문, 1998.
장숙필, 「율곡 이이의 성학연구」, 고려대 박사학위논문, 1991.
정원재, 「지각설에 입각한 이이 철학의 해석」, 서울대 박사학위논문, 2001.
최광범, 「고려말 한시 풍속 연구」, 고려대 박사학위논문, 2003.
최보경, 「율곡 사상의 승반론적 이해」, 고려대 박사학위논문, 2014.
황의동, 「율곡의 철학사상에 관한 연구 : 리기지묘理氣之妙를 중심으로」, 충남대 박사학위논문, 1987.

<일반논문>
김형찬, 「기질변화, 욕망의 정화를 위한 성리학적 기획-율곡 이이의 심성수양론을 중심으로」, 철학연구 제38집, 고려대학교 철학연구소, 2009.

서근식, 「퇴계 이황의 사단칠정론과 율곡 이이의 인심도심론에 담긴 정치철학적 의미」, 한국철학논집 제33집, 한국철학사연구회, 2012.

이상돈, 「주희 철학에서 기질과 본성의 관계」, 철학 95권, 한국철학회, 2008.

이경한, 「율곡의 기질변화론 연구」, 한국철학논집 4권0호, 한국철학사연구회, 1995.

이복규, 「「조의제문弔義帝文」의 원천, 연촌烟村 최덕지崔德之의 『일편야사一篇野史』」, 국학연구론총 제15집, 택민국학연구원, 2015.

이승환, 「성리학의 수양론에 나타난 심 - 신 관계 연구 : 주희 심리철학에서 지향성의 문제를 중심으로」, 중국학보 52권, 한국중국학회, 2005.

임채우, 「주역 음양 관계론의 정합성 문제: 음양대대陰陽對待와 부양억음扶陽抑陰의 논리적 상충 문제를 중심으로」, 동서철학연구 제72호, 한국동서철학회, 2014.

임채우, 「「역수책」에 보이는 율곡의 역학관」, 율곡학 연구 제8집, 율곡연구원, 2019.

장경화, 「예술의 사회적 지위」, 월간 미술세계, 1993.

최복희, 「율곡 이이의 심론 이해」, 유교사상연구 제34집, 한국유교학회, 2008.

에필로그

사람들은 글도 쉽게 쓰던데,
나는 왜 이렇게 모든 것이 어렵고 힘들었는지 모르겠다.
그저 콩나물시루에 물을 준다는 심정으로 여기까지 온 것 같다.
솔직히 말하자면,
이 글을 끝내기 전에 나는 라면 봉투 뒷면에 칼로리며 단백질 그 밖에
영양정보를 그대로 믿을 만큼 어리숙했다.
라면봉투 뒤에 쓰인 영양소들은 그저 액면일 뿐, 웃음이 있는
건강한 식탁의 풍경을 가져다주지 못한다는 것을 이제야 깨닫게 된다.
그리고 계절은 시간이 가면 저절로 오는 당연한 현상일 뿐이라고 생각
했지만, 거저 오는 계절은, 변하지 않는 잎사귀는 하나도 없다는 걸 알
게 된 것도 아마 이 책을 끝마칠 때 쯤 이었던 것 같다.
책만 보면 저절로 알게 되는 줄 알았던 세상살이, 사람들과의 관계성,
같은 듯 미세하게 다른 것이 어디 잎사귀 색깔 뿐 이었을까.
아마도 이 책은, 어느 것 하나도 쉽지 않았던 내 젊은 날의 초상일지 모
른다. 여기에 쓰인 내용들이 그리 대단하진 않지만 두서없이 쓸 수밖에
없었던 것은 인생을 이 끝에서 다시 시작해 보려 함이다.
부족함을 알기에 더 열심히 매달렸던 십 여 년, 막막했던 길을 율곡과
함께 걸으며 힘들었고 행복했노라 고백해 본다.

2021, 나에게로 가는 첫 번째 발걸음을 옮기며,

부록

기청질박자 질수기탁자
氣淸質駁者 質粹氣濁者

해례본

응용편

글/그림 공혜진

『기청질박자 질수기탁자』를 감히 한글 해례본의 이름을 빌어 응용해 보려 하는 것은 저자의 글이 단순히 학문에서 끝나지 않고 실생활 속에 살아 숨 쉬고 있음을 말하고 싶어서 이다.
부디 웃음이 되었으면...

G.

아. 꿀벌의 푸념
　　세상의 모든 아침
　　신바이야기
　　콩은 콩이 아니고
　　닭이 먼저야 알이 먼저야
야. 너는 내가 아니고 나는 니가 아니다
　　낮과 밤
　　천생연분
　　남자는 여자랑 달라서 그런가
　　여자는 남자랑 달라서 그런가
　　그럼에도 불구하고
어. 나방과 나비
　　너는 누구니?
　　뭐가 다른데?
　　니가 사준 꽃과 내가 산 꽃 사이
　　삼계탕
　　사각지대
여. 머리 둘 달린 새
　　고급이 되고 싶니
　　먼저 말하고,,, 먼저 노력하고,,,
　　커다란 거울을
　　몸과 마음
　　두 여자 이야기
　　플라시보 효과
　　생긴대로
　　웨딩케익
어. 빛과 그림자
　　살고 싶다면
　　인생은 별개 없는 것처럼 보여도
　　너무 쉬운 일
　　선풍기가 멈췄다
　　하루
여. 바다가 뒤집어졌다
　　시간여행자의 숲
　　앞면 뒷면
　　번역기를 돌려라

심술이 난거야
　　거미줄에 걸린 기분을 이해할 때
오. 하늘을 나는 자전거
　　사랑한다면,,, 사랑한다면,,,
　　액면과 이면
　　우회전 · 좌회전
　　책 속엔 있을까
　　음식물 쓰레기
　　창작과 비난사이
요. 오이를 고추장에 찍어먹는 방법
　　눈과 귀가 하는 충고
　　싸움을 피하는 방법
　　사전이 필요해
　　동상이몽
　　협상
　　기억상실증
우. 커피 맛도 몰라
　　비싼 아이스크림을 먹기 위한 변명
　　더 늦기 전에
　　정한수 달 뜬 밤에
　　월요병
　　일상 그리고 공포
　　휴식의 쓰임
유. 김치담그기
　　일상과 축제
　　모기 1, 2
　　너무 쉬운 이야기
으. 두부를 부쳐먹는 세 가지 방법
　　시가 밥이 되면 좋겠어
　　돼지목에 진주 목걸이
　　신장개업
　　콧등에 밥풀 붙은 아이
이. 너와 나를 위하여!
　　노동을 운동처럼 운동을 노동처럼
　　니가 보는 세상,,, 내가 보는 세상,,,
　　해례본을 마치며,,,

ⓐ 가짜와 진짜
ⓑ 남과 여
ⓒ 다름과 같음
ⓓ 라디오와 티브이
ⓔ 몸과 마음
ⓕ 빛과 그림자
ⓖ 시간과 영원
ⓗ 액면과 이면
ⓘ 좌뇌와 우뇌
ⓙ 청각과 시각
ⓚ 커피와 물
ⓛ 토요일과 월요일
ⓜ 포만과 굶주림
ⓝ 형식과 내용

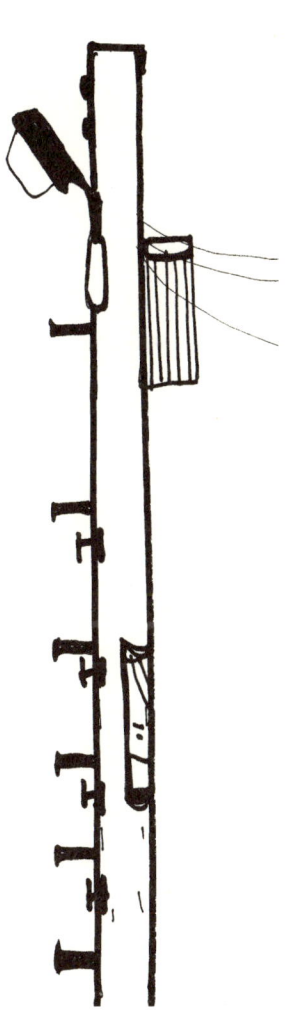

㉠ 가짜와 진짜

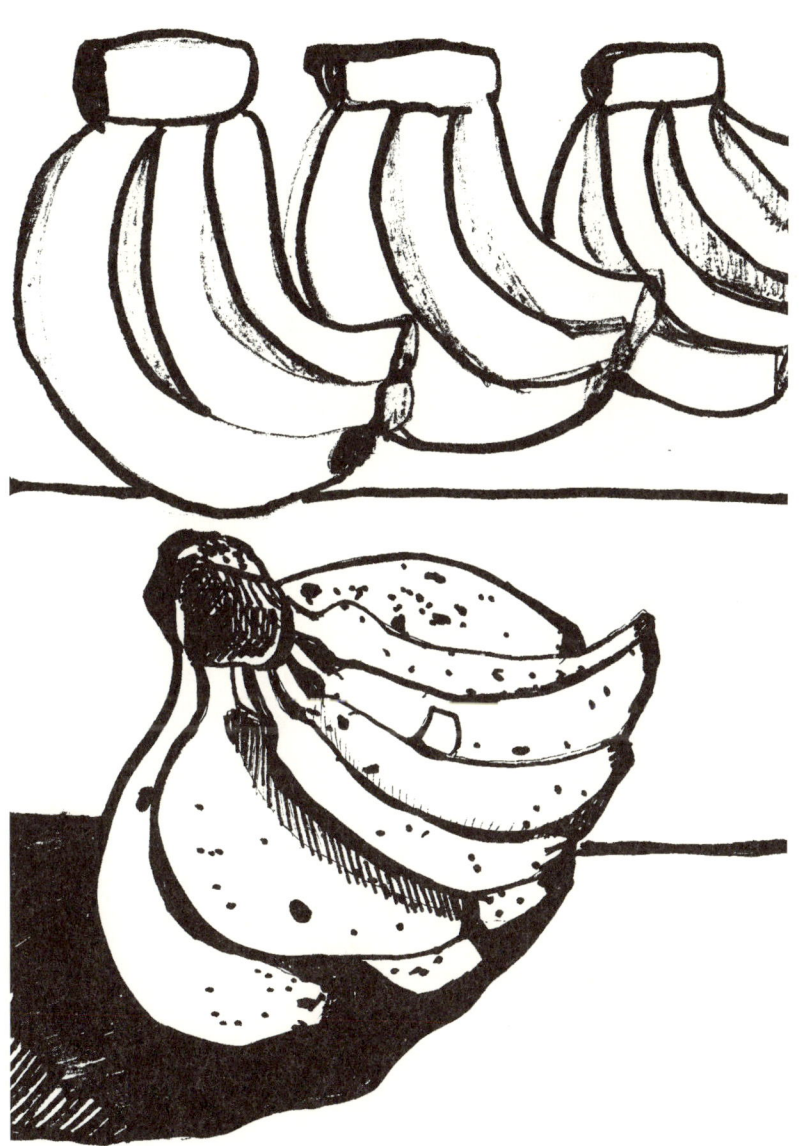

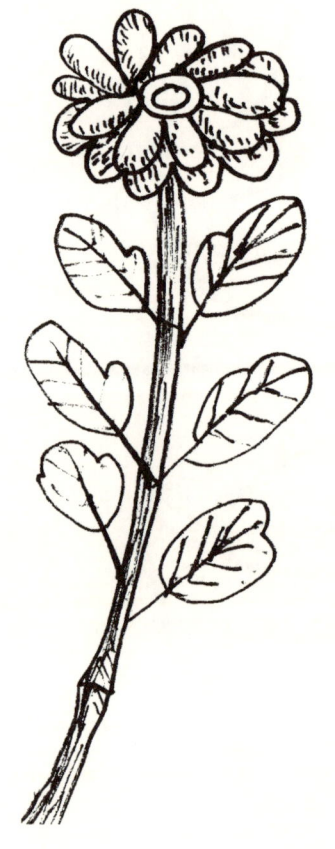

꿀벌의 푸념

너무나 완벽한 색깔,
잘 익은 그 빛깔에
매료되어
꿀벌이 앉았다.
하루 종일 꽃 사이를
날아다녀도
발에 묻은 건
먼지 뿐,
돌아갈 명분도 없다.
그러고 보니
향기도 없고,
일년을 하루같이 피어
있었어.
기억해봐
아무래도 이 꽃은
가짜인 것 같아.

너무나 부족해 보이는

으릿한 색,

이거 실수 아니야

의심이 들어,

꽃 같지도 않은 것이

푹 퍼져서

이쁘지도 않아,

허여멀건 빛깔에

그래도 향기는 있기에

슬쩍 앉아 보았지,

일 년을 먹고도 남을

꿀을 잔뜩 품은,

이 꽃은

변화무상 變化無常 해!

진짜인 것 같아.

세상의 모든 아침

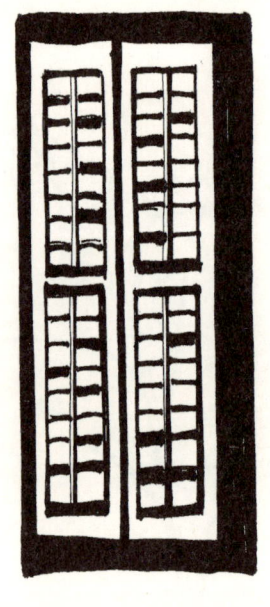

내가 잘 나갔을 때,
사람들은 온갖 좋은 얘길
다 해 줬어
무엇하나
NO라고 답한 적이 없고

친구라면서
온갖 심부름을
다 해 줬어
먹고 싶다는 것은
어디라도
달려가 사다 주었지

하지만

내가 쓸모없어졌을 때!

사람들은 제일 먼저

나를 모른 척 했고,

내가 빈털터리가 되었을 땐

나를 피해 저 멀리 돌아갔지

아무도 몰라도 좋고

아무도 이해해주지 않아도

친구만 있으면 된다고 생각했지만

신기루처럼 사라져 버렸어

내가 혼자 남겨졌을 때!

인간은 피고취락避苦趣樂한다는 걸 알아버렸지.

온갖 못된 얘긴
다 했어
무엇하나
맞다고 칭찬한 적이 없어

세상에
싸고 이쁜 것도 많은데
단
하나도
내게
사준 적이 없어

하지만

내가 버려졌을 때,

제일 먼저 내게 달려와 주었고

아픈 나를 추슬러 병원에

데려다 주었어.

한 여름에도 털양말을 신을 때,

따뜻한 양말을 신겨 주었지

말도 안되게 유치한 글을

시詩라며 기쁘게 들어주었어

진짜로 내가

내가 되는 기분,

네가 처음으로 내게 선물한 것은

세상의 모든 아침,

햇살이 창가로 쏟아져 들어왔어

심바이야기

세렝게티 최고 강자는
역시 사자,
그 용맹함이란!
늠름한 외모는 어떻고,
모든 동물들이 벌벌 떨어
먹이를 잡기 위해 뛰는
암사자 본적 있어?
처음엔 몸을 낮추고
조용히 다가가
목표물이 정해지면
달려드는,
눈에서 뿜어나오는
그 강인함이란!
오늘 걸린 얼룩말은
죽을힘을 다해
뛰어야 할 걸,
사자는 포기를 모르지,

심바라고 S 동물원에도 사자가 있어
사육사가 가져다주는 깨끗한 닭고기만 먹는,
심바는 먹기 위해 닭을 쫓을 필요가 없지
오늘도 게으르게 누워
저녁식사 시간을 기다리면 돼
하지만 그런 심바도
용감한 사자를 꿈 꿔,
진정한 밀림의 왕자
하지만 그게 가능할까?
살기 위해 사냥하지 않는데,
고양이처럼 사육사에게
앙탈을 부리면서
이글이글한 눈빛을 가진 진짜 사자가 되고 싶다고
미안하지만,
사자라고 다 같은 건 아니잖아
겉모습이 비슷하다고
모두 다 사자는 아니잖아

콩은 콩이 아니고

발효과학
콩을 삶아 숙성시킨 된장은
면역력에 최고라지
무를 담가 익혀먹는 동치미는
천연 소화제,
고구마엔 동치미
공식처럼 알잖아
다 의학적 근거가 있는 얘기래
그럼 된장은 콩과 같은 걸까?
콩은 콩이고,
된장은 된장인 듯 싶지만

둘 사이엔 시간이 존재해
물론 인간의 기도도 함께,
된장 만들 때

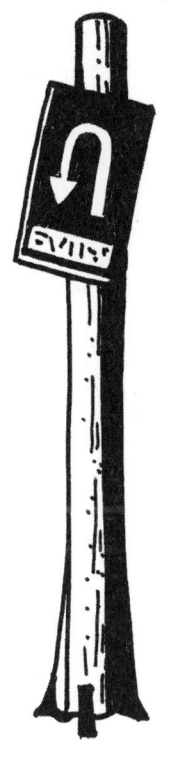

할머니 기도소리

"장이 잘 되어야 딸네 집에
 가져갈 텐데."

콩이 된장이 되는 비밀의 소리
오직 진짜여야
가능한 거야
마음이 들어간 후에 된장은,
더 이상 콩이 아니야

ⓛ 남과 여

닭이 먼저야
알이 먼저야

외식할 때
남자는
밥이 맛있어야 한다고,
솥에다 갓 지은 밥을 하는 식당
에 가자고 한다.
여자는
반찬이 좋아야 밥이 맛있다며
반찬 많이 주는 식당으로 가자
고 한다.

"아니야, 밥이 맛있어야 된다고,
밥만 맛있으면 반찬은
한 두 가지면 된다고!"

"아니야 반찬이 다양해야
밥이 맛있다고,
밥은 반찬 맛있으면
다 거기서
거기라고,"

남자는
여자에게 안아주면 된다고 말한다.
영원한 마음에 고향은 역시
따스함이라고,
여자는
남자에게 이쁘다고 말해주면 된다고 말한다.
맘을 알아주는
따뜻한 말 한마디가 중요하다고,

남자는
엄마 손맛을 배우라고
여자에게 타박을 한다
여자는
아빠의 자상함을 배우라며
남자를 몰아세운다!

니가 먼저 배려하면
나도 하겠다고
서로 장담을 한다.

너는 내가 아니고
나는 니가 아니다

차에 탈 때도 너는 발을 털고 탄다
너는 내가 아니다
밥을 먹을 때도 개인접시를 꼭 앞에다 놓고 먹는
나는 네가 아니다
빨래를 할 때도 양말이랑 수건은 따로 빠는
너는 내가 아니다
입에다 잔뜩 묻히고 먹어야 제맛인
나는 니가 아니다
약속이라면 꼭 십분먼저 나가야 한다는
너는 내가 아니다
인생은 한방이라고 외치는
나는 니가 아니다
죽을 것처럼 비아냥거려야

직성이 풀리는
너는 내가 아니다,
해만 떨어지면 하품을 하는
나는 니가 아니다,
눈 뜨면 먹는 생각, 먹고 나서 다음 먹을 생각을 하는
나는 니가 아니다,
위를 보고 살면 안되고 아래를 보고 살아야 한다는
너는 내가 아니다,
한 끼에 삼 만원 넘는
낭비는 천하에 몹쓸 짓이라며 인상을 쓰는

나는 니가 아니다

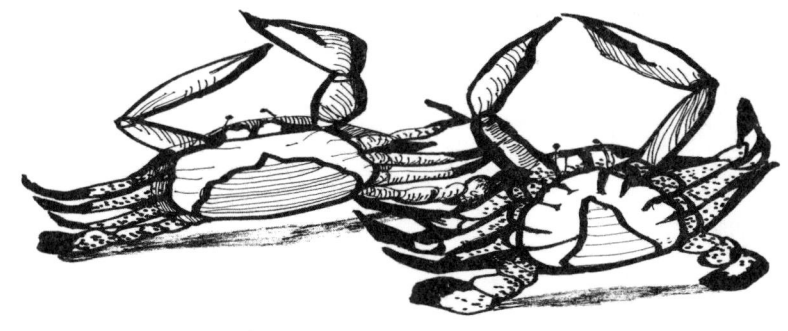

낮과 밤

화려한 색깔, 너는

태양을 향해 날아오른다.

빛나는 햇살을 날개 가득 반사하며

온 세상을 내려다본다.

저 멀리 나무 아래

조그만 벌레까지도 너의

관심을 피할 순 없다.

한 마디의 거짓도 용서할 수

없다는 듯.

옳은 말을 하는 너는

빛을 뿜어 내뱉는

프리즘처럼, 온갖 색들을

빨주노초파남보

던지며 날아오른다.

흐릿한 회색, 나는
달빛아래 어슬렁거린다.
해가 지기 시작하면
눈이 번쩍!
정신이 또렷해진다.
고요함 속에 태어나는 많은 생각들
움직임
정신이 집중된다.
잠드는 것들은 알 수 없는
아름다운 밤풍경과 벌레소리들이
하나 하나
나를 평온하게 한다.
오밤중에 잠 안자고 돌아다닌다고
너는 눈을 흘기며
잔소리를 하고,
나는 달빛 속에 날아오른다.

천생연분

흰셔츠에 가디건을 입고
고리타분한 검은 테 안경을 쓰고
누가 저런 답답이를 좋아할까?

꽃무늬 셔츠를 반쯤 풀어헤치고
머리는 반곱슬에 부스스
흡사 외국 거지같은 꼴을 하고
누가 저 날나리를 좋아할까?

깔끔한 이대팔 가르마를 타고
비싸보이는 명품수트를 쫙 빼입고,
돈냄새 좀 풍기는
저 허영덩어리를 누가 좋아할까?

누구긴
반대 취향을 가진 여자가 좋아하겠지

화장품냄새 진동하는, 짙은 마스카라를 하고
번쩍이는 스팽글 치마를 입은 여자가
교회오빠를 섹시하다며 쫓아다니지,

단추를 목까지 채우고 단정한 에이라인스커트,
믿음까지 독실한 그녀는 꽃무늬셔츠 오빠한테
반해서 야밤도주 했다지,

평생 가난하게 살아 성실한 그녀
돈냄새 풍기는 허영오빠가 최고라나,

이치가 그래서 그런가
짚신도 짝이 있다더니 오묘한 남녀사이,
도지히 예측이 불가능해,

악어와 악어새처럼
안 어울려 보여도
본인들은 편안해

남자는 여자랑 달라서 그런가

점심에 요리를 두 개나 해 왔다고
욕을 먹었어,
고생했다는 말 대신,
남자는 여자랑 달라서 그런가!

자기가 비싼 차 살 때 한 번도
언급이 없던 벌이 타령을 해,
근검절약 정신이라는 말은
꼭 내가 뭐하면 그때 나와,
나름 절약을 나도 하고 있는데...

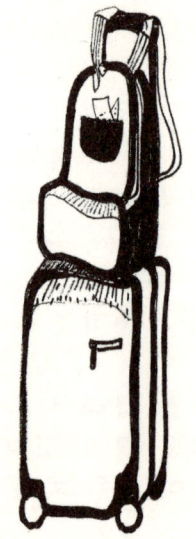

배부른데 먹고난 음식 짜투리 모아서
지지고 볶고,
버리지 않으려 애 쓰는데
기특하단 말 대신
집안 말아먹을 사치라며 귀부인 취급을 해

여자는 남자랑 달라서 그런가!

서운하고 서운해,

어느 아내는 미운 남편 칫솔을
변기에 넣었다 조용히
칫솔꽂이에 꽂아 놓았데
소심한 복수인가...
고약한 말을 해대는
입에 대한 응징인가,
손 모으고 앉아 미용에만 신경쓰는
요부妖婦라도 되어야 할까,
남자는 여자랑 달라서 그런가,

그래도 남자는 알아야 해!
아내는 음식에 마음을 담는다는 걸,
이유를 모르게 단명한 남편이 있다면
그건 그 남자를
사랑하는 여자가 세상에
한 명도 남아있지 않다는 뜻이야!

그럼에도 불구하고

발가락 양말을 신고
다섯 개에 발가락마다
양말이 모자처럼 씌워진 모습이
너무 웃겨!

과자 먹고
이거 누가 먹었냐면
진짜 황당해
본인이 아까 먹은 건
금방 까먹고
누가 먹었냐며 눈을 부릅떠,
뭔가 부족해
하지만 그럼에도 불구하고,
너란 사람
아무래도 나를 웃기려고 태어난 거 같아.

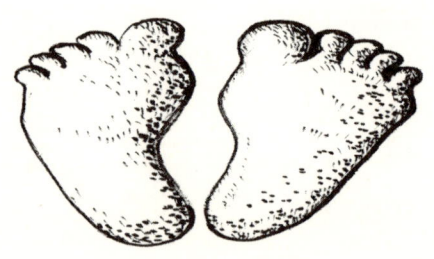

틈틈이 짜증을 내서
존재감을 발휘 해

요즘엔 헬스에 푹 빠졌는데
미미한 알통을 억지로 부풀리며
육체미를 자랑해

뭔가 부족해,
누가 봐도 부족한 근육일진데
그럼에도 불구하고
나는 마구 칭찬을 해
거울은 집집마다 있잖아,
모르지 않지만 우리에겐
진실이 아니고
영화가 필요해,

인생에 팩트가 필요하다면
쓰레기더미에나 가 봐
니가 먹다 버린, 쓰다 버린 진실이 거기에
다 있으니까

진실이 나쁜 건 아니지만,
그럼에도 불구하고
현실엔 낭만이 필요해

ⓒ 다름과 같음

나방과 나비

날개가
있다고
모두
꽃을
향해
날아오르진
않는다.

날아
다닌다고

다 나비가 아니다,

너는 누구니?

잎벌레라고
무당벌레 닮은 애가 있어

붉은 빛깔을
똑같이 흉내 내고
열매를 갉아먹는,

무당벌레는 진딧물을 잡아먹어
작물을 살리지

눈으로는 누가 누구인지
구분이 안가

만약
잎벌레인지 무당벌레인지
알고 싶다면, 그들이
무얼 먹고 사는 지 유심히 봐

뭐가 다른데?

먹기 위해 사는 사람과
살기 위해 먹는 사람
차이가 뭔지 알아?

살기 위해 먹는 사람은 뭐든 빨리 먹어
금방해서
얼른 먹어
과정은 중요치 않아.
'설거지 걱정'에 요리도 안 해

돈을 위해 사는 사람과
삶을 위해 돈이 필요한 사람
차이가 뭔지 알아?

돈을 위해 사는 사람은
돈을 위해 살지 않는 것처럼
위장을 해
사랑이 중요한 것처럼
가면을 쓰지
결론은 언제나 한 곳을 향해,

딱새를 밀어내는 뻐꾸기처럼
진실은 결국
맨 끝에 있어

니가 사 준 꽃과 내가 산 꽃 사이

그냥 꽃인데
꽃은 똑같아도 그 의미는 달라
종이 한 장 차이가 있어
누가 사든 그게 무슨 상관이냐고 하겠지만,

한 번 물갈이할 시간에
세 번 물 갈아 주는 정성,
이상하게 니가 사 준 꽃은
시들지 않길 오래도록 기도해,
이래도 니가 사 준 꽃과
내가 산 꽃 사이에 차이가 없어?

보기엔 차이가 없지만
펄펄 끓인 물과 그냥 물은
차이가 있어

끓이지 않은 물은 오래 두면
곰팡이가 피지만

끓여 식힌 물은
썩지를 않아,
화장수로 쓴다구.
이래도 똑같을까?

니가 사 준 꽃은 시들어도
차마 버리질 못해 —
내가 산 꽃과 니가 사 준 꽃 사이
아직도 차이가 안 보여?

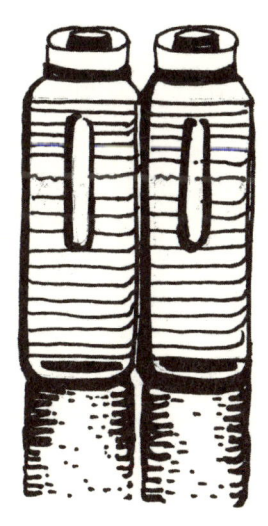

삼계탕

엄마 삼계탕엔
그 흔한 달걀 고명도 없어
맹물에 닭 넣고 푹 삶아
아무 멋도 없어,
근데도 먹으면 힘이 났던 기억이 있어,
여름은
엄마의 삼계탕 하나로
거뜬했지

여름은 매년 오는데
어디에도 그런 밍밍한 삼계탕을
파는 곳이 없어,
누룽지 삼계탕, 능이 삼계탕, 심지어 산삼넣은 것까지
몸에 좋다는 건 다 파는데
정작 엄마의 삼계탕은
어디에서도 팔지를 않아
대추에 은행까지
형형색색 멋을 낸
그 모습 어디에도
여름을 거뜬하게 이겨낼
뭔가 하나가 빠진 거 같아,
이름은 다 같은
삼계탕이지만,

ㄹ 라디오와 티브이

사각지대

눈에 보이는 것만
믿지마,
눈이 때론 귀를 속여,
분명 아무것도 없었는데
후진할 때
나타난 자전거,
너는 깜짝 놀랄 거야

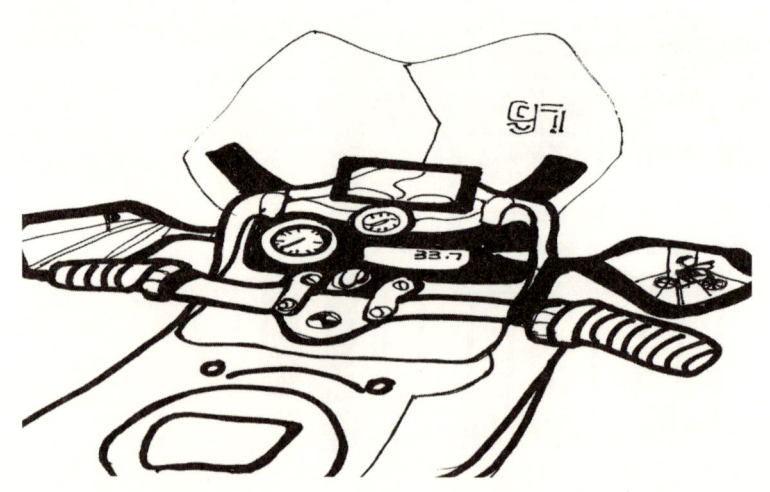

귀에 들리는 것만
믿지마,
귀도 때론 착각을 해
좋은 말만 하길래
널 좋아하는 줄 알았겠지
칭찬을 하며,
눈으론 널 살피고 있다는 걸
보지 못했니?

머리 둘 달린 새

장님과 귀머거리가
살고 있었어.

귀가 안들리는 사람은
눈에 보이는 것만
믿어
아무리 음악소리,
그 아름다움을
말해줘도
귀에는 들리지 않아
그는 오로지
눈에 보이는 것만 믿어

눈이 안보이는 사람은

들리는 것만 믿어,

따뜻하고 다정함이란

오로지 귀로 전해지는 소리뿐

그러니 누가

고함을 치면

다 저를 욕하는 줄 알고

주먹을 허공에 마구 휘둘러

고급이 되고 싶니

명품을
걸치면 명품이 되나
비싼 가방
36개월 할부로 사서는
바람불면
먼지 묻을까
비오는 날이면
가슴에 품고
애지중지 아끼지.

엄청 유명한
디자이너가 만든 옷이라며
징이 박힌 번쩍이
외투를 샀어.
드라이비가 더 나와
슈퍼 갈때는 절대
못 입는 옷.
애물단지가 따로 없지

자동차 한 대 값에

스피커를 샀어,

음악에 대해서는 트로트밖에

모르면서,

모든 노래를 그걸로 들으면

끝내준다나

들어본 음악도 별로 없고

아는 리듬도 몇 개 안되는데

무조건 비싼

스피커가 없어서 안들린데,

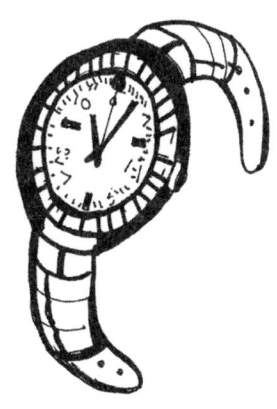

귀가 열려야지!

귀로 듣는 세상은 존재하지도

않으면서

오로지

스피커가 문제래,

먼저 말하고
나중 말하고

먼저 노력하고
나중 노력하고

청소는 왜 해

또 더러워질 텐데

왜 자꾸 씻어

자주 씻으면 피부가 건조해질 텐데

운동은 왜 하냐구,

안하면

금방 빠질 근육,

"밥은 왜 먹냐,

　맛있는 거 뭐하러 먹어 또

　금방 배고파질 텐데!"

먼저 노력하고
나중 노력하고

먼저 말하고
나중 말하고

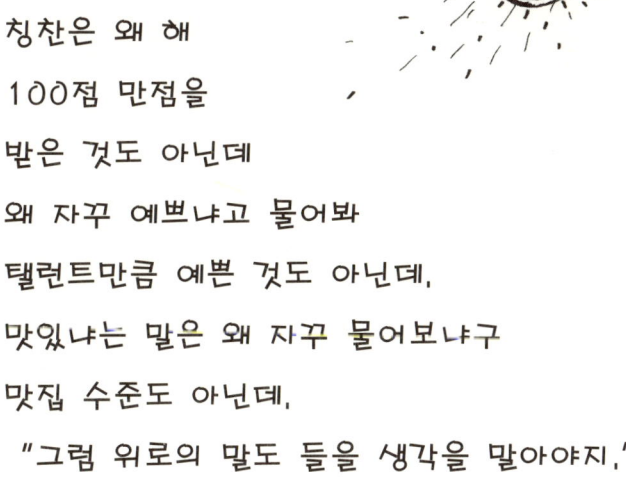

칭찬은 왜 해
100점 만점을
받은 것도 아닌데
왜 자꾸 예쁘냐고 물어봐
탤런트만큼 예쁜 것도 아닌데,
맛있냐는 말은 왜 자꾸 물어보냐구
맛집 수준도 아닌데,
"그럼 위로의 말도 들을 생각을 말아야지."

커다란 거울을

얼굴에 뾰루지라도 나면
그 전날 먹은
음식을 몽땅 소급해 조사하지,

그걸 왜 먹어가지곤 뭐가 났다며
핀잔을 준다,
너 때문이라고
조금만 먹기 싫은 걸 먹으면
하루 종일 인상을 써
눈과 눈 사이에 내천자 주름은
고3때부터 있었는데,
못마땅한 걸 볼 때면
항상 인상을 찌푸려서

다른 사람 마음을 아프게 하는 모진 말은
잘도 하면서,

만약에
니 목소리가
거울에도 비춰진다면
얼마나 좋을까.
소리를 지를 때 고약한
주파수가
뾰루지되어 니 얼굴에 핀다면
너는 아마 거울 보듯
너를 돌아보며
타인을 위로하고,
세상에는 가장 고마운 말만 하는
성직자가 되어 있을지도,

⑩ 몸과 마음

몸과 마음

사람들은
아름다운 육체에
아름다운 정신이 담겨있을 거라
생각해

정말 잘 생긴
연쇄 살인마를 보았어,
사람들은 왠지
무죄라고 믿고 싶어 했어
모든 증거에도 불구하고!
그도 무죄를 주장했고,
배심원들은 그가 유죄인 걸
도무지 믿으려하지
않았어

사람들은
못생긴 사람을 보면
영혼도 못생겼을꺼라 생각해.
뚱뚱하고 형편없는 외모를 한
기부천사를 보았지
사람들은 왠지
그가 두 얼굴을 가진 이중인격자같다고,
의심을 했어.
그 돈이면
본인 얼굴이나 튜닝을 좀 하시지
그 형편에 무슨 남을 돕냐고
그의 선행을 오히려
손가락질 했어.

두 여자 이야기

두 명의 여자 가수가 있었다.
한 명은 못생겼다는 소리에
온 몸을 성형했어
그래도
네티즌들은 욕을 멈추지 않았어
전에 얼굴이 더 나은데,
가슴을 너무 크게 성형했다고,
싼티가 난다고,
그래서 그 여자가수는
될 대로 되라며
자기가 하고 싶은 대로 했데
그리고 주변 이목 따위는
더 이상 신경쓰지 않았지
그러자 사람들은 오히려
센 언니라며 환호했다나,

또 한 명에 여자 가수는
고무줄 몸무게로 팬들에게 비난을 받았데
자기 관리도 못하면서
무슨 노래를 하냐고,
그녀는 너무 괴로워
화면에서 사라진 가수가 되었데,
스트레스를 먹는 걸로 풀어서
완전히 망가져 버렸지
노래하며 대중 앞에 서고 싶었던 그녀는
죽음의 다이어트를 했는데
이상하게도 그 후로는 목소리가 변해버렸어
그러자 네티즌들은
돼지 멱따는 소리라며 그녀를 비난했고
그 후론 그녀를 보았다는 이가 아무도 없었데,

플라시보 효과

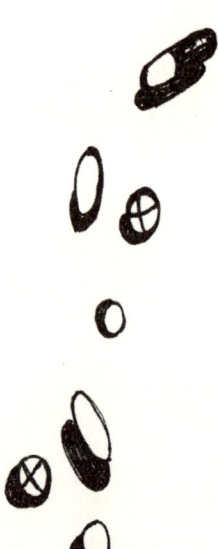

의사가
우울증
환자에게 준 건
그냥 사탕이었어
이 약을
먹으면 당신의
슬픔이 모두
사라질 거라는
말과 함께,

환자는 더 이상 슬프지
않았어
그녀에겐
마법의 사탕과
진짜 알약보다 더 진짜같은
희망의 말도 있었으니까.

마음이 몸을 지배하는 거야?
아니면 몸이 마음을 지배하는 거야?
한 마디 말이 어떻게
영혼까지 치유하는 걸까...

방부제라도 먹을 걸!
젊어진다면,

늙었다고 돈에 대한 욕망도 함께
늙진 않아

아흔아홉을 가졌다고
하나를 덜 갖고 싶은 것도
아니야.

나이를 먹는다고
마음도 함께 늙는 건 아니라니까,

ⓑ 빛과 그림자

생긴대로

생긴대로 그림자가
생겨
사과에 꽃게 그림자가
생기긴 어려워

꽃은 꽃 그림자
사람은 사람 그림자

너는 너의 그림자
나는 나의 그림자

그러니 우리,
서로의 그림자를
바라보자
그러면 알게 될 거야
아마도 보게 될꺼야
진짜 너의 모습이 어떤건지
보게 될꺼야

웨딩 케잌

너의 생일
케잌에 초를 켜듯,
너무나 새하얀 생크림 위로
빨간 딸기가 송송 박혀있는데,
거기서 끝나면 좋으렴만
새하얀 케잌 위에
초 그림자가
드리워진다.

세월이 흘러, 황홀한 결혼식 날
너는 웨딩 케잌 위에 초를 켠다.
역시나 드리워지는 그림자
그들은 보지 못했지,
누구도 피해 갈 수 없는
현실이라는 그림자를.

빛과 그림자

먹을 수도 없는 그림은
허영과 사치에 차서 그린다고 생각했지
뭐라도 된 것처럼
화려한 유럽에 풍경을 그려,
가본적도 없는 달력 속 사진을 보며,

이해도 못하는 공자왈 맹자왈은
포장지가 필요해서라고 생각했지
위대한 석학이라도 된 것처럼
한문 범벅인 두꺼운 책을 읽으며
있지도 않은 이타심을 끌어내
성인군자 聖人君子 흉내를 냈어,

하지만

반 백을 살고서야 알게 되었지.

오직 밥그릇뿐인 인생에도

뭔가 멋진 반찬 하나는

욕심 내보고 싶은 마음을.

어차피 누구든 영원히 살 수 없다면

인생에 뜬구름 한 조각

필요하다는 걸

유행가 가사처럼 알게 되었어.

변할 수 없는 건 없어. 그러니 노래라도 부르자.

"그대는 나의 행복

 그대는 나의 불행

 그대를 사랑하는 내 마음은 빛과 그리고 그림자."

살고 싶다면

인간도
광합성을 해야 한다.
온실에 온실을 만들어서라도
광합성을 해야 한다.
36.5℃
생명을 유지하는 기초온도.
우리는
누군가라도
만나
사랑해야 한다.

숙명처럼
살아 숨쉬고 싶다면, 무엇이라도
끌어안아야 한다.
어차피 살아야 한다면

건강하게,
어차피 지금 죽지 못하고 살아야 한다면
가장 따스한 마음으로
햇살 아래 모여
광합성을 하자,
온 몸에 햇살 가득 받으며,
살아야할 이유를 찾아내자,

인생은 별개 없는 것처럼 보여도

먹을만큼만 사고
냉장고를 가득 채우려 하지 말자
그가 원하니,

코 앞에 이득 말고 배 고파도
멀리보는 큰 그릇이 되자
그녀가 원하니,

하루만 사는 불나방처럼 살지 말자
그가 원하니,
백년을 살 것처럼 쪼잔하게 굴지 말자
그녀가 원하니,

떨어뜨린 밥풀은 바로 주워 쓰레기통에
버리자
그가 원하니,

부르면 대꾸하고
필요하면 옆에 있어 주자
서로가 원하니,

야채를 먹자
그가 웃으니,

되도록 무좀약을 바르자
안 그러면 그녀가 무좀약 반통을
내 발가락에 쳐 바르며 냄새를 맡을테니
생각날 때마다
예쁘다고 말해주자
그녀가 웃으니,

별로 튀어나오지 않은 알통에도
박수를 쳐주자
그가 웃으니,

되도록 시시한 시詩라도 참고 들어주자
그녀가 웃으니,

서로의 눈꼽을 떼어주자
우리가 함께 있으니,

㉦ 시간과 영원

너무 쉬운 일

시간을 멈춰줘 봐
오늘이 제일 젊도록,
그렇게 해 줄 수 없다면
손에 물 안 묻히고 살게 해 주겠다는
거짓말은 하지마,

무인도에 우리 둘만
사는 것처럼, 영원히 나만 사랑해 줘봐
그렇게 해 줄 수 없다면,

그냥 이쁘다고 말해줘

아니면 무지무지 비싼
화장품을 사 줄래?
선택해!
너무 쉬운 일이잖아.
100%란 없어
서로가 오해한다면
진심이란 아무 의미도 없는 거니까.

선풍기가 멈췄다.

일년삼백육십오일 돌아갈 것 같던
그 놈의 선풍기가 거짓말처럼
멈췄다.
가을이 오고 있다는 증거다.
몸부림치지 않아도 기뻐 날뛰지 않아도
계절은 가고 아침은 또 왔다.

백년가도 먹을 수 있을 것만 같던 과자도
하나 둘씩 먹다보면 빈 봉지만 남긴다

늘어가는 주름을,
늘어가는 흰머리
돌아가는 시계바늘을
할 수만 있다면 붙잡고 늘어져
땡깡이라도 피고 싶지만
소용없는 일이다.

시간은 헐리웃 배우들도
바람빠진 고무공으로 만들어 버린다.

선풍기라도 다시 틀어볼까.
지나간 달력을 오래도록 붙여두고
아직 이번 달이 지나지 않았다고
우겨볼까.
한 달 늦게 도착하는 세금영수증을
보았니.
날짜를 넘기는 법 없이 어김없이 날아오는
청구서.

차라리 시詩라도 쓰자.
시간을 멈출 수 없다면
내 안에 시들지 않는
열정을 깨워
영원히 죽지 않을
마음담아
시詩라도 쓰자.

하루

코딱지 파다가 잠들었는데
티브이 소리에 깜짝 놀라서
아까 흘린 코딱지 까맣게
잊어버리고
막 돌아다니며 밟는 기분.

7월이구나 했는데
벌써 마지막 날이라니,
건망증 약이라도 먹을까

매달 첫째 주에는 온갖 계획으로 희망차다가
젠장 아무 것도 한 것 없이 마지막 날 앞에 선 기분
세월이 좀 먹나 까불다가 몇 번 입지도 않았는데
헌옷처럼 누더기가 되버린 기분.

어떻게 이렇게
아무것도 기억나는 일 없이
은근 슬쩍
손에 묻은 간장 앞치마에 '슥'
문지르듯 자연스럽게 흘러간 걸까

너라도 옆에 없었다면
나는 산송장처럼, 골동품처럼
먼지만 뒤집어 쓰고 앉아있었겠지
말 한마디에 서운해 눈물 짓고
하늘이 무너지는 듯
이불을 뒤집어 쓰고 자는 척을 하는
이 순간만이 나에겐 살아있는 1초,

욕심부리지 않을란다,
깐죽거리며 그저
옆에만 있어주라,
그러면 언젠가 오늘같은 내일이
내일같은 오늘이 우리에게도 올 테니,
더 이상 시간의
노예가 되지 않을 순간이
반드시 올 테니

하루를 영원처럼
그렇게 살자,

바다가 뒤집어졌다.

고요하던 모래사장과 수평선은
온데간데 없고
허연 물보라가 산처럼 덮쳐
아스팔트 위로 쏟아졌다.

어디갔나 고요하던 그 바다는,
수영복 입고 소리치던 사람들은
흔적도 없고,

여름이 가고 겨울이 가도
변하지 않는 것이 있을까,
한 장 한 장 넘어가는 달력을

부여잡고 시한부 인생처럼
비명을 지르며,
시간을 목에 휘감고서라도
멈추게 하고 싶다.
하지만 내가 아는 오직 한 가지
시간을 멈추게 하는 유일한 방법은
너를 바라보는 일.
나를 망치려는 시간에게서
나 스스로를 떼어놓는 일.
그리고
오직 북극성을 따라가듯
너를 쫓으며
너를 위한 노래를 부르는 일.
바다가 뒤집어져도
침착해 질 수 있는 유일한 방법은
너를 위한 시詩가 되는 일.

시간여행자의 숲

시간되면 집에 와서 집안 일을 도와라
더 놀고 싶은데,
친구들은 아직도 놀고 있는데,
나만 집으로 돌아가야 했어
막상 집에 오면 할 일도 없는데

책이라도 읽고 있으면
나가서 마당이라도 쓸래
놀고 있지 말라고,
비누는 두 번만 문지르고
옷은 형들꺼 물려 입었는데

하지만 너는
책만 보래, 험한 일은 하지 말래
옷도 비싼 것만 입으래
멋을 내고 나가면
사람들은 나를 연예인인줄 알아,

너는 위를 보고 살래
세상엔 내가 누려야 할 게 너무 많다나,
세계를 여행해 보라며
나를 치켜세워,

왠지 몰라도 너와 함께 있으면
내겐 시간이 흐르지 않아,
모든 산소를 제공하고 숨 쉬게 해
나로 살고 싶게 해
영원히 이곳에서 머물 순 없을까,
나를 위한 시간만 존재하는 곳
이 시간여행자의 숲속에서

◎ 액면과 이면

앞면 뒷면

손을 들었더니
다가와 손을 잡네

안녕하세요
인사를 했더니
냄새를 맡아

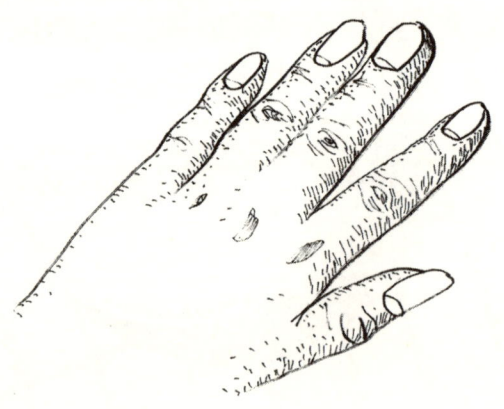

뭐야, 이런
엉뚱한 반응은
전혀 내 생각과 다른데

내가 이상한 건지
상대가 이상한 건지
은근히
기분이 상하는 건 왜 일까,
내 뜻과 상대 뜻이 다르니,

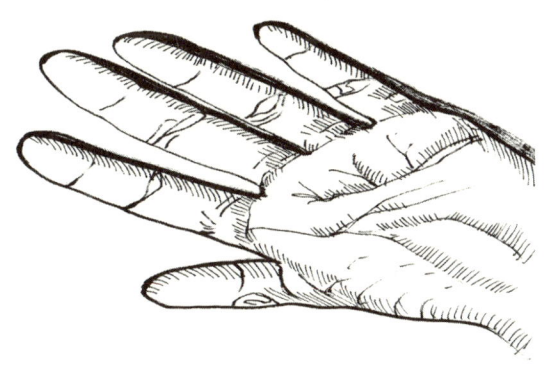

번역기를 돌려라

오늘은 날씨가 좋아
내일은 비가 온데
"오늘은 꼭 드라이브가자."

난 마카롱을 좋아해
이상하게
기분이 좋아진다,
"마카롱 사줘, 비싸도"

바지가 안 맞아
살이 찐 거 같아
바지가 왜 이렇게 꽉 끼냐
"새 바지가 필요해
 사야할 것 같아."

갱년기인가봐
자꾸만 마음이 들쑥날쑥
화가 났다, 열이 났다,
흰머리가 많이 늘었어,
"아냐 아직 젊어보여,"

잘못한 것 같아
내용이 앞뒤가 안 맞고 문장이 엉망이야
좀 유치한 거 같아,
"아닌데, 엄청 잘 썼는데."

외국어면 번역기나
돌리지,
우린 도대체 해석이 안되는
외계어를 쓰는 건가?

도대체 그 말 뒤에 숨은 뜻을 몰라
그 마음을 몰라

심술이 난거야

평강공주와 바보 온달얘기 알아?
남자들은 바보온달이 부럽데
평강공주를 만나
환골탈태換骨奪胎 했다나
여자들은 평강공주보고 미련하데
한심하게 공주로 살지
고생을 사서 한다나,
무슨 말이 정답인거야
온달이는 천재이고
그렇잖아, 공주를 자기 꺼로
만들었으니 세상 똑똑한거지

누구를 흉보니?
현모양처, 그렇게 대답만
예, 예, 하며 '당신이 최고' 하더니
고함을 치고 잔소리를 해대고
그것도 모자라 협박까지 한다.
누구를 손가락질하냐고
인정하기 싫은 거야.
남의 일이니까
감 놔라 배 놔라 하는 거지
평강공주고 온달이고 관심도 없으면서
자기얘긴 하기 싫으니까
그저 사랑타령이나 하는 게
꼴보기 싫어 쑥덕거리는 거야.

거미줄에 걸린 기분을 이해할 때

너나 알어?
오늘 처음 봤는데
알 수가 없지
그럼 너무 늦게 와서 그러는 거야
퇴근해야 하는데
밥집에 밥먹으러와서

너나 알어?
소문을 들은거니 사람들한테 공짜로
뭘 막 선물하다
봉변당한 소문,
맞아, 누굴 도와줄 위치도
아니면서
쥐꼬리만한 것들을 나누다 못볼꼴을 봤어

너나 알어?
햄버거집인데 햄버거 먹으러 왔다고
화난거니,
왜 옆에서 빗자루 질을 막 하는 건데,
우당탕탕

옆 테이블을 밀고 닦고 또 닦고
오늘 윗사람한테 혼난거지
그래서 그러는 거지,
어디서 뺨맞고 어디서 화풀이 하는 거야

그래 미안해
밥 먹으러와서, 재수없어 보이는 애가
혼자 뭘 먹으러와서,
아무래도 너는 나를 아는게 분명해
어디하나 기댈 곳 없는
외톨이란 걸,
쓸모없는 나를
아는게 분명해,
그렇지 않고는
이럴 순 없잖아,
이토록
불친절할 수는
없잖아,

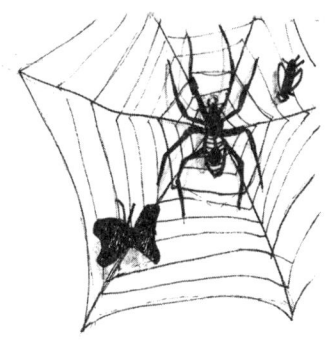

하늘을 나는 자전거

길이 막힌다.
관광지에선 흔한 풍경
사람들은 줄을 서고 자동차는 즐비한데
세 명의 산악자전거를 탄 사람들
막힌 차들 사이를 종횡무진 누빈다.
근사한 취미생활을 하는군, 하고 생각할 수 있지만
그들은 막힌 차로에서
자신들만이 자유롭다는 걸 만끽하고 있었다.
어떻게 아냐고?
저걸 봐 짐작가능하지.
줄을 지어가지 않아
S자를 그리며 좌우로 왔다 갔다
모든 차들이 그들을 피해
위험 속에 노출되어 있는데
앞을 보기 보다는 뒤를 돌아보며

헬멧 속에서 계속 미소를 짓고 있지
중앙선은 수시로 넘고
심지어 하늘을 올려다보기도 했어
셜록홈즈도 울고 갈 추리력이라 비웃겠지만
한 번이라도, 막혀있는 길에서
곡예를 하며 산악자전거를 타는 사람
본 적 있니?
갓길에 한 줄로 가거나 수신호를 하며 가지,
보통은 차들과 공생하며 가는데
저들을 봐봐, 차를 탄 사람들과 전혀
소통하지 않아,
오히려 상대적으로 느끼는 거야 자유를!
야비하게 웃고 있잖아, 전해지지 않니
저들의 고약한 마음이
혼자서 하늘을 나는 듯한 저 품위있는 모습을,

사랑한다면 도토리지
사랑한다면 당근이야

사랑은
맛있는 걸 함께 먹는 거,
있는 그대로 나를 인정해 주는 것,
다정하게 말해주고
칭찬을 아끼지 않는 것,
생일은 챙겨주는 것,

너에게 사랑은
적당히 먹을 만큼만 해서 깨끗하게 치우는 거,
노력해서 최대한 몸을 가꾸고
불필요한 아부는 하지 않는 것,
사고 싶은 게 있어도 절약하는 것,
의지를 표명할 때는
소리질러도 상관없는 것,
생일은 가족끼리 무슨...

액면과 이면

운동을 하러 갔는데
이상하게 내 옆에서 쾅쾅
쇠덩이를 집어 던지는 거야
어느 날은
내가 꼭 하는 운동기구 위에
물건을 두고는 어디론가 사라져버려
전전긍긍하게,
이상하지!
일부러 그럴리는 없을텐데
또 어느 날은
옆에서 방귀를 뀌고는 본인은
저 멀리 갔다 되돌아 오는거야
딱 냄새가 사라질 시간을
정확히 계산이라도 한 것처럼.

믿기 싫은데,
믿고 싶지 않은데
갑자기 이런 생각이 났어

부부가 오래되면
남편 밥 먹는 입만 봐도 싫더래
꼴보기 싫다고,
부인들이 같이 앉아 밥을 안 먹는 건
그런가보다 했지, 입이 무슨 죄가 있을까
생각을 해봤어
하지만 오늘은
왠지 알 것 같다.
밥만 먹었던지 아니면 그 입으로
미운 말도 했던지,
원인이 없는 결과가 없는 것처럼
분명 그들은 말하지 않았지만,
미운 뭔가가 있었던 거야

ⓩ 좌뇌와 우뇌

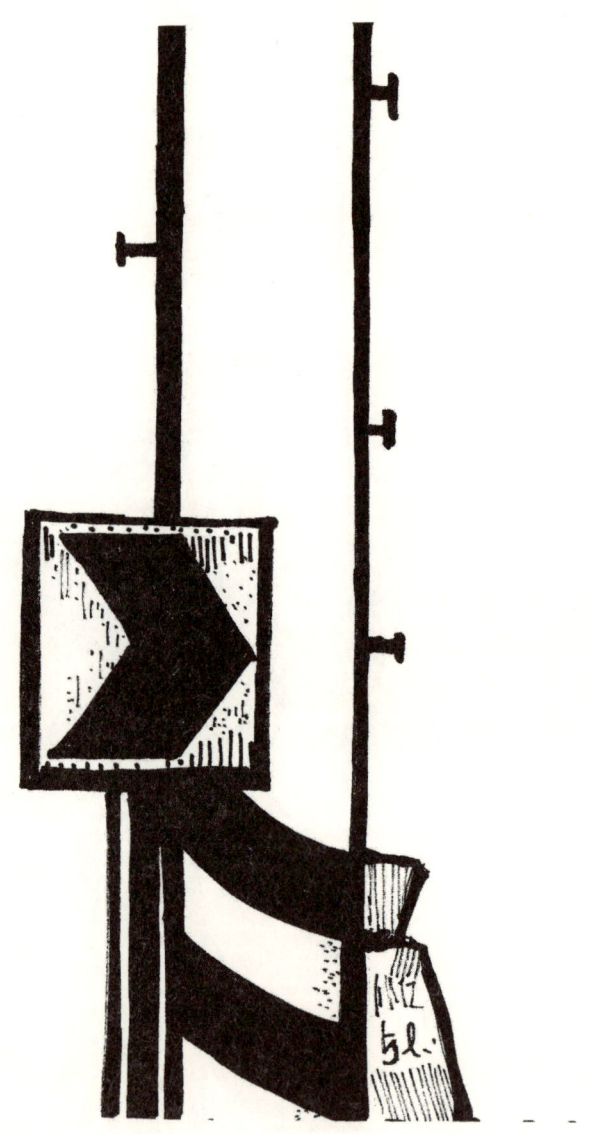

우회전 · 좌회전

무조건 우회전이야
당연히 오른 쪽으로 돌아야지
아니 좌회전이야
언제나 좌측통행
아니 이 길로 가야 빠르지
그러니까 우회전을 해야지
아니야 이 길은 좌회전을
해야 안 막힌다고,
오늘도 부부는
자신이 가던 길을 고집하며
외친다,
"우회전", "좌회전"

책 속엔 있을까

생각에 생각을 하고
벽돌에 벽돌을 또 올리고
그러고도 모자라서
1부터 100까지 다시
헤아려보고
돌다리도 두드려보고 건너야지
도대체 생각이란 걸
하긴하나
내뱉은 말이
잊혀지기도 전에 벌써 움직이고
무슨 운만 띄워도
저만큼에서 사고를 치고,
일을 저질러 버려

이렇게 저렇게
말해야 한다고 그렇게 말해도
기분나는 대로 벌써
확 뱉어버리고
변비탈출한 얼굴을 하고 있어,
속이야 터져 죽던 말던
지는 지 밀만 하고 나는 내 말만 하고
다른 사람 말은 안 들어
그래도 함께 살아야 하다니
이 일을 어쩌면 좋아
팔이 두 개인데
한 몸뚱이에 달려 있으니
책이라도 읽을래
그러면 혹시 알아, 생각이란 걸 하게 될지

음식물 쓰레기

음식물쓰레기는
그 때 그 때 버려야지
냄새나잖아

음식물쓰레기는
모아서 버려야지
봉투 아깝게,

냄새는 어떻게 할 건데?
봉투는 어떻게 할 건데?

봉투는 작은 걸로 여러 개 사서
자주자주 버려야 한다구
빈 냉장고 서랍칸에다
보관하면 냄새는 괜찮다구,

싸우다가 싸우다가 미워지면,

내 마음엔 벌써

쓰레기가 가득,

창작과 비난 사이

부엌의 획기적인 혁명을 가져온
디자인이 있었는데, 근데 신기하게도
한 번도 부엌에서 일해 본 적이 없는
사람이 디자인 했다더라
아니 그게 어떻게 가능하냐구
생각해 봐!
너무 잘 알면 이건 이래서 안되고
저건 저래서 위험하고
자꾸만 부정적인 면만
보이는 거라구

향수를 만든 사람 얘기도 있잖아
물이 귀한 시대에 사람들의 악취를
지우기 위해 만들어진거라며
잘 씻는 애들이 더 좋은 향기 내뿜으려

발명한 게 아니고,
지독한 냄새를 위장하려고
만들기 시작했데.
사기라고 말하고 싶은 거니?
가짜라고 눈감아 버릴거야?
더 지독한 것은!
요리하고 싶지 않아, 들어가기도 싫은 부엌
향수조차 뿌리기 귀찮아.
노력하기도 싫은 너의 무심한 마음 아닐까.

오이를 고추장에 찍어먹는 방법

여름에 땀으로 범벅이 된 얼굴,
끈끈한 몸뚱이,
어디에도 입맛 돋우는게 없다
그래도 싫지 않은 반찬은
싱그러운 풋고추에 초고추장
듬뿍 찍어, 시원한 보리차에
밥 말아서 후루룩 먹는 기분
역시,
여름엔 오이에 고추장
포기할 수 없는 여름별미다.
하늘아래 완벽한 게
어디 있을까.
나는 오이에 초고추장
푹 찍어 성급하게 먹어야
제 맛인데

꼼꼼한 서방은 초고추장 한 번 찍고
오이를 반 바퀴 돌려서 먹는다,
왜 그렇게 먹냐고 물어보니 초고추장
흘린다며 나도 그렇게 반 바퀴
오이를 돌려 먹으란다,
단추 잠그고 살아야하는 세상!
지켜야할 규칙이 또 하나 생겼다,
푹 찍어 황급히 먹는 맛이 최고인데
단정한 손놀림에 청결까지 더하니
여름, 풍성한 나무그늘 평상 위에
풍류는 온데간데 없고…,
휴", 그래도 마음 줄 곳
하나없는 세상
나는 아귀처럼 먹어도
서방은 색시처럼 곱게 먹으니
천생연분이 따로 있나
안빈낙도 安貧樂道
거창한 가르침이 멀기만 한가!

ⓒ 청각과 시각

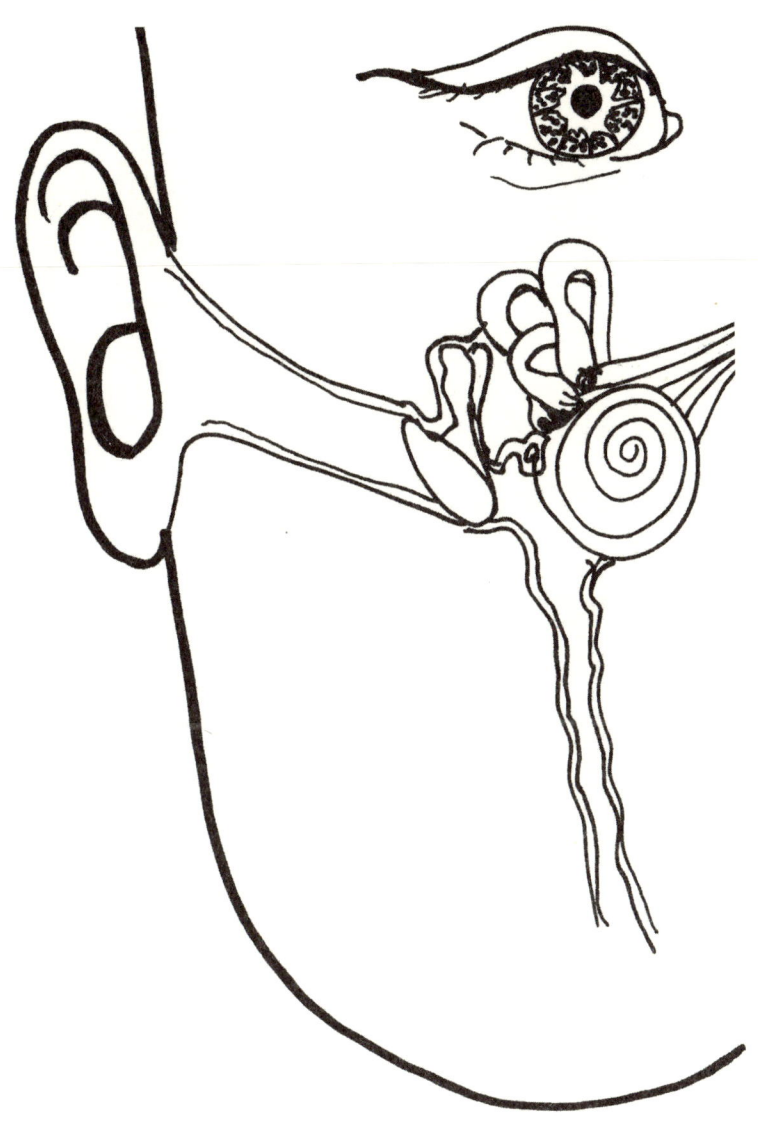

눈과 귀가 하는 충고

보지만 말고
들으라고
듣지만 말고
보라고,

했던 말을 몇 번씩 해도
자꾸만 까먹어

왔던 길을 몇 번씩 다시 와도
처음 온 길 같아,

들어야
제대로 말하지

보아야
제대로 찾아가지

보지도 않으면서
길 찾길 바래!

듣지도 않으면서
칭찬 듣기를 바래!

싸움을 피하는 방법

나는 자리를 피한다
물건을 다 때려부수기 전에,
사람을 치기 전에,
최소한 불상사는 막아야 한다며
자리를 피한다.
너는 소리를 높인다.
언성을 높여서라도 의견을 조율해
이 사람과 살아야 한다는 의지,
최악까지는 가지 말아야 한다는 의미다.

"천만에 그건 너의 생각이지
 상대 생각은 아니지."

너에겐 소리를 지르는 건 무죄,
자리를 피하는 건 유죄!

본인을 무시한다고 더욱 화가 나는 거다
'불난데 기름붓기'

나에겐 자리를 피하는 건 무죄,
소리를 지르는 건 유죄!

배려라고는 받은 기억이 없다
'귀에다 메가폰대고 외치기'

"계란이 왔어요, 계란이 왔어요."
확성기를 귀에다 대고 피가 날 때까지!

사전이 필요해

해돋이는 꼭 봐야 한다.
한 해를 새롭게 받아들이며
마음가짐을 올바로 하고자 계획을 세운다.
단정한 기도로
시작해야 올 한 해도 잘 될 것 같다.
새하얀 달력 첫 장을 메어
벽에 걸 듯, 비장한 각오로
타오르는 듯 붉게 떠오르는 한 해 기운은
1월 1일 첫날에 달렸다.

"차 막혀, 어제 뜬 그 해랑 똑같애."
또 초치는 소리를 한다.

망년회는 12월 31일에 해야 맞이다.
지난해를 반성하고
다시는 그런 실수와 과오를
범하지 말아야 해,
지인들을 불러 조촐한 파티를 하자,
한 해 동안 미안했던 일을
사과하고 마음 터놓고 얘기해 보자,
그래야 한 해
마무리를 잘 하고 다음 해를 맞지

"안 돼, 나 내일 해돋이 보러가야
 해서 일찍 자야 돼,"
또 혼자만의 얄미운 소리를 한다.

동상이몽 同床異夢

1번부터 10번까지
그려서 보여줬는데
딴소리를 한다.
"언제 얘기했는데?"

백번은 말했는데
또 자기식대로 한다.
물건 좀 제자리에 놓는게
뭐 그리 어렵다고

어디를 데리고 가서는
형편에 맞지도 않는 자동차를 보여준다.
뭘 어쩌라는 건지 알 수가 없다.

누구 얘기를 자꾸만 한다.
알지 못하는 다른 사람얘기를
뭘 어쩌라는 건지 알 수가 없다.

차라리 그림을 보여줘라,
내가 알 수 있게
하나에서부터 열까지
눈에 나타나 보여야지만
알아먹지

차라리 노래를 불러라
니가 들을 수 있게
들어야 느낄 수 있으니 그래야
니가 뭘 원하는지 알아먹지

하지만 들어도 들리지 않고
보아도 보이지 않는
오늘도 우리는 외로운
동상이몽 同床異夢

협상

가위를 니 눈앞에 들이대니
너를
협박했다며
화를 냈다.

니 옆에서 소리를 지르니
너는
공포스럽다며
집을 나갔다.

부엉이 앞에서 색채 쇼를
하는 격이지, 잘 보이지도
않는 니가
가위에 공포를 알 턱이 없다.

독수리에게 고함치기지,
높이 있어 잘 들리지도
않는 너에게
고함은 아무 문제없지.
"살려거든 알아라"

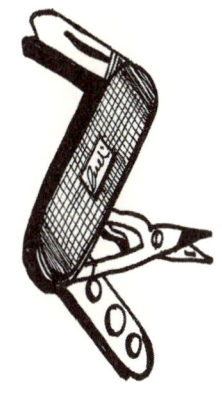

고함치지 않고 말하기!
가위는 눈앞에서 치워주기!
반쪽짜리 주제에 서로 잘났데,
기본에 기본이
서로 다른데,
조율이라도 해야지!
하던 대로 해서 되겠니.
귀 먹먹한 이에게 귀가 되어주고
눈 침침한 이에게 눈이 되어
주는 것보다 현명한 일이
또 있을까, 살고 싶으면
"차라리 협상이라도 해라"
노력이라도,

기억상실증

생각이 났었는데 생각이 안나
행복한 그림이었는데
도대체 생각이 안나
나쁜 피가, 니가 어쩌고 한 말을 듣고
생각이 났었는데
검은 면봉 왕창 바닥에
쏟는 바람에 몽땅 까먹어
생각이 안나
분명 우리가 행복하게 안전하게
살아갈 방법 중 하나였는데
무슨 노래인가 흘러나오던
그 순간이었는데... 생각이 안나

다람쥐가 도토리 숨겨 놓은
곳을 까먹어 상수리나무가
자란다지

다람쥐의
기억상실증
덕분에
우리가
도토리묵을
먹을 수
있는 거야.

네게도 있을
허물이
내게도
있음을
제발, 우리
기억하자

기억하자

기억하자

㉠ 커피와 물

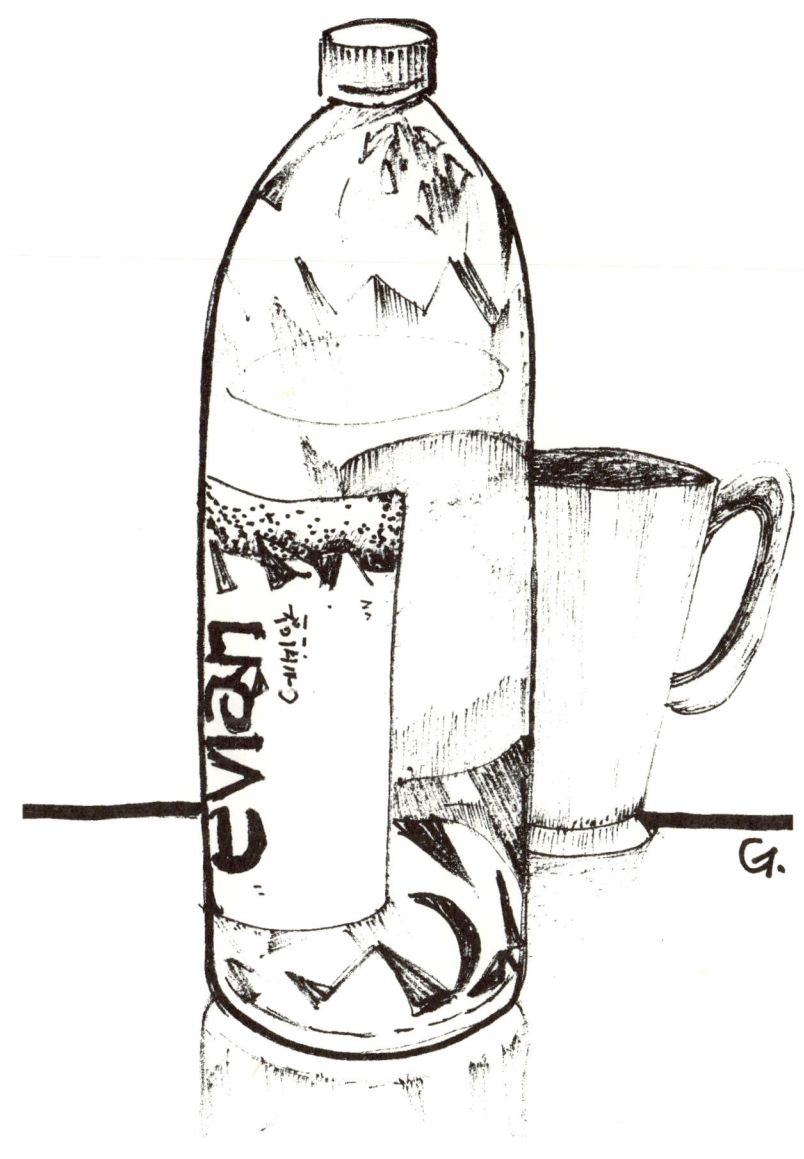

커피 맛도 몰라

커피 맛도 몰라,
식후에는 숭늉이지,

물맛이 비려
식후에는 탄산이지,

"이그그"

이 험한 세상

음료수만 먹으면 병 걸리는데

"이그그"

각박한 이 세상에

커피 맛도 몰라

무슨 맛으로 살래?

인생이 길다, 건강하게 살아야지,

인생이 짧다,

즐길 줄도 알아야지,

물맛은 알아 뭐 해?

커피 맛은 나발?

비싼 아이스크림을 먹기 위한 변명

무일푼인 내 인생
최고 사치는 비싼 아이스크림
삼백원짜리 하드도 시원하지만
왠지 고급으로 먹고 싶다.
소고기 안 사먹고 먹는 거니까
너무 타박하지는 마라

매일 똑같은 배추 국을
삼 개월은 먹었지
엄마에게 반찬투정 한 번 못하고
살아왔는데,
너를 만나 이렇게 사먹는
비싼 아이스크림!
집안 망할
사치가 아니길...
혼자 머쓱해 내미는 삼천오백원.

더 늦기 전에

커피 맛도 모르면서
커피 볶는 모습이 너무 근사해
통을 돌리고,
맥심커피도 맛있는데
굳이 굳이 커피 콩을 볶아
내려 마시는
수제커피,
유난을 떤다 욕할까 봐
슬금슬금 눈치를 본다,
사랑하는 사람이 마시고
맛이 없다는 듯
인상이라도 찡그리면
움찔 오줌을 지릴 정도다
좀 더 통을 천천히
돌릴 걸 그랬나
조금 더 집중 해
물줄기를 얇게
골고루 흘려 내렸어야 했나,

이미 커피는 금갈색으로 흘러내려
잔을 채웠는데
너는 미간을 찌푸리며 한 모금 꿀꺽
커피를 넘겨버렸다.
아, 다시 되돌리고 싶다.
다시 커피를 내리고 싶다.
지금 이 순간에, 지금 그 맛은 딱 한 번뿐이라며,
나의 못난 커피 맛을
무수히 참아냈을 그녀,
나는 커피 맛을 몰라도 마셔주는 이 있으니
그것으로도 풍요로울 수만 있다면,
나는 지옥에 살아도
너와 함께라면 천국에 사는 걸 텐데
더 늦기 전에 깨닫고 싶다.
지금 이 순간이
가장 소중하단 걸

정한수 달 뜬 밤에

달뜬 밤에 어머니는 장독대 위에
깨끗한 물 한 사발 올려놓고
두 손을 모아 하늘에 기도를 한다.
어라! 우리 엄마 교회 다니는데.

의미를 도대체 알 수 없는 시그널
어찌 다 이해할 수 있을까.
그래도 소통하기 위해
오늘도 너는 정한수처럼 커피를 내린다.

흡사 하늘에 손을 모으고
물사발 한 번, 하늘 한 번 쳐다보는
우리네 어머니같다.

커피내리며 나에게 전했을
말 못한 이야기들

이상하게도
한 모금 마시면 못다 한
네 억울한 변명이 술술 이해된다.
너의 마음을 금방 알아맞힌다.
구구절절 설명해도 오해만 하던 내가
네 속에 들어갔다 나온 것처럼
너를 읽어버린다.

너는 유치한 내 시詩를 물처럼
벌컥 벌컥 마신다.
아무리 돌려 말해도 못 알아듣던 네가,
내 뜻을 담은 엉터리 시詩 한사발에
내 마음을 척척 알아맞힌다.
진작 시詩를 써서 읽어줄 걸 그랬나
그랬다면 그토록 많은 밤을
울지 않았을 텐데.

오늘도 너는 내게 니 맘을 내려
커피로 전한다.
오늘도 나는 네게 전할 마음을
한 사발 써 내려간다.

Ⓔ 토요일과 월요일

월요병

그저 똑같은 하루,
숫자에 불과해
아무리 생각해도
금요일이면 신이 나
내일이 토요일이라는 생각에

아직도 일요일 오후인데

즐겁지가 않아.

저녁 약속에, 맛있는 것도 먹고

친구도 만날건데

도무지 신나지가 않아.

내일이 월요일이란

단 한 가지 이유로

일상 그리고 공포

세상에서 제일 무서운 영화가 뭔지 알아?
으스스한 공포 영화,
여름 불볕더위에 에어컨보다 춥다는
좀비 영화는 어때,
땀이 쏙 들어간다는 빙수는 어때,
한 입만 먹어도 입 안이 얼얼해진다는...
그것도 소용없다면,
계곡물에 담가 이슬이 송송 맺힌
잘 익은 수박은 어때, 다 소용없다면,
무더위를 한 방에 날려줄
이야기를 들려줄까,

운동도 별로 안했는데
돌아서면 나는 쉰 냄새, 그 냄새보다
더욱 지독한 건 열흘 된 음식물쓰레기
읽어도 읽어도 끝이 나지 않는
조선 왕조 500년 역사책?
아니, 냄새는 목욕하면 없어져
쓰레기는 빨리빨리 버리고
읽기 시작했다면 책은 언젠가 마지막 페이지에 도착해
하지만 사라지지 않고 반복되는 일상과
변할 수 없는 지독한 습관!
유명인이 자살했다는 뉴스로
전국이 추모물결에 휩싸여도
어김없이 니 앞에 차려져야 하는 밥상
그것만큼 무서운 게 또 있을까!

휴식의 쓰임

식탁 위에 빈 접시를 잔뜩 올려놨어
먹던 거, 설거지한 거, 안한 거, 뒤섞여
주중엔 이거 하나 치울
마음의 여유가 없어
결국 바닥에 상을 펴고 밥을 먹었지.
식탁은 뭐하고?
덩그러니
온갖 그릇들로 가득 차
더 놓을 곳이 없어.

내일은 휴일이니 식탁 위나 치워볼까
컵도 제자리에 접시와 밥공기도
각각 제 위치에 넣었더니
비로소 식탁 위에 빈자리가 생겼어
귀찮아도 귀찮아도 제자리에 넣어야지
하지만 왠지 월요일부터 금요일까지는
치우고 싶지 않아.
주말은 아무 의미 없는 것 같아도
그렇게 식탁 위 빈자리를 마련해 주지.

김치담그기

그저 간단하게 김치를 담자,
배추를 씻어
아무리 배추가 금값이라 해도 김치는 있어야 한다.
먼저 북어대가리와 파뿌리를 씻어 끓인 다음
풀죽을 쑤어 식혀
배추는 절여놓고 무는 채를 썰지
마늘 생강은 기본이고 종가집 비법으로
주워들은 코다리를 손으로 잘게 찢어놔,
배와 사과를 갈아 파 마늘 생강과 섞고
젓갈은 멸치 까나리 새우젓을 함께
2 : 1 : 2로 섞어,
배추는 몇 번 헹궈 물기를 잘 빼줘
이 과정을 대충하면 김치가 물컹거려
낭패를 보게 돼
준비해 놓은 재료들을 전부 섞고

담을 김치통을 준비해 놓지
큰 그릇에 물기 빼 절여놓은 배추를 놓고
시험지 넘기듯 조심스레 배춧잎을 한장 한장 넘기며
소를 골고루 펴 발라
얌전히 소분해서 김치통에 담아,
한 개는 바로 냉장고에 넣고 하나는 익은 다음 날에
하나는 바로 개봉해서 수육이랑 싸먹고 칼국수랑 먹고
한 삼일지난 김치는 익은 맛으로 먹고,
익어가는 정도에 따라 활용도가
만점인 김치 만들기.
이렇게 복잡한 과정을 거치면
이상하게도 김치는 더욱 맛있어져.
사먹는 거랑은 차원이 달라.
꼭 있어야 하기에 마음을 다하는 김치처럼
하루하루도 그랬으면 좋겠어.
다시 오지 않을 날들임을 기억하며
온 마음 다해 정성스럽게,
한 잎 한 잎 김치 담그듯이.

일상과 축제

일상은,
육체의 날들,
매일 매일 관리하고
쓰다듬어 주어야 해
아무거나 먹지마, 마시지마,
그것들은 네 육신을 움직이는 기름이니
차가 고장나는 이유는 더럽거나
물 섞인 기름을 넣어서라구,
똑같은,
늘 있는 것처럼 함부로 대하지마
무심하게 버려 두지마,

축제는,
정신의 날,
피곤하고 지친 일상에
활력을 주지,
인간이 밥으로만 살지 않는다는 걸
증명이라도 하듯
장식적인 말과 노래, 춤으로
흠뻑 취해버리지,
숨막히는 너의 인생에 가끔은 산소통이
필요하듯,
한심해 보이는 하루가
또 다시 너를 살게 할 거야
마시면 반짝하는
자양강장제서럼

㊗ 포만과 굶주림

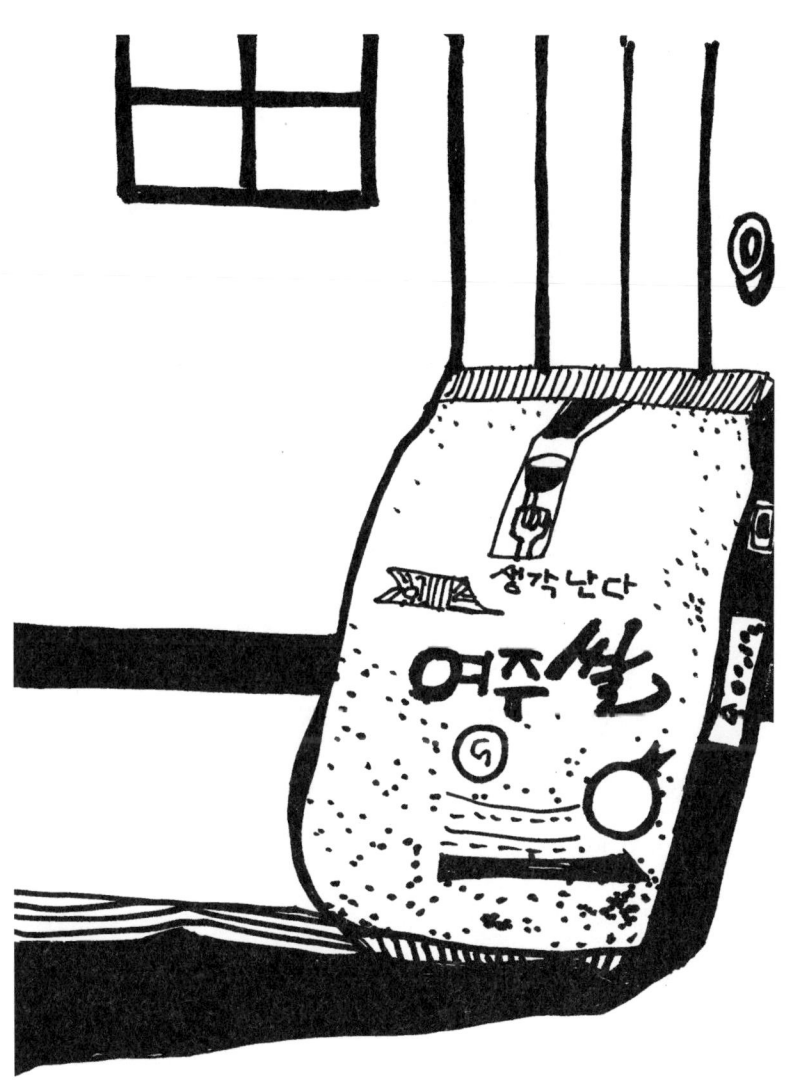

모기 1.

모기가 귓가에서 앵앵거린다.
피냄새 맡고 환장을 했나.
배가 몹시 고픈가 보군
아프리카 어린이들에게 기부도 하는데
그냥 적선하는 셈치고 놔둘까 생각을 했다.
그래 니가 먹어봐야 얼마나 먹겠니.
그렇게 적선할 요량으로 모기를 기다렸는데
막상 모기의 기다란 침이 내 팔뚝으로 쑥
들어오는 걸 본 순간,
황급히 팔뚝을 내려쳤어.
한 방울의 피도 허락하지 않겠다는 본능!
'삶에 이토록 애정이 있었나.'
후려쳐 맞은 팔뚝이 얼얼할 때
깨닫게 된다.

모기 2.

밝은 곳에선 모기가 못 물어
모기는 야행성,
인간들이 잠들기만을 기다리지,
하지만 훤한 곳에서
훅 달려드는 모기는
모기장도 뚫고, 낮 밤을 안 가려
선풍기 바람이 아무리 3단이어도
거꾸로 강물을 거슬러 오르는
연어처럼 가뿐히
날아들어 피를 빨지
절실함이란 바로 저런 것인가
배고픈 모기만큼도 최선을 다 할 수 없다면
아무 말도 하지 마.

너무 쉬운 이야기

고기가 얼마나 맛있는데
육향이 싫다며 코를 막아.

야채는 무슨 맛으로 먹나
신선한 맛으로 먹지.

야채에선 비린 맛이 나 야채 비린내
상상도 못할 일이라고?
고기에서 누린내 나는 거랑 같은 이치지.

한 사람에겐 향이고, 또 한 사람에겐 악취라니.

고기 좋아하는 놈
야채 좋아하기 힘들고, 야채 좋아하는 놈
고기 좋아하기 힘들어.

믿기 어렵겠지만 병도 미리 맞출 수 있어

용하다는 무당 찾아갈 필요도 없어.

너는 고기를 안 먹으니 고기 안 먹어
생기는 병이 올 거야,
콜록거리는 꼴이 어딘가 이상이 생기겠지
너는 야채를 안 먹으니 야채 안 먹어
생기는 병이 오겠지,
팔다리 저리다고 주물럭거리는 꼴이
뻔하지 뻔해

편식이 주는 병폐!
아직도 고기만 먹으며 억지를 부려,
야채를 먹어야 장수한다고
아직도 야채만 먹으며 고집을 피워,
바꿔야지 살지
그래도 살아야하기에 사는 날까지
건강해야지

홍콩 야자나무라고 있어, 일종에 잡종이야,
순수한 혈통 나무들이 다 죽어 나가도
끄떡없지
양쪽 장점을 다 갖은 자의 당당함이라고나 할까
살고 싶으면 꼬치라도 꿰어, 먹기 싫어도
골고루, 코 막고라도 쳐 먹어!

두부를 부쳐먹는 세 가지 방법

첫째, 용기에서 바로 후라이팬으로 직행,
기름을 두르지 않고 부쳐 먹는다.
살아있는 생선 큰 솥에 넣고 가스불 켰을 때처럼
푸드덕 거리는 소리가 시끄럽다.
둘째, 기름을 두르고 그 위에 두부를 굽는 방법,
고소한 향이 집안 가득 퍼지지만
기름이 사방에 튀는 것도 감수해야 한다.
때로는 손과 얼굴에 튀는 기름 때문에
성질 급한 사람 화상을 입기도 한다.
셋째, 가장 안전한 방법으로
키친타월을 깔고 두부를 조각내어
정성스레 물기를 제거한 후
달구어진 팬 위에 기름을 두르고
조심스럽게 두부를 부치는 방법이다.

절차를 지키고 기다려야 하는
인고의 시간이 필요하다.
심오흡을 하고

배고픔도 참아야 한다.
도저히 참기 어려운 허기와 함께
세 번째 방법을 시도하기란
쉽지 않다.
안전하고 맛있는 두부 부침은
입에 들어가기까지
쉽지 않은 과정을 거쳐야 한다. 귀찮겠지만
부디 두부와 하나가 되는
순간을
만나기를

시詩가 밥이 되면 좋겠어

내가 바라보는 모든 아름다운 풍경들
빛깔 하나 하나가
밥이 될 수 있다면
하루 종일이라도 시詩를 쓸테야

시詩가 밥이 되면 좋겠어
미치도록 친애하는 누룽지 알갱이
하나 하나 구수하게 눌어붙어
그대 입가에 번질 수 있다면
식음을 전폐하고서라도
시詩를 쓰겠어!

시詩가 과일이면 좋겠어.
한 입 베어 무는 잘 익은 황도 복숭아
뚝뚝 떨어지는 즙이라도 될 수 있다면
밥을 시詩처럼
시詩를 밥처럼 삼고
살텐데
시詩가 밥이 되면 좋겠어
그대 발 밑에 한 바탕 잔치상을 차려놓고

거드름을 피우며
먹어도 먹어도 없어지지 않노라
허세를 부리며
큰소리 치고 싶어

12시時가 되면 어김없이 울리는 배꼽시계...

ⓗ 형식과 내용

돼지 목에 진주 목걸이

멋진 자동차
외국물 좀 먹은 번쩍임!
승차감보다
부러운 시선이 한 곳에 모이는
하차감이 최고라서

무조건 타고 싶다는
남자들의 로망!

번쩍 번쩍 광을 먹이고
틈만 나면 남자는 차를
쓸고 닦아.

세차장에 늘 서있는 여자
뻘쭘한 여자는 돕지도 못해
세차장을 왔다갔다!

멋진 근육질 남자
사진 속 모델같은
하지만

바퀴벌레 하나를 못 잡아
책상 위로 올라가지
여자는 낡은 책을 가져다
재빠르게 던져
찍하고 눌러 붙은 벌레사체도
여자가 치워
돼지 목에 진주 목걸이가
따로 있나!
저걸 보고 하는 소리지

신장개업

겉모습이 괜찮아 보이는 식당엘 갔어.
오픈 한지 얼마 안되서 모든 것이
새것이었어.
SNS에 선전이 잘 되어 있길래
엄청 기대했었지.
하지만
모든 것은 허상이었어.
음식은 정말 먹을 수 없을 정도였지
기대를 너무한 탓인가.
알 수 없었어
인터넷 광고를 너무 믿었나.
다시는 올 수 없을 것 같아
식당에서 나오는데 왜 슬퍼지는지 몰라...
음식맛과는 정반대인 근사한 그릇 때문이었을까?

콧등에 밥풀 붙은 아이

태어나면서부터 콧등에 밥풀 붙은 아이가
살았데. 아이는 배가 고프면 늘 콧등에
밥풀을 떼어먹었다지.
하지만 배부르게 먹어본 적이 없어,
늘 배가 고팠데.
그도 그럴 것이 한 번 떼어먹고 나면
한 개씩밖에 먹을 수 없었으니까

그래서 콧등에 밥풀 붙은 아이는 결심을 했데,
배고픈 걸 꾹 참고 땅에다 밥풀을 심기로

너와 나를 위하여

사먹지,
부엌을 온통 어지럽히며 왜 해 먹어
명절에는 어쩔 수 없다고
아니 요즘 누가 전을 부치고 있나
홈쇼핑에 주문하면
깻잎전, 생선전, 녹두전, 꼬치에 동그랑땡까지
없는 전이 없어,
녹여 데우기만 하면 되는데 밀가루를 왜 묻혀

무쇠솥에 밥을 왜 해먹어
온갖 잡곡을 낱낱이 사야 하고
설거지는 얼마나 번거로운데, 누룽지라도
생기는 날엔 설거지 난이도가 더 높아지지,
시간이 남아도나, 햇반 먹으면 되지
잡곡밥도 있고 설거지도 필요없어
삼복더위엔 무쇠솥 열기가 사방에 퍼져
얼굴로 열이 올라와, 늙어!

식혜를 왜 만들어 마셔
돈 주면 꽁꽁 얼린 무등산 식혜 얼마든지 사 먹는데
면보로 곱게 눌러 바락바락 주물러

식혜를 만들고 일곱시간 밥솥에 삭히고
밥알동동 띄우려면 밥도 찜솥에다 쪄야 해
전분기를 빼놓아야 하니까,
아직 완성된 게 아냐, 여기까지 해 놓은 걸
큰 솥에 넣고 펄펄 끓여서 마지막에
생강과 설탕을 적당히 넣은 후 차게 식혀 마셔
왜 이렇게 번거로운 걸 하냐고

사다먹는 식혜에
내 마음을 어떻게 담아,
남편이 좋아한다며 물방울 맺힌 식혜
벌컥벌컥 마시는 모습,
땀 닦아주며 웃는 아내의 미소
그 흐뭇함을 어디서 느껴,

전자렌지 후딱 돌려 후루룩 먹는 햇반?
구수한 누룽지 냄새는 어디서 맡을 건데!
돈벌이 시원치 않은 남편이
병든 아내 아프지 말라고 쌀 한 톨, 잡곡 한 알,
헤아릴 때부터 기도하는데
기도먹인 쌀알들을 어디서 팔아?

따뜻한 전 금방 부쳐 간장찍어
서로에 입에 넣어주는 금슬좋은 부부
눈꼴시린 웃음소리를 어디서 들어,

한가해서 하는 푸념이라 손가락질
하겠지만
그게 살아가는 낙樂인걸
아는 데
반 백년이 걸렸어,

노동을 운동처럼 운동을 노동처럼

온갖 잡동사니를 바닥에 내동댕이 쳐놓고
한숨을 쉬어도 끝이 나질 않는다.
여길 치우고 돌아서면 저기 쌓이고
저길 치우고 나면 먼지가
솜뭉치처럼 굴러다닌다.
한 여름 지나 열린 포도송이면
탐스러울 것을
얼마나 지났는지 모를 먼지 송이들
이렇게 부지런히 쌓이고 또
모이는 것이 어디 있을까?
먼지가 금이 되면 얼마나
좋을까?

방법이 아주 없는 것은 아니다.
노동을 운동처럼 할 수 있다면,

남대천 좁은 하천 베니스 바다로 변하는 기적이
일어날꺼다.
말도 안된다 생각하겠지만 불가능하진 않다.
운동을 노동처럼 매일같이, 비가 오나 눈이 오나
누가 태어나고 누가 또 죽어도, 운동을 출근처럼
할 수 있다면! 그 끝은 시작이 되고
시작은 그 끝이 되는 거다.
또 알아 뒹굴거리던 먼지들이 별이 되어 빛날지!

니가 보는 세상은 그저 반쪽이다.
내가 보는 세상도 역시 반쪽이다.

너는 모든 느낌을 영상으로 간직하고
모든 것에 설계도를 그린다.
사람에 대해 물으면 설명대신 그림을 그려서
보여준다.

내가 보는 세상은 반쪽이다.
니가 보는 세상도 반쪽이다.
나는 모든 기쁨을 말로
해야 알아듣고
분노 역시 욕으로라도
내뱉어야 시원하다.
들리지 않는 건, 말하지 않는 건,
내게는 존재하지 않는 것.

우리가 사는 세상은 마치
귀머거리와 소경의 나라처럼 반쪽짜리다.

너는 그림으로 말을 하고
나는 소리로 그림을 그린다.

아무 것도 보이지 않고,
아무 것도 들리지 않는 나라에
남겨진 두 사람,

그림을 보고, 마음을 읽어야 한다,
노래를 듣고, 마음을 보아야 한다,
그럴 수 없다면
너는 영원한 정적 속에
나는 어두운 암흑 속에서 살아야 한다.

한 번은 들어보았을
천국과 지옥 이야기!
기다란 젓가락을 들고 서로 먹여 주는 천국과
서로 먹겠다고 아우성치는 지옥
천국과 지옥의 차이는 젓가락이 아니었다.
선택은 우리 몫으로 남겨지겠지,
비록 보이지 않지만
비록 들리진 않지만
나는 그림을 그리고,
너는 노래를 부르려고 노력해야만 한다.

너의 그릇에 내가 담기고
내가 물이 되어
너를 채운다.
하나이면서 둘이고
둘이면서 하나인
나는 기청질박자
너는 질수기탁자.
반쪽짜리 우리가 만나 비로소 하나가 된다.

해례본을 마치며...

그는 이제 숨어살던 자신만의 꼬치를 찢고 날아오르려 한다.
혹자는 그가 연구한 내용들이 시시하다며 비난을 할 수도 있다. 하지만 뉘라서 그의 시간들을 하찮다고 손가락질할 것인가!
한 줄 한 줄이 그의 눈물이고
한 걸음 한 걸음이 힘겨웠던 그의 시간인 것을.
그는 두려웠지만 용기를 내었고
나는 그런 그의 글들에서 정말 많은 것을 깨닫게 되었다.
부족한 글이라며 부끄러워하는 그에게
이런 말을 해주고 싶다.
신이 소돔과 고모라를 멸망시키려할 때,
열 명의 의인만 있어도 멈춰주겠노라 약속하셨다고 하던데,
한 권의 책을 위해 몇 명의 지지자가 필요한지는 모르겠지만, 나는 그의 글에 감동받은 일인임을 밝히는데 부끄럽지 않다.

그도 그렇게 당당히 날아오르길 바라며
차기작을 기다려 본다.

-『기청질박자 질수기탁자』의
해례본이길 자처하는 일인으로부터-

그 길을 따라
걸어간 발자국을 밟으면서
그 울타리를 지나서
문지방 안의 깊숙한 곳까지……

최광규 作